교부 문헌 총서 28
영혼의 위대함

AURELIUS AUGUSTINUS
DE QUANTITATE ANIMAE

Translated with introduction and notes by
SEONG Youm

© Benedict Press, Waegwan, Korea 2019

교부 문헌 총서 28
영혼의 위대함

2018년 11월 30일 교회 인가
2019년 1월 25일 초판 1쇄

지은이 · 아우구스티누스
역주자 · 성염
펴낸이 · 박현동
펴낸곳 · 성 베네딕도회 왜관수도원 ⓒ 분도출판사
찍은곳 · 분도인쇄소

등록 · 1962년 5월 7일 라15호
04606 서울시 중구 장충단로 188(분도출판사 편집부)
39889 경북 칠곡군 왜관읍 관문로 61(분도인쇄소)
분도출판사 · 전화 02-2266-3605 · 팩스 02-2271-3605
분도인쇄소 · 전화 054-970-2400 · 팩스 054-971-0179
www.bundobook.co.kr

ISBN 978-89-419-1901-8 94230
ISBN 978-89-419-9755-9 (세트)

* 신저작권법에 따라 보호를 받는 저작물이므로 무단 전재와 무단 복제를 금합니다.

교부 문헌 총서 28

아우구스티누스
영혼의 위대함

성염 역주

분도출판사

'교부 문헌 총서'를 내면서

제2차 바티칸 공의회 「계시 헌장」*Verbum Dei* 7-10항에서 밝히고 있듯이, 하느님의 계시는 신·구약 성경과 성전聖傳을 통해 우리에게 전달되는데, 이 둘은 하느님의 똑같은 원천에서 흘러나오므로 하나를 이룰 만큼 서로 밀접히 연결되어 있다. 바로 "교부들의 말씀은 믿고 기도하는 교회의 실생활 가운데 풍부히 흐르고 있는 이 성전의 생생한 현존을 입증한다"(8항). 즉, 교부들의 말씀은 성전의 주축을 이루고 있으므로 교부 문헌 연구는 하느님의 계시에 접근하는 데 중대하고 필요 불가결의 길이라 할 수 있다.

짧은 역사의 한국 교회는 그동안 성경 연구에 큰 관심을 가져 괄목할 만한 진전을 해 왔으나 교부 문헌 연구는 극히 미미하였다. 이에 우리는 분도출판사를 중심으로 '교부 문헌 총서 기획위원회'를 구성하여, 교부 문헌의 번역·간행을 계속해 나감으로써 교부 문헌 연구에 새로운 전기를 마련하기로 하였다.

우리는 이 '교부 문헌 총서'가 한국 교회의 신학 발전에 다음과 같은 도움이 되기를 바란다.

첫째, 성경 연구에 도움이 될 수 있다. 사도교부들(Patres apostolici)은 사도들의 직제자 혹은 그 직제자들의 제자들이었으므로 그들의 문헌은 신약성경(특히 사목서간들)에 나타나 있는 사도들의 가르침과 신학을 잘 반영하고 있을 뿐 아니라 신약성경에 표현되지 않은 초기 교회의 모습을 보여 주고 있기 때문이다. 또한 그 후의 교부들의 글에서도 성경은 그 기초가 되고 있으며, 때때로 성경 해설을 위한 강론(Homilia식 Tractatus)들과 본격적인 성경 주해서(Commentarium)들이 있다.

둘째, 이상하게 들릴지 모르지만, 한국 교회 신학의 토착화에 도움이 될 수 있다. 교부시대는 사도들로부터 전수받은 그리스도의 복음이 그리스·로마 문화에 정착되는 시기라 할 수 있다. 예수님과 사도들 그리고 복음서의 청중들은 모두 히브리인들이었으며, 그래서 복음은 먼저 히브리 문화권 안에서 선포되었다. 이 복음이 제자들의 선교 활동을 통해 히브리 문화와는 다른 그리스 문화권에 선포되면서 일종의 토착화 과정이 있었으며, 또 라틴 문화권에 선포될 때 또 다른 토착화 과정이 있어야 했다. 그리스도교의 신학은 이러한 토착화의 시도 과정에서 때로 많은 시행착오(이단과 열교)를 거치면서 발전되고 정착되어 왔다. 사실 교부들은 토착화 과정에서 그리스도의 복음이 변질되어서는 안 된다는 원칙 아래 해당 문화권에서 수용할 수 있는 것과 할 수 없는 것을 엄격히 구별하였던 것이다. 제2차 바티칸 공의회 이후 한국 교회 안에서도 토착화의 필요성이 자주 거론되고 있다. 우리는 교부들이 행했던 토착화의 시도 과정과 그 방법을 연구함으로써 우리의 토착화 작업에 도움을 받을 수 있을 것이다.

셋째, 한국 교회의 에큐메니즘 운동에 도움이 될 수 있다. 세계적으로 한국만큼 기독교의 종파가 많은 곳도 드물다. 가톨릭과 개신교 사이의 차이는 말할 것도 없지만 개신교 사이에서도 서로 극심한 차이가 있다. 사실 개신교의 종파는 성경의 자유 해석에서 기인하는 경우가 많은데, 자기의 해석을 고집하기에 앞서 성경시대와 가까웠던 교부시대에서 성경을 어떻게 이해하고 생활했는지 알아볼 필요가 있다. 또 잊어서는 안 될 점으로,

그 신도 수가 많지는 않지만 동방 정교회가 한국에도 있는데, 동방 교회는 교부시대의 전통을 잘 유지하고 있으므로 서방 교회(로마 가톨릭, 프로테스탄트, 성공회)는 동방 교회 전승에서 많은 것을 배우고 보완할 수 있다. 따라서 우리는 각 교회 모두가 공동으로 소유하고 있는 성경 그리고 서로 갈리기 전 초세기 교회의 모습, 즉 교부 문헌을 같이 연구함으로써 서로의 차이점을 함께 좁혀 나갈 수 있을 것이다.

일반적으로 교부 문헌을 어렵고 고루한 전문 서적으로 생각하는 경향이 있다. 이러한 생각은 교부 문헌을 직접 접할 기회가 적었던 데서 오는 막연한 선입관에 불과하다. 대부분의 교부들은 사목자들이었으며 그들의 글은 당시의 수사학에서 나온 연설체·강론체적인 성격을 가진 것들이 많다. 그래서 때로는 설득을 위한 지나친 강조나 지루한 반복이 있는 것도 사실이나 글에 힘이 있으며 이해하는 데 그다지 어렵지 않다.

아무쪼록 앞으로 이 총서가 많은 이들의 관심과 협력과 채찍질에 의하여 속속 간행되면서 더욱 많은 이들의 연구와 생활에 도움이 되기를 바라 마지않는다.

1987년 6월 29일
이형우

【일러두기】

1. 교부 문헌은 워낙 방대하므로, 번역·간행할 책은 한국 실정을 고려하여 선정하되, 연대순이나 그리스 교부·라틴 교부의 구별을 두지 않고 준비되는 대로 일련번호를 매겨 출간해 나간다.

2. 교부 문헌은 학문적 연구에 기초 자료가 되므로, 본문의 번역은 되도록 원문에 충실하게 하며, 중요한 문헌의 원문은 전부 또는 일부를 역문과 나란히 싣는다.

3. 독자의 이해를 돕기 위해, 본문에 앞서 「해제」를 실어 저자의 생애와 당시의 문화적 배경 그리고 각 저술의 특징과 신학 등을 설명하고, 본문 아래에 약간의 각주를 단다.

4. 독자의 편의를 위해, 원문에 없어도 우리말 본문에는 소제목과 일련번호를 단다.

5. 성경 본문 인용은 원칙적으로 『성경』(한국 천주교 주교회의 2005)을 따르되, 문맥에 맞추어 대폭 다듬었다. 필요에 따라서는 『공동번역 성서』와 『200주년 성서』(분도출판사 2003)도 인용했고, 그것으로도 저자의 의도가 반영되지 않을 경우에는 더러 역자가 직접 번역하기도 했다. 다른 판본을 인용하더라도 성경 인명·지명의 우리말 표기는 『성경』에 따랐다.

6. 본문 중 인용문은 원문에서는 이탤릭체로, 각주를 제외한 역문에서는 굵은 서체로 표시하고, 성경 장·절의 표시는 각주 형식으로 다른 각주와 함께 일련번호를 매겨 처리했다.

7. 본 총서에 포함되지 않은 아우구스티누스 저작의 우리말 역어는 본 총서 18권, 포시디우스 『아우구스티누스의 생애』(이연학·최원오 역주, 분도출판사 2008) 170-181에 실린 '아우구스티누스 저술 목록'을 참조하라.

DE QUANTITATE ANIMAE

|차례|

'교부 문헌 총서'를 내면서 ·· 5

해제

1. 『영혼의 위대함』*De quantitate animae*의 집필 계기와 시기 ················ 13
   1.1. 집필 계기 ·· 13
   1.2. 대화 형식 ·· 16
   1.3. 집필 시기와 등장인물 ·· 17

2. 『영혼의 위대함』의 철학 사상 ·· 19
   2.1. 영혼의 크기는 삼차원이 아니다 ·· 19
   2.2. 영혼이 신체 안에 존재하는 양상 ·· 21
   2.3. 영혼의 '위대함' ·· 25
   2.4. 본서의 의의 ·· 29

3. 번역 원본과 현대어 번역본 ·· 32

본문과 역주

1.1. 다루어질 주제들 ····· 37
1.2. 영혼은 하느님께로부터 유래한다 ····· 39
2.3. 그리고 영혼은 하느님과 비슷하고 불사불멸하다 ····· 43
3.4. 영혼의 크기는 물체의 크기가 아니다 ····· 45
4.5. 정의正義라는 것에도 저런 것들이 없다 ····· 49
4.6. 영혼이 바람이나 공기는 아니다 ····· 53
5.7. 영혼의 크기라고 하면 어떤 크기가 맞는가 ····· 57
5.8. 기억력은 공간 중에 존재하는 것이 아니다 ····· 59
5.9. 영혼도 공간에 존재하는 것이 아니듯이 ····· 63
6.10. 단순히 말하는 '크기'는 어떤 것인가 ····· 65
6.11. 선線 혹은 선들로 도형이 만들어진다 ····· 69
[7].12. 이성을 가지고 탐구해야 한다 ····· 71
8.13. 동등한 세 변으로 만들어지는 도형 ····· 73
9.14. 네 변으로 이루어지는 도형 ····· 79
9.15. 정의正義는 동등에 있다 ····· 81
10.16. 삼각형에 있는 동등과 사각형에 있는 동등은 같지 않다 ····· 85
11.17. 평면에서는 어느 것이 더 단순한가 ····· 89
11.18. 점은 최고로 단순하다 ····· 91
12.19. 점은 최고로 단순하면서도 최고로 가치 있다 ····· 95
12.20. 깊이에 의한 입체는 어떻게 이루어지는가 ····· 97
12.21. 어떤 입체가 지성에 파악되는가 ····· 99
13.22. 질의응답을 통해서 수립된 내용 ····· 103
14.23. 영혼은 분량을 가지지 않지만 분량을 인식한다 ····· 105
14.24. 영혼은 또한 자체를 인식한다 ····· 109
15.25. 우리는 이성을 갖추고 있다 ····· 113
15.26. 이성이 신체와 더불어 성장하는지 ····· 115
16.27. 덕은 삶의 명분이고 영혼은 덕으로 성장한다 ····· 117
16.28. 영혼은 덕으로 성장한다 ····· 121
17.29. 영혼은 연령과 시간으로 확장되는 것이 아니다 ····· 123

17.30. 영혼의 크기는 연령과 시간으로 이루어지지 않는다 ·············· 125
18.31. 어린아이가 언어를 어떻게 익히는가 ······················· 127
18.32. 우리는 학예로 성장하는가, 자연 본성으로 성장하는가 ·········· 131
19.33. 성장의 세 종류 ······································· 137
20.34. 배운다는 것을 상기하는 것으로 여기는 경우 ················ 139
21.35. 신체의 힘이 커지는 것은 ································ 141
21.36. 단련을 통해서다 ······································· 143
22.37. 신체의 기력은 충격으로도 커진다 ······················· 147
22.38. 신체의 힘은 신체의 균형과 영혼의 동의 여부에 따라서
　　　 조절되기도 한다 ·· 149
22.39. 그런 현상은 소년기에도 나타난다 ······················· 153
22.40. 그러므로 영혼은 신체와 더불어 성장하는 것이 아니다 ········ 155
23.41. 감각이란 무엇인가 ····································· 157
23.42. 더욱 예리한 질문이 제기되다 ··························· 161
23.43. 신체가 감응하는 바를 영혼이 놓치지 않고 의식하는 일 ······ 165
23.44. 눈이 가 있지 않더라도 신체가 감응하는 바를 영혼이 놓치지 않는다 169
24.45. 보는 것 다르고 인지하는 것 다르다 ······················ 171
24.46. 영혼이 놓치는 것에 감응하는 경우 ······················ 175
25.47. 정의定義의 참된 정의가 되는 이치는 무엇인가 ············· 179
25.48. 감각이 무엇인지 다시 질문하다 ·························· 183
25.49. 이 정의 역시 수정을 요한다 ···························· 187
26.[49]. 지식이란 어떻게 정의되는가 ·························· 189
[26].50. 지식은 무엇을 파악하여 갖춘 것이다 ···················· 191
26.51. 지식은 확고한 이성으로 파악된다 ······················· 193
27.52. 추론보다도 확고한 이성으로 파악된다 ···················· 197
27.53. 지식이 이성보다 가치 있다 ···························· 199
28.54. 짐승에게는 지식이 없다 ································ 203
28.55. 우리 자신과 하느님께 무엇을 빚졌는가 ··················· 205
28.56. 감각이 무엇인지 다시 한번 궁구하다 ···················· 209
29.[56]. ··· 209
[29].57. 이성을 통해서 놓치지 않는 것이 지식이다 ················ 209

29.58. ………………………………………………………………… 213
30.[58]. 감각은 영혼이 놓치고 어쩌고 하는 것이 아니고 …………… 215
[30].59. 신체가 감응하고 영혼이 놓치지 않는 것이다 ……………… 217
30.60. 영혼은 눈이 현재하지 않는 그곳에서도 감응을 놓치지 않는다 ……… 219
30.61. 영혼은 공간에 위치하지 않는다 ……………………………… 221
31.62. 어떤 곤충에 관한 여담 ……………………………………… 223
31.63. 합리적 사유가 엿보이면 무조건 배척할 것은 아니다 ………… 227
31.64. 그럴듯한 이치가 감추어져 있을 수 있기 때문이다 …………… 231
32.65. 소리라는 기호에서 유추하는 설명 …………………………… 233
32.66. 분할된 기호는 의미를 지시하지 못한다 ……………………… 235
32.67. 합성된 단어의 경우는 다르다 ……………………………… 239
32.68. 그 경우는 분리되어도 의미를 띤다 ………………………… 241
32.69. 영혼은 하나인가, 다수인가 ………………………………… 243
32.70. 영혼이 생명과 활력을 제공한다 …………………………… 247
32.71. 감각과 욕구 ………………………………………………… 249
32.72. 기술과 문화 ………………………………………………… 251
32.73. 정화와 덕성 ………………………………………………… 253
32.74. 항구恒久와 평정平靜 ………………………………………… 257
32..75. 그리고 관상觀想을 향한다 ………………………………… 259
32.76. 드디어 관상에 정착한다 …………………………………… 261
34.77. 유일무이하신 하느님께 영예를 드려야 한다 ………………… 267
34.78. 그리고 사람들에게 이바지해야 한다 ………………………… 269
35.79. 그 일곱 단계는 다른 용어로 설명되기도 한다 ……………… 273
36.80. 참된 자유, 참된 종교심은 어떤 것인가 …………………… 275
36.81. 독자들에게 ………………………………………………… 279

재론고 ………………………………………………………………… 283

인명 색인 ……………………………………………………………… 288
작품 색인 ……………………………………………………………… 289
성경 색인 ……………………………………………………………… 291

DE QUANTITATE ANIMAE

해제[1]

1. 『영혼의 위대함』De quantitate animae의 집필 계기와 시기

1.1. 집필 계기

"영혼에 관한 문제quaestio de anima가 많은 사람들을 움직이지만 나 역시 그들 가운데 하나라고 자백하지 않을 수 없다"[2]는 아우구스티누스의 말처럼 철학은 영혼에 관한 물음을 근간으로 한다. 진리를 사랑하는 '철학자'는 진리를 모색하는 도구 이성 혹은 자아 혹은 영혼에 관해서도 알아야 하므로

---

[1] 본 해제는 주로 다음 자료들을 간추리고 정리하였음을 독자들에게 알린다. Ernest L. Fortin, "Augustine's *De quantitate animae* or the Spiritual Dimensions of Human Existence", *Lectio Augustini* VII (Palermo, Ed. Augustinus 1991), 133-169; Domenico Gentili, *La grandezza dell'anima* (Nuova Biblioteca Agostiniana, Dialoghi/2) (Roma, Città Nuova Editrice 1976), Introduzione; Joseph Colleran, *The Greatness of the Soul* (Westminster-Maryland, Newman Press 1964[2]), Introduction. 이하 저자명이 없는 인용 저서는 아우구스티누스의 작품이다. '교부 문헌 총서'로 간행된 도서는 우리말 제목만 표기하고, 아우구스티누스의 미간행 도서는 라틴어 제목과 함께 표기했다. 작품명은 『교부 문헌 용례집』(한국교부학연구회, 수원가톨릭대학교출판부 2014)을 따랐다.

[2] 『서간집』*Epistulae* 166,3.

철학은 결국 자의식自意識을 반성하는 연구, 곧 영혼론靈魂論이 되는 경우가 많다.³ 아우구스티누스는 '영혼'과 '하느님'을 철학 연구의 근간으로 설정하고서 전자는 우리 자신을 알기 위해, 후자는 우리의 기원을 알기 위해서라고 피력한 바 있다.⁴

『재론고』⁵에서 저자는 이 책을 이렇게 소개한다. "같은 도성(로마)에서 영혼에 관하여 많은 것을 질문하고 토론한 대화를 기록하였다. 다시 말해서 영혼은 어디서 유래하는가, 영혼은 어떤 성질인가, 얼마나 큰가, 신체에는 왜 부여되었는가, 신체에 올 때에는 어떤 성질이 되는가, 또 신체에서 떠날 적에는 어떤 성질이 되는가 하는 문제들이다. 그렇지만 영혼이 얼마나 큰가에 관해서 아주 열심히 또 아주 치밀하게 토론했고, 영혼은 물체적 크기를 가지는 것이 아님을, 우리가 할 수 있는 데까지 보여 주려고 노력하였으며 물체적 크기와는 다른 크기임을 보여 주려고 하였다.⁶ 그래서 책 전체가 이 한 가지 탐구에서 제목을 받았으며『영혼의 위대함』이라고 불리기에 이르렀다."⁷

본서는 아우구스티누스의 친구이자 문하생이기도 한 에보디우스Evodius

---

³『독백』(성염 역주, 분도출판사 2018) 1,2,7: "그대는 무엇을 알고 싶은가?" "하느님과 영혼을 알고 싶다"(cupio scire deum et animam). "더 이상 아무것도 없는가?" "전혀, 아무것도 없다."

⁴『질서론』(성염 역주, 분도출판사 2017) 2,18,47: "철학에는 두 과제가 있다. 하나는 영혼에 관한 것이고 다른 하나는 하느님에 관한 것이다. 첫째 것은 우리 자신을 알자는 것이고 다른 하나는 우리 기원을 알자는 것이다."

⁵『재론고』*Retractationes*는 아우구스티누스가 죽기 3년 전 100종이 넘는 자기 단행본들을 다시 읽으면서 수정을 가한 서지(書誌)다. 본서 283쪽 참조.

⁶ 본서 3,4-36,80까지의 논제에 해당한다. 앞의 두 문제와 뒤의 세 문제는 다른 저서『영혼불멸』(성염 역주, 분도출판사 2018)에서 일부 토론되었기 때문인지 1,2-2,3과 36,81에서 간략히 언급될 뿐이다.

⁷『재론고』1,8,1.

가 스승이 직전에 집필한 저서, 『영혼 불멸』*De immortalitate animae*에서 제기한 영혼의 문제[8]에 대해 더 상세하고 분명한 대답을 촉구하면서 시작된 대화 형식을 취하고 있다.[9] 당대에 지성계에서는 심각했겠지만 일반 독자에게는 좀 무미건조한 '영혼의 문제'를 두고 아우구스티누스는 당대까지 알려진 여러 사조를 다루면서 영혼에 관한 자기 입장을 정리해야 하는 처지였다. 또 그리스도교 입교를 앞두고 있던 시점이어서, 플라톤의 권위를 내세워 영혼이 선재하다가 신체와 결합하게 된다는 주장은 자칫 인간을 지상 인간과 천상 인간으로 양분하기 쉽고, 영혼과 신체의 결합도 결국 영혼을 물체화하는 경향으로 해석되기 쉬웠다.

그래서 회심 초기에 장차 평생을 두고 자기 철학의 핵심 주제가 될 영혼을 다룬 삼부작을 내놓았는데[10] 본서는 그 가운데 가장 긴 저술이다.[11] 아우구스티누스는 본서에서 다룰 문제를 첫머리에서 예고한다. "영혼은 어디서 유래하는가? 영혼은 어떤 성질인가? 얼마나 큰가? 신체에는 왜 부여되었는가? 신체에 올 때에는 어떤 성질이 되는가? 또 신체에서 떠날 적에는 어떤 성질이 되는가?"(1,1). 그리고 "자기를 찾고 자기 하느님, 곧 진리를 찾는" 이 근본 시도에는 실패가 없으리라는 희망도 숨기지 않는다.[12]

---

[8] 영혼의 기원, 성질, 크기, 신체에 현존하게 된 이유, 신체와 결합함으로써나 신체와 분리됨으로써 작용하는 방식 등 6개 항이 제기되었다.

[9] "우리가 과연 무엇이냐를 두고 뭔가 얘기를 내가 들을 만하다고 봅니다"(『영혼의 위대함』 1,1).

[10] 『독백』, 『영혼 불멸』, 『영혼의 위대함』이다.

[11] 몇 해 후(395년)에 완성을 보는 『자유의지론』(성염 역주, 분도출판사 1998, 3,20,55-21,62)에서도 같은 문제를 다시 한번 진지하게 탐구한다.

[12] "신적 섭리가 있는 한, 경건한 영혼들이 자기를 찾고 자기 하느님, 곧 진리를 찾는데, 그것도 신심을 다해, 정결하게, 또 부지런히 찾는데도 그 대상을 발견해 낼 기능이 결여되어 있다는 것은 있을 수 없습니다"(본서 14,24).

1.2. 대화 형식

『영혼의 위대함』은 배우는 제자와 가르치는 스승이 주고받는 대화 형식을 띤다.[13] 대화 상대인 에보디우스가 영혼에 관해 유물론적 입장을 견지하고 있어서 아우구스티누스는 우회적으로 기다란 토론을 거쳐서 영혼에 대해 일반 대중이 품고 있음 직한 견해들을 하나씩 무너뜨린다.

그런데 형식은 대화이지만 서기 386년 밀라노 근교 카시키아쿰 별장이라는 일정한 시공간에서 등장인물들과 갑론을박하던 생생한 분위기가 본서에는 감소되어 있고, 여러 문하생들이 함께 주고받는 대화가 아니고 아우구스티누스가 에보디우스와만 나누는 대담이며, 그것도 화자는 자기 견해를 논쟁적으로 주장하지 않고 단지 스승 아우구스티누스의 발언과 해설을 유도하고 지속시키는 역할만 한다.

그렇지만 합리적 추론으로 일관하던 『영혼 불멸』과 달리, 대화체로 상대방의 이해에 맞추어 진도를 나간다. 당사자가 이성으로 납득하고서 진리에 도달하도록 유도하고 있어서(4,6; 7,12) 논리적 사변이라기보다 영혼에 대한 유물론적 이해를 불식시키는 교육적 시도가 짙다(3,4; 4,6). 그리고 후반부 4분의 1 정도(33,70-36,81), 곧 영혼의 위대한 기능들을 다루는 부분에서는 아우구스티누스의 단독 강연oratio perpetua으로 형식이 바뀐다. 다른 대화편에서도 문하생들과의 대화가 미진하게 그치면 저자로서는 보충이 필요하다고 생각한 내용을 별도로 집필하여 뒤에 실었다.

---

[13] 『질서론』 2,18,47: "철학에는 두 과제가 있다. 하나는 영혼에 관한 것이고 다른 하나는 하느님에 관한 것이다. … 첫째는 배우고 있는 사람들에게 해당하고 둘째는 이미 배운 사람들에게 해당한다."

1.3. 집필 시기와 등장인물

아우구스티누스가 그리스도교 입교를 결심하고서 황실 수사학 교수직을 사임한 뒤 문하생들과 식솔들을 거느리고 카시키아쿰 별장에 은둔한 것은 386년 가을부터 이듬해 초까지였고, 387년 사순절에는 밀라노로 돌아와서 부활 전야(4월 24일)에 암브로시우스에게 세례를 받았다. 세례 후 고향 타가스테로 돌아가 그동안 꿈꾸어 오던 수도생활을 하면서 진리 탐구에 정진하기로 마음먹고는 로마를 거쳐 오스티아 항구에 이르렀다. 오스티아에서 아프리카 카르타고로 갈 배를 기다리는데 내전이 발발하여 항구가 봉쇄되자 다시 로마로 돌아가 겨울을 났다.[14] 그 무렵을 아우구스티누스는 이렇게 술회한다. "이미 세례를 받고 로마에 머물고 있었는데 마니교도들의 방자함을 두고 보아서는 안 되겠다는 생각이 들어 『가톨릭교회의 관습』 *De moribus ecclesiae catholicae*이라는 책 한 권과 『마니교도의 관습』*De moribus Manichaeorum*이라는 책을 한 권 썼다."[15] 그리고 "같은 도성(로마)에서 영혼에 관하여 많은 것을 질문하고 토론한 대화를 기록하였다. … 책 전체가 이 한 가지 탐구에서 제목을 받았으며 『영혼의 위대함』*De quantitate animae*이라고 불리기에 이르렀다"[16]는 기록을 남긴다.

군사 반란을 일으킨 막시무스가 피살된 것은 388년 8월 28일경이었으니까 에보디우스와의 토론은 388년 봄과 여름에 로마에서 이루어졌고, 그 속기록이 책으로 편집된 것은 388년 겨울이었을 가망이 크다. 388년 상반기에 로마에서 '영혼'이라는 주제로 대화가 있었음은 그의 서간도 방증한다. 414년 — 혹은 415년 — 에 에보디우스는 우짤라Uzala의 주교 신분으

---

14 『고백록』(성염 역주, 경세원 2016) 9,8,17: "당신을 섬기며 살기에 어느 장소가 저희에게 더 이로울까를 물색하던 중이었습니다. 그러다 다 함께 아프리카로 돌아가던 길이었습니다. 그래서 저희가 티베르강 하구 오스티아 부근에 가 있었을 때 어머니가 세상을 떠났습니다."

15 『재론고』 1,7,1.　　　　　　　　　16 『재론고』 1,8,1.

로 아우구스티누스와 여러 차례 서간을 주고받으면서[17] 영혼의 문제에 관해 의논하는데, 그 서간에는 "그대가 오래전부터 알고 있는 책을 다시 읽는다면, 즉 그대가 나와 함께 대화하고 토론하면서 내가 집필한 『영혼의 위대함』을 읽는다면, 내 도움 없이도 그대의 의문을 어디서 풀어낼 것인지 발견할 것이오"[18]라는 구절이 나온다.

본서의 대화 상대 에보디우스는 아우구스티누스의 동향인이요 교부보다 연하의 황실 관료로, 아우구스티누스의 수도생활에 합류하려고 벼슬을 내놓고 함께 귀향하던 중이었다. "사람들을 한마음으로 집 안에 살게 하시는 당신께서 우리 도읍에서 온 청년 에보디우스를 우리한테 묶어 주셨습니다. 그는 공무를 맡아서 수행하다가 우리보다 앞서 당신께 회심하고 세례를 받고서는 세속의 공직을 내놓고서 당신 일에 봉사할 태세를 갖추고 있었습니다. 우리는 함께 있었고 성스러운 합의를 이루어 함께 살 작정이었습니다."[19] 오스티아에서 있었던 모친 모니카의 임종 순간에도 에보디우스는 곁에 있었다.[20]

그는 머지않아 아프리카 우짤라의 주교가 된다. 본서가 나온 지 15년이 지나서도 이 주교가 영혼의 문제에 관해서 본서에서 다룬 바와 비슷한 내용을 서간으로 다시 아우구스티누스에게 문의할 정도라는 점에서 보건대, 탁월한 지성을 갖춘 철학자는 아니었던가 보다. 그런 사람을 상대로 교부는 학문에는 순서가 있다고,[21] 영혼 문제에 관한 아주 치밀한 학리적 토론은 당분간 미루자고, "자네에게는 아직 갖추어져 있지 않은 다른 많은 수

---

[17] 『서간집』 158-164. [18] 『서간집』 162,2.
[19] 『고백록』 9,8,17.
[20] 『고백록』 9,12,31: "아이가 통곡하는 것을 말리고 나서 에보디우스가 시편집을 손에 들더니 시편을 노래로 부르기 시작했습니다. 그러자 그 노래에 저희 온 집안사람이 화답하였습니다."

단을 구사하여 이 사안을 통찰하고 검토하려는 정신 자세를 갖추자고"[22] 격려하면서 대담을 이끌어 나간다. 비슷한 시기에 에보디우스와 로마에서 나눈 대화를 토대로 아우구스티누스는 『자유의지론』*De libero arbitrio*[23]도 집필하였다.[24]

2. 『영혼의 위대함』의 철학 사상

2.1. 영혼의 크기는 삼차원이 아니다

본서 제1부에는 "물체의 크기라는 점에서 영혼이 크다"는 말이 아님을 에보디우스에게 설득하는 8개 항의 논지가 나온다. ㉠ 연장延長 없는 실재가 존재함을 이해하는 첫걸음으로 '정의'正義(iustitia)를 예거한다. 정의가 공간적 연장을 갖추지 않았다고 해서 곧 허무라고, 존재하지 않는다고 단정 못하므로 물체보다 상위이면서 연장을 지니지 않은 사물이 존재한다(4,5). ㉡ 모든 물체는 길이, 폭, 깊이라는 연장을 가진다. 영혼이 '바람'이나 '숨결'에서 발생했다면 저런 차원들을 띠고 있을 것이다. 따라서 영혼은 바람이나 숨결 같은 물체가 아니다(4,6). ㉢ 영혼이 자기가 깃드는 신체처럼 연장체라면, 신체보다 더 큰 표상表象은 영혼이 내포도 못하고 파악도 못할 것

---

21 "그때 나는 그 젊은이들더러 이제 공부를 갓 시작했으니까 그 과정을 마저 끝내라고 하명했거든. 그렇게 하다가 언젠가 그 현상을 환기시키는 계기가 생기면 사안에 따라서 그 현상에 관해서 묻고 배울 적절한 때가 오리라고 말해 줬네"(본서 31,63).

22 "이 문제에 관한 아주 치밀한 토론은 당분간 기대하지 말게. 그렇게 토론할 것들이 있지만 … 자네에게는 아직 갖추어져 있지 않은 다른 많은 수단을 구사하여 이 사안을 통찰하고 검토하려는 정신 자세를 갖추어야 하네"(32,68).

23 앞의 각주 11의 『자유의지론』(395년에 탈고한 작품) 참조.

24 앞의 각주 19 참조. 『서간집』 162,2: "그대가 오래전부터 알고 있는 책을 다시 읽는다면, 즉 그대가 나와 함께 대화하고 토론하면서 내가 집필한 『영혼의 위대함』과 『자유의지론』을 읽는다면, 내 도움 없이도 그대의 의문을 어디서 풀어낼 것인지 발견할 것이네."

이다. 그런데 영혼은 세계 전체만이 아니고 무수한 세계도 표상으로 상정한다(5,7-9). ㉣ 거대한 연장체를 상상력과 기억에 내포하는 능력이 있다고 해서 영혼 역시 연장체라는 증거는 아니다. 물체에는 이 세 차원이 불가분하게 존재하는데, 영혼은 이것들을 물체로부터 분리해 낼 능력이 있기 때문이다. 이 점을 납득시키기 위해서 그는 기하학의 삼차원에 관한 상세한 분석을 에보디우스에게 훈련시킨다(6,10-12,21). ㉤ 나이가 들면 몸이 자라듯이 영혼도 "더 커지지 않는가?"라는 의문에, 연령이나 학습에 따른 영혼의 성장이란 공간적 성장이 아니다(15,26-22,40)라는 답변이 나온다.

㉥ 영혼이 신체 전체를 살리고 있는 만큼 신체 전체에 영혼이 연장되어 있다는 말처럼 들린다. 교부는 감각에 관한 장황한 분석(23,31-30,58)을 통해서 "감각이란 신체적 감응感應(passio, affectus)이다. 영혼은 신체의 그 감응을 통해서 감각을 의식한다. 그러므로 전신에서 행하는 감각이 영혼의 연장성(= 신체와 외연이 같음)을 말하는 것은 아니다"(30,61)라고 설명한다. ㉦ "도마뱀의 꼬리 자르기에서 잘려 나간 꼬리가 움직이는데, 영혼 — 각혼 — 없이 그런 현상은 일어나지 않으리라. 영혼이 몸통에도 있고 꼬리에도 있다면 영혼이 분할 가능하다는 말이고, 이것은 곧 영혼이 연장체라는 말이 아닌가?" 교부도 카시키아쿰에서 노래기라는 벌레를 토막 내는 장난을 기억한다. 하지만 이런 일화 하나를 들어 앞서 도달했고 수긍한 결론들을 모조리 부정하려고 해서는 안 된다. '영혼'과 '신체'를 '의미'와 '단어'라는 도식으로 대칭시켜 보자. 소리는 의미를 간직한 채 여러 부분으로 분절될 수 있으나 분절된 음절의 의미는 원래 의미의 분절에서 오는 것은 아니다.[25] 신체가 살아 있는 부분들로 분할될 수 있으나, 영혼의 부분들에 의해서 각

---

[25] 예: Venere [Venus] ↔ vene [veneo] + re [res]

각의 부분이 살아 있는 것이 아니고 영혼은 여전히 불가분하게 남는다 (31,62-32,68). ⓞ 영혼의 숫자를 따지는 문제에도 같은 논증이 동원된다. 에보디우스는 영혼이 하나이자 다수라는 논지를 수긍할 단계가 아니다. 아우구스티누스도 당장 답변을 내놓을 처지는 아니었다(32,69).

2.2. 영혼이 신체 안에 존재하는 양상

본서에서 영혼anima은 '이성'ratio이자 '사유'cogitatio이자 '정신'animus과 동의어다. 아우구스티누스는 플라톤이나 플로티누스가 사용한 개념의 틀을 다루지만, '질료 형상론', '현실태'entelecheia, '영육의 합성' 같은 용어를 되도록 삼간다. 마치 이미 존재하는 생명체(영육 합성체)에 다시 이성혼이 결합한다는 인상을 주지 않기 위함이다. 영혼의 첫 작용은 '생명 발생'animatio이다. 영혼이 있어야 '살아 있는 신체'라는 물체가 발생한다.[26] "영혼은 우리가 살고 감각하고 움직이고 어떤 목적을 지향하게 만드는 원리"[27]라고 정의된 바 있다. 아우구스티누스에게는 영혼이 '신체의 형상'으로서보다도 '신체가 살고 작용하고 움직이는 원리'로 개념되었다는 증거다. 인간에게서는 이성혼 하나가 생물적·감각적·오성적 작용을 총괄한다.

 사물의 물리적 질량質量은 나름대로 크기를 가지지만 자체를 인식하지는 못한다. 이성은 자체를 '알고' 질량적 크기도 '안다'는 점에서 물리적 크기를 초월한다. 이성혼理性魂의 본질이 사유思惟이므로, 물체적 크기와는 비교할 수 없는 탁월한 품위를 가진다. 감각은 그보다 하급이면서도 고유한 대상들을 감지하는데, 특히 시각視覺은 감관이 가 있지 않은 공간에 있

---

26 "이 영혼은 첫째로, 자체의 현존으로 지상적이고 사멸할 신체를 살리고, 신체를 하나로 묶고 하나로 보전하고, 사방으로 흩어지거나 썩어 없어지게 놓아두지 않으며 … 성장하고 출산하는 데서도 신체의 균형과 절도를 유지하네"(33,70).

27 『영혼 불멸』 3,3.

는 사물을 감지한다는 점에서 특이하다. 시각의 그런 초월로 미루어 영혼이 시공간을 초월하는 능력도 추정할 만하다.

교부는 본서에서 감각과 인식의 간극을 부각하기보다 양자의 상호 연관에 초점을 둔다. 그는 감각感覺(sensus)을 정의하여 "신체가 감응感應(passio)하는 바를 영혼이 놓치지 않는 것"(23,41)이라고 한다.[28] 이 정의에 따르면, 감각은 유기체가 외부 자극으로 경험하는 감응이라는 점에서 감관의 작용이고, 그런 감응을 영혼이 놓치지 않고 의식意識하는 행위이므로 영혼의 작용이다.

그리고 선대의 인식론에서 감각적 지각은 걸핏하면 오성에 기만欺瞞을 제공하는 것처럼 취급받고 회의론의 명분을 제공해 왔다. 교부는 그리스도교에서 창조 사상을 받아들이면서 창조주ipsum esse(존재 자체)와 피조물 prope nihil(허무와 유사한 존재) 사이의 존재론적 거리를 의식하면서도, 인식론을 핑계로 선한 창조주에게 창조된 선한 창조계를 존재마저 무시하는 자세를 피하려고 애썼다.[29] 영과 육으로 이루어진 인간인 이상, "신체의 감관으로부터 정신에 도달하는 것을 제외한다면, 우리가 살아 있음을 알듯이 그만큼 확실하게 아는 것은 과연 어느 정도 남을까?"[30]를 스스로 물었다. 신체의 감관이야말로 물질세계에 관하여 확실성을 품는 유일한 근거라고 여겼고, 때로는 감관이 그릇된 정보를 전달하더라도 인간 정신에는 감각의 그런 오류를 수정할 능력이 있다는 신념을 품고 있었다.[31]

---

[28] "감각이라는 것이 신체의 감응이라고, 감응 자체를 통해서 영혼이 놓치지 않는 신체의 감응이라고 하세"(sensus est corporis passio per seipsam non latens animam: 30,59).

[29] "이런 것들과 참으로 존재하는 것들 사이에 얼마나 거리가 먼지를 판별해 내야 하고, 그럼에도 이런 모든 것들도 창조주 하느님께 창조되었음을 알아내야 하며, 참으로 존재하는 것들에 비한다면 비록 아무것도 아니지만 그 자체로 보면 이런 것들도 놀랍고 아름다운 것들임을 식별할 필요가 있네"(33,76).

[30] 『삼위일체론』(성염 역주, 분도출판사 2015) 15,12,21.

그리고 인식을 '오성의 봄'visio intellectualis이라고 표현하는 점도 유의할 만하다. 보는 대상, 보는 기관이 다른데도, 감각에도 오성적 인식에도 아우구스티누스는 봄visio이라는 단어를 공히 사용한다. 이성 혹은 오성을 가리켜 '지성의 눈'[32]이라고 일컫는가 하면, 지성의 이 눈은 기억의 표상도 '보고' 감각적 표상이 없는 가지적 대상인 이념도 '보며' 자의식自意識을 성찰하면서 영혼 자체를 '보고',[33] 마지막으로 인간존재의 종착점에 해당하는 하느님을 '보기에' 이른다.

이렇게 인간의 지각과 인식에서 차지하는 시각視覺의 특수한 위치를 설명하면서 감각과 오성 사이에 모종의 '조정'調整(contemperatio)이 있다는 표현도 감각과 인식을 단일한 주체의 작용으로 보려는 입장을 반영한다. 교부의 지론은, 감각에 대해서 영혼이 피동적이고 수용적이고 종속적이 아니고 오히려 영혼의 활달하고 능동적인 대응을 부각하려는 것이다.

아우구스티누스가 철학적 성격을 띠는 거의 모든 저서에서 감각을 거론할 때는 일단 시각visio에 초점을 두는 의도는 무엇일까? 시각은 주체(보는 눈)와 객체(보이는 사물) 사이에 물리적 거리가 있어서 인식의 객관성obiectivitas(= 대상성)을 담보하는 것처럼 간주될 만하고, 또 빛은 그 자체가 공간적 동일성과 연속성을 띠는 것처럼 파악될 만하다. 신체의 시선과 영혼의 인식을 비교하면서 눈도 자체가 가 있지 않은 공간에 있는 대상으로부터 원

---

[31] 『삼위일체론』 15,12,21: "그렇더라도 우리가 비록 그럴듯한 겉모습에 속지나 않을까 두려워하지는 않으니 속는 사람도 살아 있음은 확실하기 때문이다. 바깥으로부터 투사되어 눈에 보이는 것들을 두고도 [우리가 속지나 않을까 두려워하지 않는다]. 물속에 있는 노(櫓)가 꺾여 보여도 [우리가 염려를 하지 않는데] 그 이유는 이것들을 식별하는 것은 육신의 눈이 아니기 때문이다."

[32] oculus cordis, mentis oculus, mentis acies, interiores oculi: habemus et nos alios oculos(『요한복음 강해』Tractatus in Evangelium Ioannis 20,11).

[33] ad te redi, te inspice: 『설교집』Sermones 52,17; 『시편 상해』Enarr. in Ps. 41,7; crede quia videbis: 『요한복음 강해』 21,15; collyrium fidei, "신앙의 안약(眼藥)": 『요한복음 강해』 34,9.

거리로 감응을 받는 사실에서 영혼도 신체의 공간을 경유하지 않고 감응을 얻으리라는 추측을 가능케 한다. 시각 대상에 대한 눈의 감응을 두고 "신체가 스스로 존재하지 않는 그곳에서 무엇을 경험할 수 있는 것은 신체가 영혼과 맺고 있는 모종의 조정調整 덕분"propter quandam contemperationem(30,59)이니 그 조정의 범위 내에서 사물을 보는 감각적 지각이 일어난다는 것이 아우구스티누스의 감각론이다.[34]

그런데 "감관 중에 눈이 알아내는 데는 첫째"[35]라고 할 만큼 교부는 시각이 인식의 특전적 수단이라는 생각을 여러 저서에서 상세히 다룬다. 물론 시각을 예거하며 감관과 지성(영혼)의 관계에 관심을 둔다. 눈은 눈 자체를 보는 것이 아니고 외부 사물, 눈으로부터 일정한 거리에 떨어져 있어 눈이 존재하지 않는 공간에 위치한 대상물을 본다. 눈은 자체가 존재하지 않는 곳에서 감응한다.[36] 그리고 그 감응을 파악하는 것은 감관보다도 지성이다. "우리가 눈으로 사물을 분간하는 능력은, 그것이 눈에서 발산하는 광채든 어떤 다른 것이든 상관없이, 눈으로 감별할 능력이 우리에게 없다. 그것이 무엇인지는 지성으로 탐구하고, 파악하는 일이 가능하다면 바로 이 지성으로 파악하게 된다."[37] 인식은 감각과 다르기 때문이다. 예를 들어

---

[34] "그럼 보게나, 신체가 스스로 존재하지 않는 그곳에서 무엇을 경험할 수 있는 것은 신체가 영혼과 맺고 있는 모종의 조정(調整) 덕분인지. 눈으로 무엇을 감지하는 데서 그것이 발생한다는 사실이 드러났네. 눈은 영혼을 통해서 저렇게 대단한 일들을 해낼 수 있는데도, 정작 영혼은 하도 굼뜨고 게을러서, 신체의 경험이 발생하는 그 지점에 자리 잡고 누워 있지 않는 한, 영혼이 신체의 경험을 놓치고 만다는 말인가?"(30,59).

[35] 『고백록』 10,35,54: "영혼에 내재하고 있는 호기심이 있습니다. … 그것은 알고 싶은 욕구 속에 자리 잡고 있는데, 감관 중에 무엇을 인식하는 데 첫째가는 것이 눈입니다(oculi autem sunt ad noscendum in sensibus principes). 거룩한 말씀에 따르면 '눈의 욕망'이라고 불립니다."

[36] 아우구스티누스는 눈에서 나오는 광선이 막대기처럼 대상물을 만지는 것 같은 스토아 비유를 언급하기도 한다(『삼위일체론』 9,3,3).

[37] 『삼위일체론』 9,3,3.

지성은 눈으로 연기를 '보고', 그 연기를 기호로 삼아 불을 '추정한다'. 감각을 통한 인식은 '연기'인데 지성은 거기서 한 걸음 더 나아가 연기를 피워낸 '불'을 추정하는 이 사례는 신체적 조정 없이도 지성이 어떤 대상을 인식하는 일이 가능함을 시사한다.

2.3. 영혼의 '위대함'

영혼의 기원, 신체에서 분리된 이후의 운명에 관한 화자의 물음에 아우구스티누스는 '창조와 구원'을 함께 언급한다. 인간이 하느님의 모상대로 창조되었고, 하느님께로, 곧 모상의 존재론적 원형을 향함으로써 자기를 실현하며, 그 목표는 하느님 관상과 그 관상 속의 안식이다. 이런 일련의 과정을 교부는 인간의 형성formatio(형상화)과 인간의 재형성reformatio(재형상화)으로 파악하고 있다. 철학과 신학을 아우르는 아우구스티누스의 인간학 전체가 이 두 과정으로 간추려져 있다고 할 만하다.

먼저, 영혼의 기원에 관한 확실한 사변적 해답은 훨씬 후대에 본격적으로 시도된다.[38] 그는 창조를 이야기하므로 영혼을 신성神性에서 유출流出한 무엇, 따라서 신성의 일부라거나 자체로 신성한 무엇으로 보지 않는다.[39] 본서에서는 영혼의 기원보다 그 존재론적 향방이라는 관점에서 마치 출신 혹은 고향을 물어 온 듯이 답변을 찾는다. "영혼이 어디서 유래하느냐고 질문할 적에 자네는 이 중 어느 것을 알고 싶은가? … 영혼의 어떤 처소處所 또는 고향을 묻는다면 나는 영혼이 창조받은 하느님이시라고 믿네"

---

[38] 『창세기 문자적 해설』De Genesi ad litteram(401/405년)과 『영혼과 그 기원』De anima et eius origine(417/418년) 참조.

[39] "인간 영혼이 하느님인 그런 존재는 아니라고 공언해야겠지만 그분이 창조하신 모든 것 가운데 영혼만큼 하느님께 더 가까운 것이 아무것도 없다고 간주되어야 하네"(34,77).

(1,2).⁴⁰ 아울러 창조와 유출을 혼동하지 않게 "하느님이 영혼을 만드셨지만 그것이 나름의 실체를 가진다고 알아들어야 한다"고 못 박는다(12,22).⁴¹

그리고 인간은 단지 하느님께 창조받은 데서 그치지 않고 '하느님의 모습대로' 형상화되었으며, 동시에 현실에서 체험하는 인간의 타락상과 무지를 고려한다면 모상의 원형인 분에게로 부단히 전향轉向해야 한다. "인간은 그를 창조하신 분의 모습대로 하느님께 대한 인식 가운데서 새로워지고, 영적인 사람이 되는"⁴² 과정을 상정하게 되고, 이 과정을 교부는 인간의 재형성reformatio 혹은 쇄신renovatio이라고 일컫는다. "인간은 그분의 선하심과 권능에 의해서 형성形成된 만큼 그분의 어지심을 힘입어 재형성再形成되어야 하네"(28,55). 좀 더 구체적인 표현도 나온다. "누구든지 하느님께 지음 받은 존재답게, 곧 하느님과 비슷한 존재로 돌아가기를 열망한다면 … 영혼의 구원은 자기 조물주에게 일신—新됨 혹은 화해和解 말고 달리 존재하지 않는다네"(3,4). 영혼의 '구원'을 '일신—新됨' 및 '조물주와의 화해'로 등식화하는 개념은 그리스도교 교부들의 공통된 관점이었다.

이런 각도에서 본서 말미에 영혼의 활동 일곱 가지를 열거하면서 처음 두 가지 — animatio, sensatio — 를 빼놓은 다섯 단계 전부가 '참된 종교'라고 불린다. "참된 종교는 존재하네. 영혼이 범죄하여 하느님께로부터 자신을 단절시켰는데 그 종교에 힘입어 화해를 통해서 영혼이 유일하신 하느님께 다시 결속하는 것이지. 참된 종교는 앞서 얘기한 세 번째 활동에서

---

[40] "영혼이 어디서 유래하느냐고 질문할 적에 자네는 이 중 어느 것을 알고 싶은가? … 그 대신 영혼의 실체가 무엇이라고 내가 명명할 수는 없네"(1,2).

[41] "영혼이 하느님과 비슷하다고 해서 그분이 지닌 만큼의 능력을 지니지 못했다고 해서 이상하게 여길 것은 아니다"(2,3)라는 말도 첨가한다.

[42] 『고백록』 13,22,32: "'우리가 우리와 비슷하게 우리 모습으로 사람을 만들자'라고 하셨기 때문입니다. … 인간은 그를 창조하신 분의 모습대로, 하느님께 대한 지식으로 새로워지고 영적 인간이 되어 …."

영혼을 연결시켜 인도해 나가기 시작하고, 네 번째에서 영혼을 정화하며, 다섯 번째에서 쇄신하고, 여섯 번째에서 입문시키고, 일곱 번째에서는 영혼을 먹여 기르네"(36,80).

'재형성'의 도정은 우선 정화淨化로 파악된다. 아우구스티누스가 말하는 정화는 "사유思惟 자체가 사멸할 사물들에 관한 온갖 탐욕과 더러움을 자제하고 거기서 깨끗하게 걸러지는 것"(33,75)이다.[43] 철학도에게 이런 정화가 필요한 사유를, 개인 체험에 따라서, 이렇게 고백하고 있다. "그러다 눈 깜짝할 사이에 존재하는 그것에ad id quod est 도달하였습니다. 하지만 내 시선을 거기에 집중할 능력이 없었으니 오히려 허약함이 되몰아치는 바람에 눈에 예사로운 것으로 돌아오고 말았습니다."[44]

영혼의 정화는 사추덕四樞德으로 얻어진다. 쾌락, 두려움, 황당한 오만에서 인간을 구제하여 오성을 올바로 구사하는 준비를 갖추어 준다. 그리고 이런 정화 과정은 자유의지에서 오는 수덕의 노력과 더불어, 거저 주시는 하느님의 은총 없이는 불가능하다는 의식도 피력한다. "영혼이 이 과업을 받아들이고 이룩해 내는 데는, 내가 돌려드려야 할 그분으로부터 보우保佑를 입지 않는 한 불가능하네. 그러니까 인간은 그분의 선하심과 권능에 의해서 형성된 만큼 그분의 어지심을 힘입어 재형성되어야 하네"(28,55).

정화 혹은 쇄신, 특히 '진리의 현시顯示와 관상觀想 그 자체'라는 '재창조'에는 '육화한 말씀'의 역할이 언급된다. "하느님의 능력과 지혜에 힘입어서 우리가 그 도정을 항구하게 걸으면, 만유의 저 지고한 원인 혹은 지존한

---

[43] "내가 믿기로 '올바른 영'이란, 영혼이 진리를 추구함에서 길을 벗어나거나 방황하지 못하게 막는 그런 영일세. 그런데 먼저 '깨끗한 마음'이 되지 않는다면, 다시 말해서 사유 자체가 사멸할 사물들에 관한 온갖 탐욕과 더러움을 자제하고 거기서 깨끗하게 걸러지지 않는 한 그런 영이 갖추어지지 않을 걸세"(33,75).

[44] 『고백록』 7,17,23.

조성자 혹은 최고의 원리에 우리가 도달"하는 일을, "하느님의 지극히 능하신 아드님, 영원하고 불변하시는 아드님에 의해서 이루어진 우리 구원의 귀감과 첫 열매"(33,76)라고 일컫는다.

치유治癒는 정화를 계속하고 평정平靜에 이르게 유도한다. 평정은 영혼이 대상을 정확하게 보도록 정립定立(ingressio)시키고 지성적 회심이 총체적이고 결정적으로 완성되게 만든다.

영혼의 여섯 번째 기능인 '진입'進入[ingressio: 진보(進步), 몰입(沒入)]은 지성의 시선을 정화하는 단계에 해당한다. "참되게 최고로 존재하는 것들을 인식하려는 열망은 영혼의 지고한 시선"이므로(33,70) 이 '진입'은 정작 관상할 대상, 진리의 빛으로 시선을 돌리고 정작 그 대상이 출현하였을 적에 눈이 부셔서 어둠 속으로 도망하지 않게 단련시키는 일이라고 규정된다.[45]

관상觀想(contemplatio)은 일정한 단계라기보다는 영혼의 최고 상태狀態이며 (세계와 인생의 의미를 제시하는) 진리와 지혜를 얻은 경지다(33,73-35,79). 관상은 지성의 '봄'visio을 완결시키는 단계이니[46] "저 진리의 관조야말로 영혼에게 오는 지고하고 가장 신비로운 상급이며 그것 때문에 영혼은 그토록 많은 수고를 기울였던 것이다"(33,74). 거기서 하느님을 최고선으로 추구하고 또 직관하게 만든다.

---

[45] "참되게 최고로 존재하는 것들을 인식하려는 열망은 영혼의 지고한 시선이기도 하네. 이것이 저 행위의 여섯째 단계일 것이네. [여기서도] 영혼의 눈이 허망하고 경솔하게 바라보거나 삿되게 바라보지 않도록 그 눈을 정화하는 일과 그 눈의 건강을 보전하고 강화하는 일, 그리고 마땅히 바라보아야 할 대상을 향해서 평정을 얻고 곧바르게 만들어진 시선을 그리로 돌리는 일은 제각기 별개일세"(33,75).

[46] "드디어 진리의 현시(顯示)와 관상(觀想, contemplatio), 영혼의 일곱째 그리고 마지막 단계"(33,76).

2.4. 본서의 의의

아우구스티누스가 회심 후 은거하던 카시키아쿰을 떠난 후에 가진 후속 대화편들의 주제는 영혼의 비물체성, 영혼과 지성의 상승, 자유의지와 악행, 하느님의 존재와 사물의 기원, 하느님의 선하심과 악의 현존, 학문 교육과 '내면의 스승' 등 매우 다양하고 매우 난해한 것들이다. 아우구스티누스의 평생을 괴롭힌 과제였다. 교부의 논쟁 상대로는 영지주의靈知主義의 일종이라고 할 마니교, 그리스도교의 엄격한 도나투스파, 인간의 선행과 구원에서 인간의 몫을 부각시키려던 펠라기우스파가 번갈아 등장한다.

본서는 제목부터 아우구스티누스가 당대 '영혼 문제'를 다루는 많은 저작들을 읽고 여러 견해에 유의하고 있었음을 보여 준다.『재론고』에서 본인이 언급하듯이[47] 본서에서는 '영혼의 크기가 물체적 크기가 아님을 주로 논하였다'. 나머지 세 항목은 맨 끝(36,81)에서 화급하게 언급하고 그냥 넘어간다. 결국 이 책에는 두 논지가 다루어진 셈인데, 영혼이 '물체적 크기' quantitas corporea를 가졌다는 주장이 배척되고, 그러면서도 '모종의 크기' magnum aliquid, 즉 '위대함'을 지녔다는 주장이 제시된 셈이다. 물리적 연장延長으로서의 크기와 정신적 능력能力으로서의 크기를 구분한 것이다. 선대의 에피쿠로스나 루크레티우스의 원자론原子論에 근거하는 유물론을 따르면, 영혼이 정말 존재하는 구체 사물이라면 '물체'여야 한다고, 인간은 영육의 완전한 결합체이므로, 영혼의 크기는 물리적·공간적 크기로만 언표할 수 있다는 주장이 나온다. 그 대신 피타고라스나 플라톤학파의 이념론은 물리 세계로부터 영혼의 초월, 육체로부터의 초월을 설파하고 추구하였다.[48]▶

---

47 앞의 각주 7 참조.

아우구스티누스 역시 영혼 선재나 인간 지성을 떠난 이념의 별도 존재에 대해서는 유보적인 태도다. 교부는 영혼의 정신적 성격을 인정한다는 점에서 플라톤도 아리스토텔레스도 의견이 상합한다는 견해를 가지고 있었고,[49] 그리스도교의 두 교리, 곧 하느님에 의한 인간의 창조와 영혼이 하느님의 모상模像이라는 이론을 사변적 논증 없이 언명하고서 본론으로 들어간다.[50] 또 대화 마지막에서는 자기가 새 입교자로서 받아들인 원죄原罪의 전수, 로고스의 육화肉化, 육신의 부활을 삽입한다.[51]

세례 후 아프리카로 돌아가려다 전쟁으로 뱃길이 막혀 로마에 잠시 체류하면서 아우구스티누스는 옛 지우들인 마니교도들과 다시 조우하면서 뭔가 탐탁지 않은 일을 겪은 듯하다. 『고백록』에서는 그 무렵 일을 건너뛰고 넘어간다고 말은 하지만 차마 입에 담지 못할 "헤아릴 수 없이 많은 일들"[52] 때문에 마니교도들을 일깨우는 글을 쓸 필요를 절감한 듯하다.[53] 마니교의 유물론적 사고방식을 염두에 둔다면 교부가 '영혼의 비물체성' 외에도 '영혼의 불멸'과 '악의 기원'에 대해서 논하지 않을 수 없었을 것이

◀[48] 이 점을 강조하다 플라톤학파는 영혼 선재설(先在說)을 내놓게 되어 인간에 대한 이원론을 피하지 못하였다. 플로티누스의 경우, 단일한 세계혼(世界魂)이 개별화될 이론적 근거를 제시하지 못하여 인간 영혼들이 개체임과 다수임을 해명하지 못하였다.

[49] 『아카데미아학파 반박』(성염 역주, 분도출판사 2016) 3,19,42: "지극히 명민하고 아주 노련한 인물들은 자기네 토론을 통해서 아리스토텔레스와 플라톤이 서로 상통하는 학자들이라고 가르쳤고 전문 지식이 없거나 주의가 깊지 않은 사람들에게만 견해가 다른 것처럼 보인다고 가르쳤다."

[50] "하느님이 불사불멸하는 분으로서 당신과 비슷하게 불사불멸하는 무엇을 만들어 내셨다니까, 우리도 하느님께 불사불멸하게 만들어진 이상, 우리와 비슷하게 우리가 무엇을 만들면 그것이 불사불멸하는 것이 되어야 마땅하다는 생각이 듭니다"(본서 2,3).

[51] 본서 36,80-81 참조.

[52] 『고백록』 9,8,17: "많이 서두르다 보니 제가 많은 얘기를 건너뛰는 중입니다. 그렇더라도 저의 하느님, 비록 제가 헤아릴 수 없이 많은 일들을 말하지 않고 넘어가더라도 당신께 드리는 저의 고백과 감사를 받아 주십시오."

고,⁵⁴ 아프리카에 가자마자 집필한 『참된 종교』*De vera religione*⁵⁵에 그런 내용들을 간추릴 필요를 느꼈던 것 같다.

아우구스티누스 본인은 직전의 『영혼 불멸』과는 달리⁵⁶ 이 『영혼의 위대함』에 대한 서평에서는 "영혼이 얼마나 큰가에 관해서 아주 열심히 또 아주 치밀하게 토론했고, 영혼은 물체적 크기를 가지는 것이 아님을, 우리가 할 수 있는 데까지 보여 주려고 노력하였다"⁵⁷는 언급을 남겼다. 실제로 본서에서 아우구스티누스가 신플라톤 사상을 도입한 사건은 그리스도교 철학에만 아니고 서구 철학사의 향방에 의의가 크다고 평가받는다. 초기 그리스도교의 라틴계 교부들은 에피쿠로스 철학이나 스토아에 편중했고, 아리스토텔레스의 질료 형상론도 영혼의 존립이 신체와 불가분하다는 쪽으로 흘렀는데⁵⁸ 아우구스티누스가 본서를 통해 영혼이 '영적 실체'라는 신플라톤 사상을 그리스도교 철학에 정식 도입한 결과를 빚는다. 아우구스티누스가 헬레니즘과 헤브라이즘이라는 서구의 두 강줄기를 '그리스도교 사상'에다 합류시킨 장본인이라면, 본서는 그가 플라톤 철학과 그리스도교 교리를 통합시키는 시도 가운데 하나로 평가받을 만하다.

---

53 앞의 각주 15 참조.
54 그 성과가 『영혼 불멸』과 본서 『영혼의 위대함』과 몇 해 후에 출간된 『자유의지론』에 나타난다.
55 『참된 종교』(앞의 각주 27 참조)는 아우구스티누스를 괴롭히던 철학 논제가 거의 망라되어 있어서 '아우구스티누스의 철학소전(哲學小典)'이라 일컬어진다.
56 이 책에 대해서는 저자 스스로 "논리 전개가 하도 번다하고 옹색하여 애매모호하기 때문에 읽자면 내 주의력이 산만해지고 나 자신마저도 겨우 알아들을 정도"라는 혹평을 남겼다(『재론고』 1,5,1).
57 『재론고』 1,8,1.
58 이 문제는 직전의 저서 『영혼 불멸』 전반부에서 집중해서 다루었다.

3. 번역 원본과 현대어 번역본

(1) 본서 『영혼의 위대함』은 Wolfgangus Hörmann의 비판본, *De quantitate animae* in Sancti Aureli Augustini opera I/IV (Corpus Scriptorum Ecclesiasticorum Latinorum [CSEL], vol. LXXXIX) (Vindobonae, Hoelder-Pichler-Tempsky 1986)에서 직역한 것이다.

(2) Hörmann의 비판본은 다음과 같은 필사본들을 참고하고 있다.

S   codex Sessorianus XVI (2101) bibl. nat. Romanae, saec. IX med.

T   codex Trevirensis bibl. municipalis 149, saec. IX med.

D   codex Monacensis lat. 15826, saec. XI in.

C   codex Casselanus 2 Ms. theol. 30, saec. IX

K   codex Augiensis perg. CCXXXVI bibl. publ. Badensis, saec. IX med.

L   codex Augiensis perg. XCV bibl. publ. Badensis, saec. IX med.

V   codex Darmstadtiensis 896, saec. IX

X   codex Parisinus lat.13369 bibl. nat., saec. IX

J   codex Augiensis perg. CXCV bibl. publ. Badensis, saec. IX med.

Y   codex Harleianus 3012 bibl. Brit., saec. IX med.

Z   codex Valencianus 163 (155), saec. IX med.

(3) 본서의 최초 인쇄본 editio princeps은 다음과 같이 알려지고 있다.

Angelo Ugoleti, editio Parmensis 1491

Iohannes Amerbach, editio Amerbachii Basileensis 1506

Erasmus da Roterdam, editio Erasmi Basileensis 1529

Anversa, editio Theologorum Lovanensium 1576

editio Maurinorum Parisina 1679

(4) 현대어 주요 번역본은 다음과 같다.

프랑스어본:

P. de Labriolle, *De quantitate animae*, Saint Augustin, Dialogues Philosophiques, in Bibliothèque Augustinienne (Paris 1939, 1948[2], 1955[3])

Sophie Dupuy-Trudelle, *La dimension de l'âme*, Saint Augustin, *Les confessions, Dialogues Philosophiques*, Oeuvres I (Paris 1998)

이탈리아어본:

Riccardo Ferri, *La grandezza dell'anima* (Palermo 2004)

Giovanni Catapano, *Agostino. Sull'anima. L'immortalità dell'anima. La grandezza dell'anima, in Agostino Sull'anima* (Milano 2003)

Domenico Gentili, *La grandezza dell'anima*, Opere di Sant'Agostino Dialoghi II, Nuova Biblioteca Agostiniana III/2 (Roma 1976)

스페인어본:

E. Cuevas, *La dimension del alma*, Obras de San Augustin III, Obras filosoficas (Madrid 1982)

Victorino Capánaga, *De la cuantitad del alma*, Obras de San Augustin III, Obras filosoficas (Madrid 1947, 1982)

영어본:

F.E. Tourscher, *Augustine, De quantitate animae. The Measure of the Soul* (London 1933)

J.J. McMahon, *Saint Augustine, The Magnitude of the Soul*, Writings of Saint Augustine, II (The Fathers of the Church, New York 1947)

J.M. Colleran, *St. Augustine, The Greatness of the Soul*, Ancient Christian Writers 9 (Westminster-Maryland 1964²)

A.B. Wolter, *Medieval Philosophy: From St. Augustine to Nicholas of Cusa in Readings*, History of Philosophy III ed. J.F. Wippel–A.B. Wolter (New York-London 1969)

Ludwig Schopp, *The Magnitude of the Soul* (New York 1977)

독일어본:

C.J. Perl, Aurelius Augustinus, *Die Grösse der Seele. De quantitate animae liber unus* (Paderborn 1960)

K.H. Lutke, *Die Grösse der Seele, De quantitate animae*, Augustinus, Philosophische Spaetdialoge. Die Bibliothek der Alten Welt, Reihe "Antike und Christentum" (Zürich-München 1973)

AVRELIVS AVGVSTINVS

DE QUANTITATE ANIMAE

❦

아우구스티누스
영혼의 위대함

본문

Aurelius Augustinus *DE QUANTITATE ANIMAE*

I 1. Evodius. Quoniam video te abundare otio, quaeso, ut mihi respondeas de his, quae me movent, non, ut opinor, importune atque incongrue. Saepe enim, cum abs te multa quaesissem, nescio qua illa graeca sententia me deterrendum putasti, qua prohibemur ea, quae supra nos sunt, requirere. Nunc vero non puto nos ipsos supra nos esse. Quamobrem cum de anima quaero, non sum dignus qui audiam: 'Quod supra nos, quid ad nos?', sed fortasse dignus qui audiam, quid simus nos.

Augustinus. Enumera breviter, quae audire de anima velis.

E. Faciam; nam sunt mihi ista diuturna cogitatione praeparata.

---

1 Evodius: 후일 그와 나눈 서한(『서간집』 162,2: "자네가 나와 의견을 교환하고 발언하는 가운데")에서 본서와 『자유의지론』에서 대담을 나눈 상대였음을 회고한다. 교부와 같은 고향 사람으로 30대의 교부보다는 젊은이(Evodius iuvenis)로, 밀라노 황실에 근무하고 있었으나 사직하고 아우구스티누스를 따라나섰다(『고백록』 9,8,17 참조).

2 『자유의지론』 번역본에서는 둘 사이를 스승과 제자의 관계로 설정하고서 '해라'와 '하십시오' 조로 하였으나 본서에서는 『아카데미아학파 반박』에서 알리피우스와의 대화를 고려하여 아우구스티누스의 발언을 '하게' 조로 바꾸었다.

3 아래 문맥으로 미루어, 소크라테스가 되뇌던 γνῶθι σεαυτόν(너 자신을 알라!)일 것이다.

아우구스티누스 『영혼의 위대함』

다루어질 주제들

1.1. 에보디우스(이하 에)[1]: 당신에게 여가가 넉넉한 것으로 보이니 나를 심란케 하는 이것들에 대해서 제발 나한테 답변을 해 주시오.[2] 내 보기에 이런 의문들이 난데없이 나왔거나 부적절한 것 같지는 않습니다. 내가 많은 것을 두고 당신에게 따지고 들면 왜 그런지 모르지만 당신은 곧잘 저 그리스어 문구[3]를 끌어대면서, 우리에게는 '분수에 넘치는 것'을 묻는 일은 금지되었다는 듯이 내 입을 막아야겠다고 생각한 듯합니다. 허나 지금은 우리 자신이 우리 분수에 넘치는 문제라는 생각이 안 듭니다. 그러니 영혼에 관해서 내가 묻더라도 '분수에 넘치는 그것이 우리한테 무슨 소용이오?'라는 반문을 들을 만하다고는 생각지 않습니다.[4] 오히려 우리가 과연 무엇이냐를 두고는 뭔가 얘기를 들을 만하다고 봅니다.

아우구스티누스(이하 아): 그럼 간단히 꼽아 보게, 영혼에 관해서 자네가 무슨 얘기를 듣고 싶은지.

에: 그렇게 해 보겠습니다. 나로서는 오랫동안 골똘히 생각해 온 터라서 당장에 말씀드릴 태세가 돼 있습니다. 내가 의문을 가지는 바는 다음과 같

---

[4] 철학을 한다면서 성좌(星座)의 크기며 천궁(天宮)이며 그 궤도와 위력을 따지던 시대에, "소크라테스야말로 처음으로 철학을 하늘에서 끌어내려 … 인생과 도덕 그리고 선과 악에 관해서 물으라고 충동질한 사람이었다"(키케로 『투스쿨룸 대화』*Tusculanae disputationes* 5, 4, 10).

Quaero igitur, unde sit anima, qualis sit, quanta sit, cur corpori fuerit data, cum ad corpus venerit qualis efficiatur, qualis cum abscesserit?

2. A. Cum quaeris, unde sit anima, duo quaedam intellegere cogor. Aliter enim dicimus, unde sit homo, quae sit eius patria scire cupientes; aliter unde sit, cum quaerimus, unde constet, id est, ex quibus elementis rebusque compositus. Quid horum scire vis, cum interrogas, unde sit anima? Utrumnam quasi regionem eius et patriam, unde huc venerit, nosse desideras an vero, quae sit eius substantia, requiris?

E. Equidem utrumque scire vellem, sed quid sit sciendum prius, tuo iudicio malo conmittere.

A. Propriam quandam habitationem animae ac patriam deum ipsum credo esse, a quo creata est. Substantiam vero eius nominare non possum; non enim eam puto esse ex his usitatis notisque naturis, quas istis corporis sensibus tangimus. Nam neque ex terra ne-

---

5 『질서론』 2,5,17: "영혼은 어디서 기원을 가지며, 이곳 [현세에서] 무슨 작용을 하며, 하느님으로부터 얼마나 떨어져 있으며, [신체와 정신] 두 본성에 관계하면서 자기 고유한 성격은 무엇이고, 어디까지 사멸하며, 그것이 불사불멸함은 어떻게 입증되는가?"

6 본서 3,4-36,80까지의 논제에 해당한다. 앞의 두 문제와 뒤의 세 문제는 다른 저서(『영혼불멸』)에서 토론되었으므로 1,2-2,3과 36,81에서 간략히 언급될 뿐이다.

7 "존재한다는 그 점에서 존재라고 불리듯이 존립한다는 그 점에서 실체라고 언표한다"는 구분도 있으나(『삼위일체론』 7,4,9) 교부의 여러 저서에서 substantia vel essentia vel natura 라는 표현으로 '존재'[존재자], '자연 본성'[자연 사물]과 동의어로 나온다.

습니다.⁵ 영혼은 어디서 유래하는가? 영혼은 어떤 성질인가? 얼마나 큰가?⁶ 신체에는 왜 부여되었는가? 신체에 올 때에는 어떤 성질이 되는가? 또 신체에서 떠날 적에는 어떤 성질이 되는가?

영혼은 하느님께로부터 유래한다

1.2. 아: 영혼이 어디서 유래하느냐고 자네가 물을 적에 나로서는 어쩔 수 없이 두 가지로 이해하게 되네. 사람이 어디서 유래하느냐는 애기를 할 적에 한편으로 우리는 그의 조국이 어디냐를 알고 싶어 하고, 다른 한편으로 어디서 유래하느냐는 그것이 어떻게 구성되어 있느냐, 말하자면, 어떤 원소와 사물로 합성되어 있느냐를 묻는 셈이지. 영혼이 어디서 유래하느냐고 질문할 적에 자네는 이 중 어느 것을 알고 싶은가? 그러니까 그 출신 지역, 어디서 이리로 온 것 같으냐며 고향을 알고 싶은가, 아니면 그것의 실체가 무엇인지를 묻는가?

에: 의당히 양편 다 알고 싶습니다만 어느 것을 먼저 알아야 하는지는 차라리 당신의 판단에 맡기고 싶습니다.

아: 그러니까 영혼의 어떤 처소處所 또는 고향을 묻는다면 나는 영혼이 창조받은 하느님이시라고 믿네. 그 대신 영혼의 실체가⁷ 무엇이라고 내가 명명할 수는 없네. 영혼이 우리에게 으레 알려진 자연 사물들,⁸ 우리가 신체 감관으로 접촉하는 자연 사물들로부터 유래한다고는 생각지 않네. 나는 영혼이 흙으로도 아니고 물로도 아니고 공기로도 아니고 불로도 아니고 그것들 모두로 되어 있지도 않다고 생각하며, 그것들 중 몇몇으로 구성

---

8 키케로 『투스쿨룸 대화』 1,27,66: "영혼의 자연 본성 혹은 힘은 으레 알려진 이 자연 사물들과는 분리된[seiuncta ab his usitatis notisque naturis] 무엇이다."

que ex aqua neque ex aere neque ex igni neque ex his omnibus neque ex aliquibus coniunctis horum constare animam puto. Sed quemadmodum, si ex me quaereres, arbor ista ex quibus constet, notissima ista elementa quattuor nominarem, ex quibus omnia talia constare credendum est; porro si pergeres quaerere, unde ipsa terra vel aqua vel aer vel ignis constent, nihil iam quod dicerem reperirem; sic cum quaeritur, ex quibus sit homo compositus, respondere possum, ex anima et corpore; rursum de corpore si quaeras, ad illa elementa quattuor recurram; de anima vero quaerenti tibi, cum simplex quiddam et propriae substantiae videatur esse, non aliter haeream ac si quaeras, ut dictum est, unde sit terra.

E. Quomodo eam propriam velis habere substantiam, cum dixeris a deo factam, non intellego.

A. Quomodo et terram ipsam a deo factam negare non possum; et tamen non possum dicere, ex quibus quasi aliis corporibus terra constet. Simplex enim corpus est terra, eo ipso quo terra est, et ideo elementum dicitur omnium istorum corporum, quae fiunt ex quattuor elementis. Non ergo sibi adversatur sententia, qua dicimus et a deo animam factam et propriam quandam habere naturam. Hanc e-

---

9 elementum: 그리스어 στοιχεῖον의 번역어다. 바로 위에서는 natura라고 표기했다.

10 그는 '원자'(atomus: ἄτομος)라는 용어를 알았고(『아카데미아학파 반박』 3,10,23) 원자가 "더 이상 분할도 되지 않고 더 이상 감지도 되지 않는 극소한 입체"(『신국론』 성염 역주, 분도출판사 2004, 8,5)임도 알았다.

11 homo compositus ex anima et corpore: 이미 『행복한 삶』(성염 역주, 분도출판사 2016, 2,7)에서 규정한 바였다.

되어 있다고도 생각지 않네. 물론 저기 있는 저 나무가 무엇으로 구성되어 있느냐고 내게 물을라치면 나는 널리 알려진 네 원소元素[9]를 꼽겠네. 모든 것이 이것들로 구성되어 있다고 믿을 만하지. 그 대신 자네가 질문을 계속하여 그러면 저 흙이나 물이나 공기나 불이 도대체 무엇으로 구성되어 있느냐고 물을라치면 내 스스로 할 말이 아무것도 없음을 깨닫기에 이른다네.[10] 그러나 사람이 무엇으로 구성되어 있느냐고 묻는다면 영혼과 육체로 구성되어 있다고 답변할 수 있지.[11] 다시 육체에 관해서 자네가 질문을 하면 나는 저 네 원소로 소급할 참이네. 그렇지만 영혼에 관해서 같은 물음을 해 온다면 영혼이라는 것이 워낙 단순한 무엇인 데다가 고유한 실체를 갖고 존재하는 것으로 보이므로 자네가 앞서 흙이 무엇으로 되어 있느냐고 물었을 때와 다름없이 난감해진다네.

에: 영혼이 하느님께 만들어졌다고 말하면서 영혼이 고유한 실체를 가진 것으로 보려는 까닭을 나는 이해 못하겠습니다.[12]

아: 그것은 흙이 하느님께 만들어졌음을 내가 부인하지 못하지만 흙은 과연 어떤 다른 물체들로 되어 있느냐에 관해서는 말을 못하는 것과 마찬가지일세. 흙이 흙인 한에는 단순한 물체이고, 그래서 원소라고 불리는데 4원소로 만들어지는 저 모든 물체들의 원소라는 뜻에서 하는 말이네. 따라서 영혼이 하느님께 만들어졌다고 하면서 또한 자기 고유한 자연 본성[13]을 가진다는 문장은 모순이 아니네. 영혼의 이 고유한 어떤 본성, 자기 본성은 하느님 친히 만드신 것이고, 불이니 공기니 물이니 흙이니 하는 것의

---

12 각주 8에 인용된 키케로의 주장(영혼의 단순성)은 영혼이 신적이고 영원한 존재임을 전제하므로, 만일 하느님의 피조물이라면 4원소로 되어 있어서 단순한 실체일 수 없다는 반론이 제기될 만하다.

13 앞에서는 영혼이 substantia로, 여기서는 natura로 지칭됨은 앞의 각주 7 참조.

nim eius propriam quandam naturam et suam deus ipse fecit, ut ignis, ut aeris, ut aquae, ut terrae, quo cetera ex his omnibus componerentur.

II 3. E. Interim accipio, unde sit anima; quae mecum sedulo retractabo et, si quid me moverit, post requiram. Unde quaeso, explices qualis sit.

A. Videtur mihi esse deo similis. De anima enim, nisi fallor, requiris humana.

E. Idipsum est, quod abs te explicari vellem, quemadmodum sit anima similis, deo cum deum a nullo factum esse credamus, animam vero ab ipso deo factam supra dixeris.

A. Quid? tu difficile putas deo fuisse, ut aliquid sibi simile faceret, cum hoc in tanta varietate imaginum etiam nobis videas esse concessum?

E. Sed nos videmur mortalia facere, deus autem inmortalem animam fecit, ut opinor, nisi forte tibi aliter videtur.

A. Ergo tu velles talia fieri ab hominibus, qualia deus fecit?

E. Non equidem hoc dixerim. Sed quemadmodum ipse inmortalis inmortale quiddam fecit ad similitudinem suam, sic et nos in-

---

14 "하느님께서는 당신의 모습으로 사람을 창조하셨다. 하느님의 모습으로 사람을 창조하시되 남자와 여자로 그들을 창조하셨다"(창세 1,27). "영혼은 선(善) 자체와 가까우며 … 플라톤은 신과의 이 유사성은 이곳 하계의 존재에서 신을 향한 비상(飛上)이라고 설명했다"(플로티누스 『엔네아데스』*Enneades* 1,2,3).

자기 본성도 하느님 친히 만드신 것이며, 또 그 밖에 모든 것들은 이 모든 원소들로 구성되어 있다네.

그리고 영혼은 하느님과 비슷하고 불사불멸하다

2.3. 에: 영혼이 어디서 유래하느냐는 것은 내가 일단 받아들이겠습니다. 이 명제는 성의껏 재검토해 보겠고 여전히 나를 곤란케 하는 문제가 생기면 다음에 질문을 드리겠습니다. 그러면 영혼의 성질이 어떤 것이냐를 내게 설명해 주었으면 합니다.

아: 내게는 하느님과 비슷하다고 보이네.[14] 내 말이 틀리지 않는다면, 자네가 질문을 던지는 바는 다름 아닌 인간 영혼에 관해서일 테니까 말일세.

에: 당신에게서 설명을 듣고 싶은 것이 바로 그 점입니다. 어떻게 해서 영혼이 하느님과 비슷하냐는 것입니다. 하느님은 그 무엇에 의해서도 만들어진 분이 아닌데 영혼은 바로 하느님에 의해서 만들어졌다고 당신이 앞서 말했습니다.

아: 그래? 자네는 하느님이 당신과 비슷하게 무엇을 만드시는 일이 어려웠으리라고 보는가? 아주 다양한 상상을 구사하여 우리와 비슷하게 무엇을 만들어 내는 능력이 우리한테도 주어져 있음을 자네도 아는 터에 말일세.

에: 하지만 우리는 사멸할 것들을 만들어 내는 것으로 보이는데 하느님은 불사불멸하는 영혼을 만드셨다고 나는 생각합니다. 당신에게는 달리 보일지 모르지만 말입니다.

아: 말하자면 자네는 하느님이 만드신 바와 똑같은 것이 사람에 의해서도 만들어졌으면 하고 바라는가?

에: 그런 말까지는 않겠습니다. 하지만 그분이 불사불멸하는 분으로서

영혼의 위대함 43

mortales a deo facti ad similitudinem nostram quod facimus, inmortale esse deberet.

A. Recte diceres, si ad eius imaginem pingeres tabulam, quod in te inmortale esse credis: nunc vero in ea exprimis similitudinem corporis, quod profecto mortale est.

E. Quomodo ergo sum similis deo, cum inmortalia nulla possum facere ut ille?

A. Quomodo nec imago corporis tui potest hoc valere, quod tuum corpus valet, sic anima non mirandum est, si potentiam tantam non habet, quantam ille, ad cuius similitudinem facta est.

III 4. E. Et hoc interim satis est; dic nunc, quanta sit anima.

A. Quomodo quaeris, quanta sit? Non enim intellego, utrum eius quasi spatium latitudinis vel longitudinis vel roboris vel horum simul omnium requiras an, quantum valeat, nosse velis. Solemus enim quaerere, quantus fuerit Hercules, id est, in quot pedes statura eius porrecta fuerit. Et item quantus vir fuerit, id est, quantae po-

---

15 quanta sit anima: 본서의 본론에 해당하며 3,4-36,80에 이르는 긴 논증이다. 라틴어 형용사 quantus는 '크기'도 '위력'도 '위대함'도 다 의미한다.

당신과 비슷하게 불사불멸하는 무엇을 만들어 내셨다니까, 우리도 하느님께 불사불멸하게 만들어진 이상, 우리와 비슷하게 우리가 무엇을 만들면 그것이 불사불멸하는 것이 되어야 마땅하다는 생각이 듭니다.

아: 만일 자네 안에서 불사불멸하다고 믿는 바를 두고 자네가 그것의 초상을 화판에 그려 낼 수 있다면 자네가 하는 말이 옳지. 그런데 실제로 자네가 화판에 표현하는 것은 물체의 유사상類似像이고 그 물체는 분명히 사멸하는 것일세.

에: 내가 하느님처럼 불사불멸하는 것들을 아무것도 만들어 내지 못한다면 내가 어떻게 그분과 비슷하다는 말입니까?

아: 그림으로 그려 놓은 자네 몸의 초상이 자네 몸이 해내는 만큼 무엇을 해내지 못한다는 점과 비슷하겠네. 그러니 영혼이 비록 하느님과 비슷하게 만들어졌지만 그분이 지닌 만큼의 능력을 지니지 못했다고 해서 이상하게 여길 바는 아닐세.

영혼의 크기는 물체의 크기가 아니다

3.4. 에: 당분간은 이 얘기로 충분합니다. 그럼 영혼이 얼마나 큰지 말해 주시오.[15]

아: 얼마나 크냐를 어떤 식으로 묻는 것인가? 영혼의 공간적 넓이를 묻는지 공간적 길이를 묻는지, 또는 강도強度를 묻는지, 아니면 한꺼번에 이것들 전부를 묻는지, 그것도 아니면 영혼이 얼마나 힘 있는지를[16] 알고 싶은지 난 못 알아듣겠네. 우리는 헤라클레스가 얼마나 컸느냐를 묻곤 하는

---

[16] valeat: 물체의 3차원적 구조에서 사물이 발휘하는 위력이나 지구력(valor, valetudo, valida)을 가리키며 사물의 제4차원처럼 간주되었다.

tentiae atque virtutis.

E. Utrumque de anima scire cupio.

A. Atqui illud superius dici non potest nec omnino intellegi de anima. Non enim ullo modo aut longa aut lata aut quasi valida suspicanda est anima: corporea ista sunt, ut mihi videtur et de consuetudine corporum sic animam quaerimus. Ideoque bene praecipitur etiam in mysteriis, ut omnia corporea contemnat universoque huic mundo renuntiet – qui, ut videmus, corporeus est – quisquis se talem reddi desiderat, qualis a deo factus est, id est similem deo; non enim alia salus animae est aut renovatio aut reconciliatio auctori suo. Quamobrem, quanta sit anima, secundum inquisitionem hanc tibi respondere non possum; sed possum adfirmare neque illam longam esse nec latam nec robustam neque aliquid horum, quae in mensuris corporum quaeri solent. Et hoc cur existimem, rationem tibi reddam, si placet.

E. Placet vero ac vehementer exspecto; videtur enim mihi quasi

---

17 de consuetudine corporum: 물체의 3차원이 해당하지 않는다는 사실이 영혼의 영적 실체를 가리키는 논거로 동원된다.

18 in mysteriis: 이 단어는 그의 저작에서 '성경'을 가리키기도 하지만 이 책의 대화나 집필이 387년 세례 전후의 시점이었으므로 입교의 '성사'(聖事)를 가리키는 것으로 보인다.

19 테르툴리아누스의 증언(『월계관』De corona 3,5)에 의하면 초대교회부터 세례 후보자에게 마귀와 세속과 육신(corpus, '물체')을 끊어 버리는지 물었다.

20 salus animae aut renovatio aut reconciliatio: 영혼의 '구원'을 '쇄신' 및 [조물주와의] '화해'로 등식화하는 개념은 교부들의 공통된 관점이었다. aut ... aut ... 선택접속사의 특이한 구사가 눈에 띈다.

데 말하자면 대개 그의 키가 몇 척에 이르렀느냐는 물음일세. 또 누가 얼마나 위대한 사람이냐고 물으면 실상 그의 권세와 덕성이 얼마나 큰가를 묻는 셈이지.

에: 영혼을 두고 그 둘 다 알고 싶습니다.

아: 하지만 영혼에 관해서 첫 번째 의미의 크기에 관해서는 말로도 할 수 없을뿐더러 알아들을 수도 없다네. 영혼이라는 것은 어느 모로도 넓다거나 길다거나 힘 있다거나 하는 생각을 해서는 안 되네. 내가 보기에 그런 것들은 물체적 성질이고, 우리가 물체들에 관한 어법을 가지고서[17] 영혼을 논하는 셈일세. 그래서 비사秘事에서[18] 요구하는 바가 따로 있으니, 누구든지 하느님께 지음 받은 존재답게, 곧 하느님과 비슷한 존재로 돌아가기를 열망한다면, 물체적인 것을 모두 무시하고 또 이 세상 — 우리가 알다시피 세상은 물체적인 것이네 — 전부를 포기하라고 요구한다네.[19] 영혼의 구원은 자기 조물주에게 일신—新됨 혹은 화해和解 말고 달리 존재하지 않는다네.[20] 그러므로 영혼이 얼마나 크냐는 이 물음에 자네에게 대답을 내놓을 수가 없네. 그러나 그것이 길지도 않고 넓지도 않고 몸집이 크지도 않고 물체를 재면서 묻기 마련인 것들 중 어느 것도 아니라는 주장은 할 수 있지. 내가 어째서 그렇게 생각하는지는, 만일 괜찮다면, 자네에게 이유를 설명하겠네.[21]

에: 괜찮다 뿐이겠습니까? 간절히 바라는 바이기도 합니다. 영혼이 이 중 아무것도 아니라면 영혼은 아무것도 아니라는 생각이 듭니다.

아: 그렇다고 아무것도 아니라고 할 수는 없지만, 영혼에서 자네가 따지

---

21 교부는 자기도 한때 마니교의 영향으로 영혼이 실체라면 물체일 수밖에 없다고 생각했음을 실토한다(『고백록』 4,15,24; 5,10,19-20; 7,1,1-2).

nihil esse anima, si nihil est horum.

A. Prius ergo, si videtur, ostendam tibi multas esse res, quas non possis dicere nihil esse, nec tamen in eis invenire aliqua huiusmodi spatia, qualia in anima requiris, ut non solum non tibi ex eo anima nihil esse videatur, quod in ea non invenis longitudinem sive aliquid tale, sed eo pretiosior et pluris aestimanda sit, quo nihil horum habet. Deinde utrum vere nihil horum habeat, videbimus.

E. Utere quo vis ordine ac modo, ego audire et discere paratus sum.

IV 5. A. Recte facis; sed volo interroganti mihi respondeas; fortasse enim ea, quae te docere conor, ipse iam nosti; credo enim non te dubitare hanc arborem non esse omnino nihil.

E. Quis dubitaverit?

A. Quid illud? num dubitas iustitiam multo esse hac arbore meliorem?

E. Ridiculum istud quidem ‹est›, quasi vero ulla sit comparatio.

A. Liberaliter mecum agis; sed illud nunc adtende: cum constet ita esse hanc arborem deteriorem quam est iustitia, ut nec comparanda quidem tibi videatur, et hoc lignum non esse nihil confessus

---

22 아우구스티누스도 "플라톤학파들의 책을 읽고 … 당신께서 무한한 분이시며, 그렇다고 유한한 공간이나 무한한 공간을 통해서 퍼져 있는 분이 아니심을" 깨달았다(『고백록』 7, 20,26).

는 이런 식의 공간을 전혀 찾아볼 수 없는 그러한 사물들이 많음을 자네에게 먼저 보여 줘야 할 것으로 보이네.²² 그러면 그 속에서 길이나 그 밖의 다른 것을 발견하지 못한다고 해서 영혼이 아무것도 아니지는 않고, 도리어 그런 것들을 전혀 가지지 못했다는 바로 그 점에서 더 귀중하고 더 중요시되어야 한다고 보일 걸세. 그다음 과연 영혼이 저런 것들을 전혀 안 가졌는지 살펴보겠네.

에: 당신이 원하는 대로 순서와 방법을 구사하십시오. 나로서는 듣고 배울 태세가 되어 있습니다.

정의正義라는 것에도 저런 것들이 없다

4.5. 아: 좋아, 잘했어. 하지만 질문을 할 테니 내게 대답해 보게. 아마 내가 자네에게 가르치려고 애쓰는 바를 자네는 이미 알고 있을지 모르지. 이 나무가 아무것도 아니지는 않다²³는 사실은 자네가 의심을 안 하리라고 믿네.

에: 누가 그걸 의심하겠습니까?

아: 그럼 이것은 어떤가? 정의正義라는 것이 이 나무보다 훨씬 훌륭한 무엇이라는 점을 혹시라도 의심하는가?

에: 도대체 여기서 무슨 비교가 성립하리라고 보는 일부터가 우습지요.

아: 자넨 나를 퍽 신사적으로 대해 주는군. 허나 지금 이 점에 유의하게. 이 나무가 정의라는 것보다 못함이 하도 분명해서 자네 보기에도 아예 비

---

23 hanc arborem non esse omnino nihil: "이 나무는 전혀 '허무'(nihil)가 아니다"라고 직역된다.

영혼의 위대함 49

sis, placetne tibi ut ipsam iustitiam nihil esse credamus?

E. Quis hoc demens crediderit?

A. Recte omnino; sed fortasse arbor haec propterea tibi videtur esse aliquid, quod longa est pro suo modo et lata et robusta; quae si detraxeris, nihil erit.

E. Ita videtur.

A. Quid ergo? iustitia, quam non nihil esse confessus es, immo quiddam longe divinius hac longeque praestantius, videtur tibi longa esse?

E. Nullo modo mihi iustitia aut longa aut lata aut tale aliquid cogitanti potest occurrere.

A. Si igitur nihil horum est iustitia et tamen ipsa nihil non est, cur tibi anima nihil videtur, nisi eius aliqua longitudo sit?

E. Age; iam non mihi videtur ex eo nihil esse anima, quod nec longa nec lata nec robusta sit, sed utrum vere ita sit, nondum a te dictum esse scis. Fieri enim potest, ut multa sint magni aestimanda, quae istis careant; sed non continuo ex hoc genere animam esse credendum puto.

---

24 영혼이 길이와 넓이와 굵기를 갖추지 않았으니 '허무'로 보인다는 주장에 그럼 정의도 (나무와는 비교도 안 될 만큼 훌륭한 사물이라고 수긍한 터에) 그것들을 갖추지 않았으니 '허무'이겠느냐는 반문이다.

25 **longe** divinius hac **longeque** praestantius … **longa** esse: '훨씬'을 longe(멀리)로 표기하였으므로 '정의'에 longa라는 형용사가 서술되느냐고 묻는다.

교가 안 되고, 그러면서도 이 나무가 아무것도 아니지는 않다고 자네가 공언해야 했는데, 정의 자체가 과연 아무것도 아니라는 말을 우리가 믿어야 할까?[24]

에: 어떤 미치광이가 그렇게 믿겠습니까?

아: 전적으로 옳은 말일세. 그런데 자네한테는 이 나무가 어느 정도 크고 폭이 있고 굵다는 이유로 뭔가 되는 것처럼 보일지 모르겠네. 저런 것들을 모조리 제거해 버리면 이 나무는 아무것도 아닐 테고.

에: 그렇게 생각되는군요.

아: 그래? 그런데 자네는 정의가 아무것도 아니지는 않다고 수긍했네. 이 나무보다 '훨씬' 신성하고 '훨씬' 탁월한 것이라고 했어. 그렇다면 정의가 '길이'가 있다고 보는가?[25]

에: 내 생각에는 정의가 길거나 넓거나 그런 무엇으로 드러날 수는 없습니다.

아: 만일 정의가 이 중 아무것도 아니고 그러면서도 허무는 아니라면, 영혼의 길이가 없다고 해서 왜 영혼이 자네에게는 아무것도 아니라고 보이는가?

에: 얘기를 계속하시지요. 이미 나한테도 영혼이 길지도 않고 넓지도 않고 굵지도 않다고 해서 그 때문에 영혼이 아무것도 아니지는 않으니까요. 그렇지만 영혼이 과연 꼭 그런 것인지는 당신이 아직 단정하지 않았다는 사실을 알고 계시리라고 봅니다. 많은 것들이 저런 성질들이 결여되어 있더라도 그만큼 중시되어야 하리라는 점은 그럴듯합니다. 하지만 그렇다고 영혼이 바로 그런 부류에 들어가는 것으로 믿어야 한다는 생각은 안 듭니다.

6. A. Scio istud nobis enodandum restare et hoc me deinceps explicaturum promiseram; verum quia res subtilissima est et longe alios mentis oculos quaerit quam humana consuetudo in quotidianae vitae actibus habere solita est, admoneo te, ut per ea, per quae te ducendum existimo, libens pergas nec nostro quodam necessario circuitu defatigatus aegre tuleris aliquanto te tardius ad id quod cupis pervenire. Nam prius abs te quaero, utrum corpus ullum putes esse, quod non pro suo modo habeat aliquam longitudinem et latitudinem et altitudinem.

E. Quam dicas altitudinem, non intellego.

A. Illam dico, qua efficitur, ut interiora corporis cogitentur aut etiam sentiantur, si perlucet ut vitrum; quam si demas corporibus, quantum mea opinio est, neque sentiri possunt neque omnino corpora esse recte existimari. Hinc mihi volo aperias, quid tu sentias.

E. Prorsus non dubito corpora omnia his carere non posse.

A. Quid illud? potes cogitare ista tria non esse nisi in corporibus?

E. Non intellego, quomodo esse alibi possint.

A. Ergo animam non putas esse aliud quam corpus?

---

26 quodam necessario circuitu: 영혼의 크기가 비물질적인 능력임을 논하는 장황한 논구가 때로는 주제 이탈(disgressio)처럼 보일 수도 있지만 영적 실체를 이해하기 위한 지성의 단련(exercitatio mentis)이기도 하다.

27 altitudo: 라틴어는 '높이'와 '깊이'에 같은 단어를 쓴다. 기하(幾何)에서 유리 평면을 세워놓고서 세로 길이(longitudo: 높이)와 넓이(latitudo: 폭)를 말하면 입체는 상자 깊숙이 들어가는 수평적 형태로 연상된다. 이하 12,21 첫머리 참조.

영혼이 바람이나 공기는 아니다

4.6. 아: 우리한테는 그게 아직 풀어야 할 숙제로 남아 있다는 점은 나도 알고 있고, 미구에 그 해설을 내놓겠노라고 약속까지 했네. 그러나 문제가 너무 미묘하고, 인간 관습이 일상생활의 행동거지에서 예사로 취하는 바와는 아주 다른 지성의 안목을 요하지. 그래서 자네에게 권유를 하겠네. 내가 자네를 이끌어 가야 한다고 여기는 그 과정을 기꺼이 답사하기로 마음먹고, 우리 길이 어쩔 수 없는 모종의 우회로가[26] 될 테니까 자네가 도달해야 한다고 여기는 데 도착하는 일이 혹시 생각보다 늦춰지더라도 그 일로 지치거나 참고 견디느라 마음 상하지 말라는 얘길세. 우선 먼저 물체치고 제 나름대로 모종의 길이와 넓이와 깊이를 가지지 않은 물체라는 것이 존재한다고 여길 만한지 자네에게 묻겠네.

에: 어떤 깊이[27]를 말하는지 못 알아듣겠습니다.

아: 내가 말하는 깊이는 물체가 만약 유리처럼 투명하다면 물체의 내부를 생각하거나 지각하게 만드는 것일세. 만일 자네가 물체들로부터 그것을 제거하고 나면, 내 의견으로는, 그 물체들은 지각도 되지 않고 그야말로 물체로 여겨지는 것도 마땅치 않지. 나는 자네가 이 점에 관해서 어떻게 생각하는지 내게 털어놓았으면 하네.

에: 물론 모든 물체는 저런 것들을 결여할 수 없다는 점을 의심치 않습니다.

아: 그럼 이건 어떤가? 길이와 넓이 그리고 깊이라는 저 셋이 물체에 아니면 존재하지 않는다는 생각을 할 수 있겠나?

에: 다른 어디에 저것들이 존재할 수 있는지 납득이 안 갑니다.

아: 그렇다면 자네는 영혼은 물체와는 다른 무엇이라고 생각지 않는가?

에: 만일 우리가 바람도 물체라고 공언할라치면 내게는 영혼 역시 물체

E. Si etiam ventum corpus esse confitemur, negare non possum corpus mihi animam videri; nam tale aliquid eam esse cogito.

A. Corpus quidem ventum esse tam concedo quam si me de fluctu interrogares. Nam nihil aliud quam istum aerem conmotum et agitatum ventum esse sentimus; quod in loco tranquillissimo et ab omnibus ventis quietissimo vel brevi flabello adprobari potest, quo etiam muscas abigentes aerem commovemus flatumque sentimus. Quod cum evenerit occultiore quodam motu caelestium vel terrenorum corporum per magnum spatium mundi, ventus vocatur ex diversis partibus caeli nomina etiam diversa sortitus. An tibi aliter videtur?

E. Mihi vero nihil et probabile esse accipio quod dicis. Sed ego animam non ipsum ventum, sed tale aliquid esse dixi.

A. Dic mihi prius, utrum ipsum ventum, cuius mentionem fecisti, habere aliquam longitudinem, latitudinem et altitudinem sentias. Deinde videbimus, utrum tale aliquid anima sit, ut hoc modo etiam, quanta sit, investigare possimus.

E. Quid hoc aere longius et latius et altius facile inveniri potest, quem conmotum ventum esse nunc abs te mihi persuasum est?

---

28 '바람'은 곧 4원소의 하나인 '공기'이므로 연장을 갖춘 물체여야 한다. 많은 철학자들이 영혼을 '바람'(ἄνεμος)이나 '숨결'(spiritus)로 이해하였다.

로 보인다는 사실을 부인하지 못합니다.

아: 자네가 나한테 공기의 흐름에 관해 질문하리라고 전제한다면 바람이 물체라는 것을 나도 수긍하네. 우리가 바람이라고 지각하는 것은 우리가 4원소 중 하나로 꼽은 공기가 움직이고 흔들리는 것 외에 다른 것이 아니기 때문일세.[28] 이 현상은 아주 조용한 장소, 바람이 전혀 없는 아주 고요한 곳에서 조그만 부채를 가지고서도 실험할 수 있네. 심지어 파리를 쫓을 적에도 우리는 공기를 흔들고 진동을 느끼지. 세계의 거대한 공간을 통해서 이루어지는 천상 물체와 지상 물체의 훨씬 신비한 운동으로 발생하는 것도 바람이라고 불리지. 물론 천계의 방위方位에 따라서 다른 명칭을 취했지만 말일세.[29] 이의가 있나?

에: 나에게는 달리 할 말이 아무것도 없고 당신이 하는 말이 그럴듯하다고 받아들입니다. 다만 나는 영혼이 바람이라고는 안 했고 단지 그와 비슷한 무엇이라고 했습니다.

아: 그럼 자네가 언급한 바람이라는 것이 길이, 넓이 그리고 높이를 가졌다고 느끼는지 먼저 내게 말해 보게. 단지 그와 비슷한 무엇인지는 그다음에 함께 살펴봄으로써, 그렇게 해서라도 영혼이 얼마나 큰지 탐구해 볼 참이네.

에: 이 공기보다 길고 넓고 높은 무엇을 과연 쉽사리 찾아낼 수 있습니까? 공기가 움직이면 그것이 바람이라는 것은 방금 당신한테서 내게 확신이 섰습니다.

---

29 "바람은 공기의 흐름이다. 불어오는 장소에 따라서 다른 이름을 가진다. 바람은 태양에 의해서 결정되는데 구름을 증발시키는 것이 태양이기 때문이다"(크리시푸스 『초기 스토아학파 단편집』 *Stoicorum veterum fragmenta* 2,698).

V 7. A. Recte dicis; sed numquidnam animam tuam putas esse nisi in corpore tuo?

E. Ita puto.

A. Intrinsecus tantum, ut tamquam utrem impleat an tantum forinsecus velut tectorium an et intrinsecus et extrinsecus eam esse arbitraris?

E. Hoc sentio, quod ultimum requisisti. Nam nisi esset intrinsecus, nihil in visceribus nostris vitale haberetur; nisi esset extrinsecus, non etiam in cute leviter possit sentire pungentem.

A. Quid ergo amplius quaeris, quanta sit anima, cum videas esse tantam, quantam ipsa spatia corporis patiuntur?

E. Si hoc ratio docet, nihil amplius requiro.

A. Recte facis nihil quaerere amplius quam docet ratio. Sed haec ratio videturne tibi firmissima?

E. Quando aliam non invenio, videtur. Suo enim loco quaeram, quod me multum movet, utrum haec figura eadem maneat, cum cor-

---

30 신체와 영혼의 관계를 부대나 덮개로 표상한 것은 포르피리우스의 착상으로 알려져 있다.

31 sic ratio docet: '이치가 그렇다'는 숙어다.

32 '세계혼'의 단일성을 입증하려는 의도에서 단일한 영혼이 인간의 신체 전체에 전체적으로 현존하고, 한 군데의 자극을 몸 전체가 감지한다는 이유를 대어 영혼의 일부가 여기에, 일부가 저기에 분산되어 있지 않다는 논리를 편다(플로티누스 『엔네아데스』 4,9,1).

영혼의 크기라고 하면 어떤 크기가 맞는가

5.7. 아: 말 잘했네. 그러나 자네 영혼이 자네 신체 속이 아니면 존재하지 않는다는 생각이 들지 않나?

에: 그런 생각을 합니다.

아: 그럼 신체의 내부에만 있어서 가죽 부대를 채우듯이 하는가? 아니면 덮개처럼 외부에만 있나?[30] 그것도 아니면 영혼이 신체의 안팎에 존재한다고 여기나?

에: 당신이 마지막으로 물은 말에 해당한다고 봅니다. 내부에 있지 않으면 우리 내장에는 생명이 없다고 보아야 할 테고, 외부에 있지 않으면 누가 피부를 살짝 찌르는 것은 감지하기가 불가능할 테니까요.

아: 그러면 영혼의 크기에 관해 더 따질 것이 뭔가? 신체가 차지하는 공간의 크기만큼 영혼도 크다는 것을 알 텐데 말일세.

에: 이치가 그렇다고 가르친다면야[31] 더 이상 따질 게 없습니다.

아: 이치가 가르치는 것 이상으로는 아무것도 따지지 않는다는 말은 잘하는 일이네. 그런데 이 이치라는 것이 자네한테는 아주 확고하다고 보이나?[32]

에: 다른 이치를 발견하지 못하는 한 그렇다고 보입니다. 나를 몹시 혼란케 만드는 다른 문제는 때가 오면 질문을 하겠습니다. 신체가 소멸한 다음에도 영혼의 이 형태[33]가 그대로 남느냐는 의문 말입니다. 우리가 따져야 할 문제들 가운데 나는 이 점을 맨 마지막으로 제시한 것으로 기억합니다.[34]▶ 하지만 내가 보기에 영혼들의 수량(數量)을[35]▶ 따지는 일은 크기에 해

---

33 haec figura: 영혼이 신체 전체를 채운다면 신체와 같은 형태를 취할 것이고, 따라서 사후에 천계로 다시 오르면 천체들의 모양에 따라 구체(球體)가 되리라는 생각이 있었다(플로티누스 『엔네아데스』 4,4,5).

pore excesserit; nam hoc inter discutienda ultimum me posuisse memini. Sed quoniam de numero animarum quaerere ad quantitatem mihi videtur pertinere, non esse hoc loco praetereundum existimo.

A. Non incongrue existimas, sed prius de spatio eius, quod me adhuc movet, explicemus, si placet, ut etiam ego aliquid discam, si tibi iam satisfactum est.

E. Quaere, ut vis; nam tua ista simulata dubitatio dubitare me verissime facit de hoc ipso, quod iam peractum esse praesumpseram.

8. A. Dic mihi, quaeso te, utrum ea, quae adpellatur memoria, non tibi nomen inane videatur.

E. Cui hoc videri potest?

A. Animae hanc esse arbitraris an corporis?

E. Et hinc dubitare ridiculum est. Quid enim? exanime corpus meminisse aliquid credi aut intellegi potest?

A. Meministine tandem urbis Mediolanensis?

E. Valde memini.

A. Nunc ergo, quia eius facta mentio est, recordaris, quanta et qualis sit?

◀34 본서 1,1에 제기한 여섯 가지 질문의 마지막 ― "영혼이 신체에서 떠날 적에는 어떤 성질이 되는가?" ― 이었다.

◀35 de numero animarum: 세계혼은 단일한데 그것이 인간들의 신체들에 깃들면서 다수가 된다면 여러 가지 토론을 초래한다(플라톤 『티마이오스』*Timaeus* 35a-b; 플로티누스 『엔네아데스』 4,2,2).

당한다고 여겨지므로 이 자리에서 과분한 문제는 아니라는 생각이 듭니다.[36]

아: 부적절한 생각은 아니네. 하지만 영혼의 공간에 관한 문제가 아직까지도 나를 곤란케 하니까, 괜찮다면, 이 점을 먼저 설명해 보세. 자네가 이미 만족한다면 나도 거기서 뭔가를 배웠으면 해서네.

에: 그럼 원하는 대로 질문을 해 보시죠. 당신의 그 가정적假定的 의심[37]이 나로서는 이미 해결했다고 단정했던 이 문제에 관해서 정말 의심을 품게 만듭니다.

기억력은 공간 중에 존재하는 것이 아니다

5.8. 아: 그럼 부탁하겠는데, 기억記憶이라고 불리는 그 명사가 자네에게 실없는 명사로 보이지는 않는지 나한테 말해 보게.

에: 왜 그렇게 보인다는 말이지요?

아: 기억이 영혼의 것이라고 여기나? 아니면 신체의 것이라고 여기나?

에: 그것을 의심하다니 우스운 일입니다. 안 그런가요? 혼 없는 신체가 무엇을 기억하거나 무엇을 이해할 수 있겠습니까?

아: 밀라노 도시가 기억나는가?

에: 잘 기억납니다.

아: 그럼 그 도시가 일단 거명이 되었으니까 얼마나 크고 어떤 곳인지 기억하나?

에: 기억하고 말고요. 그보다 생생하게 또 온전히 기억나는 곳이 어디도

---

[36] 본서 32,69 참조.
[37] simulata dubitatio: 일종의 '방법론적 회의'에 해당하며 에보디우스가 이미 확실하다고 단정한 명제도 재검토하게 유도한다.

E. Recordor sane ac nihil recentius atque integrius.

A. Nunc ergo, cum oculis eam non videas, animo vides.

E. Ita est.

A. Meministi, credo etiam, quanto spatio terrarum nunc a nobis longe absit.

E. Ita et hoc memini.

A. Vides itaque animo etiam ipsam locorum distantiam.

E. Video.

A. Cum igitur anima tua hic sit ubi corpus, nec ultra spatium eius porrigatur, ut superior ratio demonstrabat, unde fit, ut illa omnia videat?

E. Per memoriam hoc fieri puto, non quod illis locis sit praesens.

A. Imagines ergo illorum locorum memoria continentur.

E. Ita sentio; nam et quid nunc ibi agatur ignoro; quod utique non ignorarem, si animus meus usque ad ea loca porrigeretur praesentiaque sentiret.

A. Verum mihi videris dicere; sed certe istae imagines corporum sunt.

E. Ita necesse est; non enim aliud sunt urbes terraeque quam corpora.

---

38 아우구스티누스는 384~387년에 밀라노에 거주했고 에보디우스(앞의 각주 1 참조)도 그곳에 있었다(『고백록』 9,8,17 참조).

39 아우구스티누스와 에보디우스는 아프리카로 귀국하는 길에 로마에서 이 대화를 나누는 중이었다.

없습니다.38

아: 그럼 자네는 지금 당장 눈으로는 그 도시를 못 보지만 영혼으로 보는 셈이군.

에: 그렇습니다.

아: 내 보기에 자네는 밀라노가 지리상의 공간으로도 지금 우리한테서 얼마나 멀리 떨어져 있는지도 기억하고 있으리라고 보는데.

에: 그렇습니다. 그걸 기억하고 있습니다.

아: 그렇다면 그 공간상의 거리를 자네가 영혼으로 보고 있구먼.

에: 영혼으로 봅니다.

아: 그런데 자네 영혼은 신체가 있는 이곳에39 있단 말일세. 그리고 위에서 이치가 그렇다고 보여 주었듯이40 영혼은 신체의 공간을 넘지 못하는데, 그럼 영혼이 저 모든 것을 보는 일은 어디서 생길까?

에: 기억력을 통해서 이런 일이 생긴다고 봅니다. 영혼이 저런 장소들에 일일이 현존하는 것은 아니니까요.

아: 그래도 그 장소들의 영상은 기억에 간직되어 있겠지.

에: 나도 그렇게 생각합니다. 지금 거기서 무슨 일이 일어나고 있는지는 나도 모릅니다. 만에 하나라도 내 영혼이 저 장소들까지 뻗어 나가고 현재 일어나고 있는 바를 감지한다면 내가 모를 리 없습니다.

아: 자네가 맞는 말을 하고 있다고 보네. 그렇지만 저 영상들은 분명히 물체의 영상들이거든.

에: 그럴 수밖에 없습니다. 도시니 땅이니 하는 것은 물체 외에 다른 것이 아닙니다.

---

40 앞의 각주 31 참조.

영혼의 위대함 61

9. A. Numquamne intuitus es parva specilla aut numquam in pupilla oculi alieni faciem tuam vidisti?

E. Immo saepe.

A. Cur multo brevior quam est adparet?

E. Quid enim velles aliud quam ut pro modo speculi videretur?

A. Necesse est ergo imagines corporum, si parva sunt corpora, in quibus adparent, parvas adparere.

E. Necesse omnino.

A. Cur ergo, cum tam parvo spatio sit anima quam corpus est eius, tam magnae in ea possunt exprimi imagines, ut et urbes et latitudo terrarum et quaeque alia ingentia apud se possit imaginari? Volo enim cogites paulo diligentius, quanta et quam multa memoria nostra contineat, quae utique anima continentur. Qui ergo fundus est, qui sinus, quae inmensitas, quae possit haec capere, cum et eam tantam, quantum corpus est, superior ratio docuisse videatur?

E. Non invenio quid respondeam, nec satis explicare possum, quantum me ista moveant, et multum me ipse derideo, qui superiori rationi tam cito consenseram, ut ex isto corporis modo quanta sit

---

[41] 사람의 얼굴이 눈동자에 작은 영상으로 모아지는 '눈부처'도 철학자들에게는 토론의 주제가 되었다(플로티누스 『엔네아데스』 4,7,6).

[42] 길이, 넓이, 크기 등을 구상어 fundus(토지, 바닥, 깊이), sinus(만, 품, 넓이), inmensitas(한없는 크기, 무량)로 표현하였다.

[43] 기억력의 무량한 내포량은 키케로(『투스쿨룸 대화』 1,25,61)도 다루었고, 아우구스티누스의 거의 모든 철학서에 재론된다(예: 『고백록』 10,8,12-27,38).

영혼도 공간에 존재하는 것이 아니듯이

5.9. 아: 혹시 자네는 조그만 거울을 들여다본 적이 없나? 또는 다른 사람의 눈동자에서 자네의 얼굴을 본 적이 혹시 없나?[41]

에: 자주 보았습니다.

아: 왜 거기서는 실제로 존재하는 것보다 훨씬 작게 나타나는 것일까?

에: 그거야 거울의 양상대로 보이는 외에 다른 방도가 있다고 보십니까?

아: 그러니 물체가 작으면 그것이 드러나는 물체의 영상도 작게 나타난다는 것은 필연적이네.

에: 필연적입니다.

아: 그럼 영혼이 신체만큼 작은 공간에 있을 뿐이라고 하는데, 도회지나 넓은 땅이나 영상화될 수 있는 다른 거창한 물체들까지 그 안에다 커다란 영상으로 어떻게 표현할 수 있을까? 내가 바라는 바는, 우리 기억이 얼마나 크고 얼마나 많은 것들을 포함하는지를 자네가 조금만 더 치밀하게 숙고해 보라는 말일세. 물론 그 모든 대상이 영혼에 내포되어 있네. 그러니 도대체 어느 토지와 어느 해만海灣과 어느 무량함이 있어 이 모든 것을 품을 만하겠는가![42] 앞에 나온 이치는 영혼은 신체의 크기만큼 클 따름이라고 가르친 것으로 보이는데도 말일세.[43]

에: 뭐라고 대답할 말을 못 찾겠습니다. 그렇지만 이 문제가 나를 얼마나 당황하게 만드는지 제대로 설명할 길 없고 또 나 자신을 한참 비웃는 중입니다. 위에 나온 이치라는 것에 내가 너무 성급하게 동의하는 바람에 영혼이 얼마나 큰지를 두고서 신체의 척도로 한정 짓고 말았다는 점에서입니다.

아: 그렇다면 자네에게도 영혼은 더 이상 바람과 비슷한 무엇으로 보이

anima terminarem.

A. Non ergo iam tibi tale aliquid videtur, qualis ventus est?

E. Nullo modo; nam etiamsi aer iste, cuius quasi fluctum ventum esse probabiliter creditur, universum istum mundum possit implere, innumerabiles tales tantosque mundos secum anima imaginari potest, quas imagines quo spatio contineat, suspicari non possum.

A. Vide ergo, ne melius sit eam credere, ut superius dixeram, nec longam nec latam nec altam, sicut mihi de iustitia concesseras.

E. Facile adsentirer, nisi me plus conturbaret, quo rursum pacto tantorum spatiorum imagines innumerabiles nulla sua et longitudine et latitudine et altitudine capere possit.

VI 10. A. Inveniemus hoc fortasse, quantum licet, si prius diligenter discutiamus haec tria, id est longitudinem, latitudinem et altitudinem. Itaque enitere cogitare longitudinem, quae adhuc nullam latitudinem adsumpserit.

E. Nihil possum tale cogitare; si enim filum araneae in animo constituero, quo nihil exilius solemus videre, occurrit mihi etiam in eo tamen et longitudo per se et latitudo et altitudo; quae qualescumque sint, esse tamen negare non possum.

---

44 데모크리투스는 공간을 진공(眞空, inane)으로 보았으나 스토아들은 공기가 온 누리에 만연해 있다고 주장했다.

45 본격적인 해답은 14,23에 가서야 나온다. 6,10-12,21은 주제를 떠나(degressio) 기하학 원론을 다룬다.

지 않겠지?

에: 절대 아닙니다. 그 흐름이 아마도 바람이려니 하고 추측으로 믿어지는 저 공기라는 것이 온 세계를 가득 채울 수도 있다지만,[44] 저 영혼은 무수한 세계들과 엄청나게 큰 세계들을 상상해 낼 수 있는데 그런 영상들을 과연 어느 공간에 수용할 수 있는지 나로서는 상상이 안 가는 까닭입니다.

아: 그럼 '정의'를 두고 자네가 나한테 수긍한 것처럼, 내가 앞서 말한 대로, 영혼은 길지도 않고 넓지도 않고 깊지도 않은 것이라고 믿는 편이 훨씬 더 낫지 않은가 보게.

에: 아주 쉽사리 동의할 만합니다. 저 거대한 공간들의 무수한 영상들을 영혼이 자기 나름의 길이도 넓이도 깊이도 없이 어떻게 내포할 수 있느냐는 의문이 나를 괴롭히지만 않는다면 말입니다.

단순히 말하는 '크기'는 어떤 것인가

6.10. 아: 우리가 먼저 이 세 가지, 곧 길이와 넓이와 깊이를 더 진지하게 토론한다면 아마도 이에 대한 해답을 발견할 것이네.[45] 그럼 길이라는 것을 생각해 보도록 힘써 보게. 넓이가 전혀 없는 길이 말일세.

에: 그런 것은 도무지 생각할 수 없습니다. 예를 들어 만일 정신으로 거미의 줄을 상정한다고 합시다. 항용 우리가 그보다 가는 것은 도무지 볼 수가 없으니까요. 그런데 내게는 거미줄에서도 그 길이 자체와 더불어 넓이와 높이가 떠오른다는 것입니다. 어떤 넓이와 높이든 간에 그것들이 존재함을 부인할 수는 없습니다.

아: 자네 대답은 결코 모순이 아니네. 하지만 거미줄에 저 세 가지가 존재하는 것으로 인식할 적에 자네는 그 셋을 구분하고 서로 어떻게 다른지도 아는가?

A. Non usquequaque absurda est responsio tua, sed certe, cum tria ista esse in araneae filo intellegis, discernis haec et quid inter se differant nosti?

E. An aliter potui videre nihil horum deesse huic filo?

A. Quo igitur intellectu haec discrevisti, hoc potes etiam seiunctis illis solam longitudinem cogitare; nec aliquod corpus volvas animo; nam quodcumque fuerit, his omnibus non carebit. Incorporeum est enim, quod te nunc intellegere cupio; nam sola longitudo non nisi intellegi animo potest, in corpore inveniri non potest.

E. Iam intellego.

A. Ergo istam longitudinem si quasi secare cogitatione per longum velis, vides profecto non posse; nam si potest, inest etiam latitudo.

E. Manifestum est.

A. Hanc igitur longitudinem meram et simplicem, si tibi placet, lineam vocemus; hoc enim nomine a multis doctis adpellari solet.

E. Voca quicquid vis; non enim mihi de nominibus laborandum est, cum res aperta sit.

---

46 여러 사본에는 quidni quid differant nossem?("그것들이 어떻게 다른지를 내가 왜 모르겠습니까?")이라는 문장이 나온다.

47 "건축 기사들이 그려 내는 아주 가느다란 선, 거미줄처럼 가느다란 선을 본 적이 있습니다. 그렇지만 기하학의 선은 별개의 선이고 육안이 제게 알려 준 표상들이 아닙니다. 누구든지 선을 아는 사람은 여하한 물체도 생각에 떠올리지 않은 채로 내면에서 그 선을 파악합니다"(『고백록』 10,12,19).

48 먼저도(『독백』 1,4,9-5,10) 선(線)을 추상하여 사유하는 방법을 논한 적 있다.

49 longitudo mera et simplex: 추상적 사물이므로 이념으로서의 선을 전제하고 그 기억으

에:⁴⁶ 그렇지 않으면 이 거미줄에 그 셋 가운데 어느 것도 빠져 있지 않다는 사실을 내가 알아볼 수 있었겠습니까?

아: 자네가 오성으로 이것들을 구분해 낸 만큼, 저것들을 따로 떼어 내고서 길이 하나만을 생각에 떠올리는 일도 해낼 수 있네. 정신으로 어떤 물체를 떠올리지 않는다면 그것으로 되는 걸세.⁴⁷ 왜 그런가 하면 어떤 물체든 간에 이것들 전부를 결하고 있지 않기 때문이지. 내가 지금 자네더러 이해해 보라는 대상은 비물체적인 것이네. 길이만을 단독으로 이해하는 일은 정신으로만 할 수 있으며 물체에서는 단독으로 길이만 발견한다는 것은 불가능하네.⁴⁸

에: 무슨 말인지 벌써 알아들은 것 같습니다.

아: 자네가 사유로 이 길이를 세로로 쪼개고 싶더라도 절대로 불가능하다는 것을 알 것이네. 만일 길이를 세로로 쪼갤 수 있다면 거기에는 이미 넓이도 존재하는 까닭이니까.

에: 분명히 그렇습니다.

아: 이 순수하고 단순한 길이⁴⁹를, 자네 마음에 든다면, 선線이라고 부르세. 많은 학자들이 이런 명칭으로 부르는 법이네.⁵⁰

에: 당신이 하고 싶은 대로 이름을 붙이시지요. 내용이 분명해진 이상, 명칭에 관해서는 신경을 쓸 일이 아닙니다.⁵¹

로 인해서 평범한 사람도 질문을 받으면 기하학 개념들을 상기해 낸다는 생각이 있었다(플라톤 『메논』 82c).

50 "크기가 한 방향으로만 분할되는 것은 선(線)이며, 두 방향으로 분할되는 것은 면(面)이고, 세 방향으로 분할되는 것은 체(體)다"(아리스토텔레스 『천체론』*De caelo* 1,1 268a).

51 "변증술은 … 무릇 개념 때문에 언어가 표현되는 법이므로, 언어로 표명된 개념이 명료한 경우 언어를 문제 삼아서는 안 된다고 가르쳤다"(『아카데미아학파 반박』 3,13,29). 로마인들의 이런 실용주의는 rem tene verba sequuntur("개념을 포착하라. 말은 저절로 따라온다")라는 격언을 낳는다.

11. A. Bene facis, et non solum adprobo, verum etiam moneo, ut semper rerum curam magis quam verborum te habere delectet. Sed linea ista, quam iam, ut opinor, bene intellegis, si porrigatur sive ex una sive ex utraque parte, qua in longum porrigi potest, cernis nullum esse finem. An ad hoc contemplandum minus valet acies mentis tuae?

E. Contemplor omnino ac nihil facilius.

A. Vides ergo etiam nullam figuram posse fieri, si nihil agatur aliud quam ut illa linea porrigatur.

E. Quam dicas figuram, nondum intellego.

VII 11. A. Figuram interim voco, cum aliquod spatium linea lineisve concluditur, tamquam si circulum faceres aut quattuor lineas finibus suis sibimet iungeres ita, ut nullius finis ab alterius copulatione liber esset.

E. Quid dicas figuram, iam me videre arbitror; sed utinam tam viderem, quo ista tendant aut quid ex his effecturus sis, ut ego, quod de anima requiro, sciam.

---

52 acies mentis: mentis oculi(지성의 눈)와 함께 쓰이는 '지적 능력'이며 정확히는 '오성'을 가리킨다(14,23 참조).

53 도형의 정의: 유클리드 『원론』*Elementa* 1 def. 5 et 14.

선線 혹은 선들로 도형圖形이 만들어진다

6.11. 아: 잘하는 일이네. 자네가 명칭보다는 언제나 내용에 마음을 쓴다는 데는 내가 동의할 뿐 아니라 제발 그렇게 하라고 충고하는 바일세. 그런데 저 선線을 한 끝에서나 양 끝에서 길게 늘일 수 있는 데까지 늘인다면 — 나는 자네가 내가 무슨 얘기를 하려는지 이미 잘 이해한다고 보네 — 절대로 끝이 없음을 알아챌 것이네. 자네 지성의 예봉52이 혹시 이런 것을 관찰하기에는 힘에 부치는가?

에: 나는 그것을 완전히 관찰하며 이보다 쉬운 게 없습니다.

아: 그럼 그 선을 늘이는 일 외에는 아무것도 하지 않는다면 아무 도형圖形도 만들어질 수 없다는 사실도 알겠지.

에: 무슨 도형을 얘기하는지 아직 못 알아듣겠습니다.

7.[11]. 아: 일정한 공간이 선이나 선들로 둘러막히면 나는 일단 도형이라고 부르네. 자네가 동그라미를 만들거나, 선 네 개가 제각기 끝에서 만나되 어느 선의 끝도 다른 선의 끝과 교차하는 일이 없게 그리거나53 하면 되네.

에: 무엇을 '도형'이라고 하는지 내게도 이미 눈에 보이는 듯합니다.54 그런데 나로서는 이 모든 얘기들이 끌고 가는 그 지점을 내 눈으로 보았으면 합니다. 당신이 이 모든 얘기에서 도대체 뭣을 끄집어낼지, 그래서 영혼에 관해서 탐구하는 바를 두고 과연 내가 무엇을 알 수 있겠느냐는 얘기입니다.

---

54 본 역주본이 따르는 라틴어 비판본(Hörmann의 CSEL)은 반영하지 않지만 다른 사본들은 거의 다 아우구스티누스가 설명하는 도형(figura)을 필사본에 그려 넣고 있다.

12. A. Hoc initio te admonui et postulavi, ut patienter ferres aliquantum circuitum nostrum; quod item quaeso, ut facias. Non levis res quaeritur, non facilis ad cognoscendum; nosse hoc enim plane ac tenere volumus, si fieri potest. Aliud est enim cum auctoritati credimus, aliud cum rationi. Auctoritati credere magnum compendium est et nullus labor; quod si te delectat, poteris multa legere, quae magni et divini viri de his rebus, necessaria quae videbantur, salubriter imperitioribus quasi nutu quodam locuti sunt credique sibi voluerunt ab his, quorum animis vel tardioribus vel implicatioribus alia salus esse non posset. Tales enim homines, quorum profecto maxima multitudo est, si ratione velint verum comprehendere, similitudinibus rationum facillime decipiuntur et in varias noxiasque opiniones ita labuntur, ut emergere inde ac liberari aut numquam aut aegerrime queant. His ergo utilissimum est excellentissimae auctoritati credere et secundum hoc agere vitam. Quod si tutius putas, non solum nihil resisto, sed etiam multum adprobo. Si

---

55 본서 4,6: "자네에게 권유를 하겠네. 내가 자네를 이끌어 가야 한다고 여기는 그 과정을 기꺼이 답사하기로 마음먹고, 우리 길이 어쩔 수 없는 모종의 우회로가 될 테니까. … 그 일로 참고 견디느라 마음 상하지 말라는 얘길세."

56 이성(ratio)과 권위(auctoritas), 이해(intellegere)와 신앙(credere)은 아우구스티누스 인식론의 기조어이며 '믿지 않으면 이해하지 못하리라!'(nisi credideritis non intellegeritis)는 명제로 대표된다. 특히 철학적 성격을 띤 초기 저서들에서 토론 주제를 이룬다(『아카데미아학파 반박』3,20,43; 『질서론』2,5,16; 『자유의지론』1,2,4; 2,2,5-6; 『참된 종교』24,45).

57 플라톤이나 플로티누스 같은 위대한 철학자들 말고도 아우구스티누스 주변에서는 Manlius Theodorus 같은 인물이 영혼에 관해서 논한 저서를 쓴 것으로 보인다(『행복한 삶』1,1; 1,5; 『질서론』1,11,31).

이성을 가지고 탐구해야 한다

[7].12. 아: 이 점은 내가 첫머리에 자네에게 권유한 것인데 우리가 어느 정도 우회를 하더라도 인내로이 참아 달라고 요구했네.[55] 다시 한번 그렇게 하라고 부탁하겠네. 자네가 묻는 것은 가벼운 질문이 아니고 이해하기에도 쉽지가 않지. 권위權威를 믿는 것 다르고 이성理性을 믿는 것 다르네.[56] 권위를 믿는다는 것은 엄청난 노력 절감이고 아무런 힘도 들지 않네. 그게 좋다면 위대하고 신성한 인물들이 이 문제들을 논하고 쓴 많은 저작들을 읽을 수 있겠지.[57] 그들은 마치 영감을 받은 듯이[58] 이런 문제에서 필수적이라고 여겨지는 내용을 말로 건넸는데 그것은 경험 없는 사람들에게 이롭자고 한 일이며, 그들의 지성이 이해가 늦거나 너무 바빠서, 달리는 진리에 이르는 구제의 길이 없는 사람들한테 자기들 말이 믿어지기 바랐네. 저렇게 미숙한 사람들은 숫자가 엄청나게 많은데, 만일 이들이 이성을 가지고서 진리를 파악하고 싶어 한다면 사이비 이론들에 의해서[59] 기만당하기 아주 쉬울뿐더러 갖가지 해로운 견해들에 빠져서 거기서 벗어나거나 빠져나오기가 전혀 불가능하거나, 아니면 무척 고생을 해야 겨우 가능해지네. 이런 사람들에게는 출중한 권위에 믿음을 두는 편이 매우 유익하고 거기에 따라 삶을 꾸려 가는 것이 좋지. 자네가 이런 방도가 더 안전하다고 여긴다면 나는 전혀 만류하지 않겠고 오히려 크게 지지하겠네. 그 대신에 이성으로 진리에 도달해야겠다고 스스로 다짐하는 신념을 억누를 수 없다면, 자네로서는 많고도 머나먼 우회로를 감당하지 않으면 안 되네. 그

---

58 quasi nutu quodam: 우리가 읽거나 생각하는 것이 맞는다고 '고개를 끄덕여 줌으로써'라는 의미도 된다.

59 similitudinibus rationum: '이론들이 비슷비슷하여'라는 해석도 가능하다. 각종 궤변과 현학적 논변을 교부는 늘 경원시하였다. 『그리스도교 교양』(성염 역주, 분도출판사 1988/2011²) 2,31,48 참조.

autem cupiditatem istam refrenare non potes, qua tibi persuasisti ratione pervenire ad veritatem, multi et longi circuitus tibi tolerandi sunt, ut te non ratio adducat nisi ea, quae sola ratio dicenda est, id est vera ratio; et non solum vera, sed ita certa et ab omni similitudine falsitatis aliena, si tamen ullo modo haec ab homine inveniri potest, ut nullae disputationes falsae aut verisimiles ab ea te possint traducere.

E. Nihil iam praepropere desiderabo: agat ac ducat ratio qua vult, dummodo perducat.

VIII 13. A. Deus hoc faciet, qui aut de solis talibus rebus aut certe de his maxime deprecandus est. Sed ad rem quam institueram redeamus. Nam si et quid sit linea et quid sit figura iam tibi notum est, dic quod abs te quaero, id est, utrum putes ullam figuram fieri posse, si linea ex utraque parte aut ex altera per infinitum ducatur?

---

60 "처음에는 신앙으로만 확실하다고 견지하던 바를 참된 이성으로 인식하는 사람은 믿는 바를 이해하고 싶다는 열망만 품은 사람보다 훨씬 낫다. 진리라는 것은 오직 믿음의 대상일 뿐이라면서 이해하려는 욕망조차 품지 않은 사람은 그 뒤에 둔다"(『서간집』 120,2.8).

61 스토아의 제논은 진리를 허위와 대비시켜 정의한 바를 교부는 잘 알고 있었다(『아카데미아학파 반박』 2,5,11; 3,11,18.21: "존재하는 거기서 발생하여 정신에 인각되어, 존재하지 않는 거기서 발생하여 마치 존재하는 것처럼 정신에 인각되는 일은 불가능할 정도라면, 그것은 참이라고 파악될 수 있다" 혹은 "동시에 허위일 수 없는 그런 종류의 표상만이 진리로 파악될 수 있다").

62 아우구스티누스는 진리를 발견할 수 없다는 회의론을 반박하여 그의 첫 저서 『아카데미아학파 반박』을 집필한 사람이므로 진리 발견의 가능성을 믿었다.

63 veri-similes: 라틴어 단어 그대로다.

64 ducat ... perducat: "자원하는 사람은 운명이 데려가고, 싫어하는 사람은 [억지로] 끌어간다"(fata volentem ducunt nolentem trahunt: 세네카 『서간집』 107,11)는 격언 참조.

래야 그 홀로 '이성'이라고 일컬을 수 있는 이성, 곧 참된 이성만이 자네를 이끌어 가는 경우가 될 것이네.⁶⁰ 그것은 참된 이성일 뿐만 아니라 확실한 이성, 허위의 유사상에서 일체 벗어나 있는 이성⁶¹이어야 할 것일세. 물론 이런 이성이 인간에 의해서 발견될 수 있다면 하는 말이지만.⁶² 그리하여 그 어떤 거짓 논변이나 유사 진리類似眞理의⁶³ 논변이 자네를 이런 이성으로부터 따돌리는 일이 절대 없어야 할 것일세.

에: 급히 서두를 마음을 조금도 먹지 않겠습니다. 이성이 마음 내키는 대로 처분하고 데려가고, 목적지까지 인도하기만 하면 됩니다.⁶⁴

동등한 세 변으로 만들어지는 도형

8.13. 아: 하느님께서 그렇게 해 주실 것이네. 이런 일만을 두고서도, 아니면 적어도 이런 일을 두고 참으로 진지하게 그분께 간청할 만하네. 하지만 우선 내가 설정한 그 주제로 돌아가세. 자네에게 선이 무엇이고 도형이 무엇인지 이미 분명해졌으니 묻겠는데, 한 선의 양 끝이나 어느 한쪽 끝에서 무한하게 연장한다면 어떤 도형이 만들어질 수 있다고 여기나?

에: 절대로 도형이 생기지 않는다고 단언합니다.

아: 그럼 도형을 만들려면 어떻게 해야 할까?⁶⁵

---

65 유클리드 정의(23개가 있는데 본서와 관련된 것만 소개하면): 1. 점은 부분이 없는 것이다. 2. 선은 폭이 없는 길이다. 3. 선의 끝은 점이다. 4. 직선이란 그 위의 점이 한쪽 옆으로 간 선이다. 5. 면은 길이와 폭만 있는 것이다. 6. 면의 끝은 선이다. 7. 평면이란 그 위의 직선이 한쪽 옆으로 간 면이다. 8. 평면각이란 평면 위에 있으면서 서로 만나되 하나의 직선이 안 되도록 위치한 두 선 사이의 기울기다. 10. 한 직선이 다른 한 직선과 만나고 있을 때, 접각이 서로 같으면 그 각을 직각이라고 한다. 15. 원이란 평면 위의 한 점에서 그 위에 있으면서 선분의 길이가 언제나 같게 되는 하나의 선에 의하여 둘러싸인 평면도형이다. 16. 그 한 점을 원의 중심이라고 한다. 20. 삼변형 가운데 세 변이 같은 것을 등변삼각형, 두 변만이 같은 것을 이등변삼각형, 세 변이 모두 같지 않은 것을 부등변삼각형이라고 한다. 23. 평행선이란 같은 평면 위에 있으면서 양쪽을 아무리 연장하여도 어느 방향에서도 만나지 않는 직선이다.

E. Nullo modo id fieri posse confirmo.

A. Quid igitur agendum est, ut figuram faciamus?

E. Quid, nisi ut illa linea infinita non sit et ducatur in circulum, ut ex alia parte se contingat? non enim video, quomodo aliter possit ex una linea concludi aliquod spatium; quod nisi fiat, secundum tuam descriptionem figura non erit.

A. Quid, si rectis lineis figuram facere velim? potest fieri, ut de una linea fiat, an non potest?

E. Nullo modo.

A. Quid, duabus?

E. Ne hoc quidem.

A. Quid, tribus?

E. Video posse.

A. Bene igitur nosti ac tenes, cum figura lineis rectis facienda est, minus quam tribus non posse. An si ulla tibi adversetur ratio, de hac te sententia devocabit?

E. Plane si quis mihi hoc falsum esse monstraverit, nihil erit, quod me scire posse confidam.

A. Nunc ergo illud responde, quomodo tribus lineis figuram feceris.

E. Cum se finibus iungunt.

---

66 유클리드 『원론』 1 def. 15: 원에 대한 정의.

67 유클리드 『원론』 1 def. 8.

에: 우선 그 선이 무한해서는 안 되고, 한 끝이 다른 끝과 만나도록 동그랗게 돌리는 일 말고 무엇이 있나요? 선 하나로 어떤 공간을 에워싸는 일이 달리 어떻게 가능한지 나는 모르겠습니다. 그렇게 되지 않으면 당신의 묘사대로는 도형이 아닐 것입니다.[66]

아: 만약 직선들로 도형을 만들려면 어떻게 하는가? 한 선분線分으로 도형이 만들어질 수 있는가, 아니면 불가능한가?

에: 전혀 불가능합니다.

아: 두 선분으로는 어떤가?

에: 이것도 안 됩니다.

아: 세 선분으로는 어떤가?

에: 가능하다고 생각합니다.

아: 자넨 잘 알고 있고, 직선으로 도형을 만들려면 셋 이하로는 안 된다는 점을 염두에 두고 있군. 다른 명분이 있어 자네에게 반대 논리를 편다면 이 생각을 취소할 텐가?

에: 만일 누가 이것마저 거짓이라고 내게 입증해 보인다면 나로서는 과연 내가 알 수 있다고 자부할 만한 것이 전무하겠습니다.

아: 그럼 이제는 세 개의 직선直線으로 어떻게 도형을 만드는지 대답해 보게.

에: 끝들을 서로 맞닿게 합니다.[67]

아: 그래? 서로 맞닿은 곳에 각角이 생기는 것이 보이지 않나?

에: 보입니다.[68]

---

[68] 사본들에는 도형이 그려져 있다. △

영혼의 위대함 75

A. Quid? ubi se iungunt, nonne videtur tibi angulus fieri?

E. Ita est.

A. Quot ergo angulis haec figura constat?

E. Totidem quot lineis.

A. Quid? ipsas lineas pares constituis an impares?

E. Pares.

A. Quid? anguli tantundem omnes patent an est alius alio contractior vel apertior?

E. Etiam ipsos pares esse video.

A. Potestne fieri, ut in figura, quae tribus rectis paribus lineis facta sit, impares anguli sint an non potest?

E. Nullo prorsus modo.

A. Quid? si rectis lineis tribus, sed imparibus figura constet, possunt etiam in ista pares esse anguli an aliud intellegis?

E. Omnino non possunt.

A. Recte dicis; sed dic, quaeso, quaenam tibi figura melior videatur et pulchrior? eane quae paribus, an quae imparibus lineis constat?

E. Quis dubitet eam esse meliorem, in qua aequalitas praevalet?

---

69 사본들에는 정삼각형 둘이 나란히 그려져 있다.

아: 이 도형은 몇 개의 각으로 이루어지는가?

에: 선들 숫자만큼의 각들로 이루어집니다.

아: 그래? 그럼 선들은 등변인가, 부등변인가?

에: 등변입니다.

아: 그래? 그럼 모든 각들이 서로 다른 각에 비해서 좁은가, 더 넓은가?

에: 각들마저도 동등하다고 봅니다.

아: 동등한 세 변으로 이루어진 도형 속에 동등하지 않은 각들이 있나, 아니면 있을 수 없나?[69]

에: 절대 있을 수 없습니다.

아: 그래? 만약 세 개의 직선이로되 등변이 아닌 선으로 이루어지는 도형이라면 각들이 동등하지 않을까? 아니면 자네는 다른 무엇을 간파하는가?

에: 절대 그럴 수 없습니다.

아: 맞는 얘길세. 그럼 묻겠는데 어떤 도형이 자네에게는 더 낫고 더 멋지다고 보이는지 말해 보게. 등변들로 이루어진 것인가, 부등변들로 이루어진 것인가?[70]

에: 그 도형 속에 균등성이[71] 두드러지는 도형이 더 낫다는 사실을 누가 의심하겠습니까?[72]

---

[70] 그리스인들의 사고는 추상적인 것을 '지적 유희'로 즐겼으므로, 추상적인 사고로 기하학 도형에 내재한 추상적 성질을 캐내려고 노력했다. 선, 각, 원, 삼각형 등은 눈에 보이는 물체에서 추상하지만 사실상 보이지 않는 개념이며 특히 '점'은 크기가 없어 보이지 않는다는 데 흥미를 두었다.

[71] aequalitas: 『참된 종교』 30,54-56에서는 균등이 이루는 미학적 결과(균형)를 논한다.

[72] 플라톤은 도형의 아름다운 형태에서 느끼는 미적 감각이 상대적이 아니고 절대적인 무엇이라고 역설한다(『필레보스』*Philebus* 51).

IX 14. **A.** Ergo inaequalitati aequalitatem praeponis?

E. Nescio, utrum quispiam non praeponat.

A. Vide nunc in figura, quae tribus angulis paribus perfecta est, quid in ea sit angulo contrarium, id est ex altera parte contra positum; utrum linea an angulus?

E. Lineam video.

A. Quid ergo? si et angulus angulo et linea lineae contraria sit, nonne fateris aequalitatem esse potiorem in ea figura, in qua id accidit?

E. Fateor quidem, sed quemadmodum id fiat tribus lineis omnino non video.

A. Quid? quattuor lineis potestne hoc fieri?

E. Prorsus potest.

A. Melior est igitur figura, quae quattuor lineis rectis paribus quam quae tribus constat.

E. Melior certe, siquidem magis in ea aequalitas valet.

A. Quid ergo? istam, quae quattuor rectis paribus lineis confit, censesne posse etiam ita fieri, ut non anguli omnes in ea pares sint, an non putas?

---

73 linea: 변(邊)은 '다각형의 변두리의 선분(線分)'으로 정의된다.

네 변으로 이루어지는 도형

9.14. 아: 그러니까 자네는 불균등보다는 균등을 선호한다는 말이지?

에: 그것을 선호하지 않을 사람이 있는지 모르겠네요.

아: 그러면 이제 동등한 세 각으로 이루어진 도형에서 각에 대칭되는 것이 무엇인지 보게. 정반대의 위치에 있는 것이 변邊인가, 각角인가?

에: 제게는 변73이 보입니다.

아: 그런가? 만일 각과 각이 대칭하고 변과 변이 대칭한다고 하세. 그런 현상이 일어나는 그 도형에는 저 균등이 더 갖추어졌다고 말하지 않겠나?

에: 그렇게 말하겠지요. 하지만 세 변으로는 어떻게 그런 일이 일어나는지 모르겠습니다.

아: 그래? 네 변으로는 그런 일이 생길 수 있나?

에: 물론 생길 수 있습니다.

아: 그러니까 동등한 네 직선으로 이루어진 도형이 세 직선으로 이루어진 도형보다 더 낫겠구먼.

에: 거기에 균등이 더 드러난다면 확실히 더 낫습니다.

아: 그래? 동등한 네 개의 직선으로 이루어진 저 도형이 네 각 전부가 동일하지 않은 그런 도형이 될 수 있다고 보는가, 그럴 수 없다고 보는가?

에: 그럴 수 있다고 봅니다.74

아: 어떻게?

에: 두 각은 더 좁게 만들고 다른 두 각은 더 넓게 만들면 됩니다.75

---

74 사본에는 정사각형과 마름모꼴이 그려져 있다.

75 contractiores, apertiores: '협각'(夾角), '광각'(廣角)으로 불린다.

영혼의 위대함 79

E. Video posse.

A. Quonam modo?

E. Si duo contractiores, duo apertiores sint.

A. Videsne etiam, quemadmodum et ambo contractiores et ambo apertiores sibi contrarii sint?

E. Ac verissime atque apertissime.

A. Servatam igitur et hic, quanta servari potuit, cernis aequalitatem; cernis enim profecto fieri non posse, ut cum quattuor paribus lineis figura perficitur, non aut omnes aut certe vel bini anguli pares sint, quaeque tamen paria sunt, sibi ex contrario respondere.

E. Cerno et firmissime teneo.

15. A. Nihilne te movet etiam in his rebus tanta et tam inconcussa quaedam iustitia?

E. Quonam modo?

A. Quia nihil, ut arbitror, dicimus esse iustitiam nisi aequitatem; aequitas autem ab aequalitate quadam videtur adpellata. Sed quae in hac virtute aequitas, nisi ut sua cuique tribuantur? Porro sua cui-

---

76 마름모에는 "네 변의 길이가 같다"는 정의와 "두 대각선이 서로를 수직이등분한다"는 성질이 있다.

77 iustitia in parilitate: 도형들의 특성에서 분배 정의의 유형을 본다.

78 nihil esse iustitiam nisi aequitatem: "정의란 각자의 품위에 따라서 각자에게 권리를 부여하는 공평이다"(iustitia est aequitas ius uni cuique tribuens pro dignitate cuiusque): 저자 미상 『헤레니우스를 위한 수사학』Rhetorica ad Herennium 3,2,3.

79 어원상으로는 aequom [aequus → aequitas] → aequalis [aequalitas] 순서로 발생했다. Julius Pokorny, *Indogermanisches Etymologisches Wörterbuch* (Bern 1969) ad vocem.

아: 그럴 경우 더 좁은 두 각은 서로 대칭하고 더 넓은 두 각도 서로 대칭한다는 사실을 알겠나?

에: 정말 그건 확실합니다.

아: 여기서도 균등이 보전될 만큼은 보전되었음을 자네는 감지하리라고 보네. 동등한 네 직선으로 도형을 만들면, 모든 각들이 동등하거나 아니면 두 각씩 동등하게 만들어질 수밖에 없음을 지각할 것이네. 물론 그 둘씩은 동등하면서 서로 대칭하고 있지.[76]

에: 그렇다고 지각하며 그 점은 아주 확실하다고 봅니다.

정의正義는 동등同等에 있다[77]

9.15. 아: 이런 사물에도 엄정하고 흔들리지 않는 정의正義가 깃들어 있다는 사실이 자네를 조금도 감동케 하지 않나?

에: 어째서 그렇다는 것입니까?

아: 우리는 정의正義란 곧 공평公平 외에 아무것도 아니라고[78] 말하기 때문일세. 그리고 공평은 어느 면에서 균등均等에서 나온 말로 보이네.[79] 그런데 정의라는 이 덕으로 공평이란 각자에게 자기 것을 부여하는 일 말고 무엇이겠는가? '각자에게 자기 것을' 부여하는 일은 일정한 구분區分 없이는 불가능하네.[80] 혹시 생각이 다른가?

에: 그 점은 분명하고 나도 전적으로 동의합니다.

---

80 참조: 『헤레니우스를 위한 수사학』 3,2,3; 키케로 『최고선과 최고악』*De finibus bonorum et malorum* 5,23,67.

que nisi quadam distinctione tribui non possunt. An aliter putas?

E. Manifestum est et prorsus adsentior.

A. Quid? distinctionem arbitrarisne esse ullam, si omnia paria sint, ut nihil omnino inter se differant?

E. Nullo modo.

A. Ergo iustitia servari non potest, nisi in rebus, in quibus servatur, sit quaedam, ut ita dicam, imparilitas et dissimilitudo.

E. Intellego.

A. Cum igitur fateamur istas figuras, de quibus agimus, inter se esse dissimiles, illam scilicet quae tribus, et hanc quae quattuor angulis constat, cum ambae paribus lineis fiant, nonne videtur tibi quaedam retenta iustitia, ut illa, quae habere non potest parilitatem contrariorum, inconcussam teneat angulorum aequalitatem, in hac vero, quia tanta est contrariorum congruentia, illa lex angulorum admittat nonnullam inaequalitatem? Hoc ergo cum me multum moveret, quaerendum abs te visum est, quonam modo ista veritate, aequitate, aequalitate delectarere.

E. Iam cerno quid dicas, et non mediocriter admiror.

A. Age nunc, quia inaequalitati aequalitatem iure praeponis nec quisquam omnino est, ut opinor, humano sensu praeditus, cui non

---

81 유사한 용어들이므로 본서에서는 대체로 다음과 같이 통일하여 번역한다. aequus(평등한, 공평한)/iniquus(불평등한, 불공평한, 불의한), aequalis(균등한)/in-aequalis(불균등한), par(대등한)/impar(부등한). 명사도 이에 준한다.

82 figura triangula(삼각형), figura quadrata(사각형)라는 용어는 다음 절(10,16)에 나온다.

아: 그래? 그런데 모두가 대등하여 서로 아무런 차이가 없다면 도대체 어떤 구분이 있을 수 있다고 보는가?[81]

에: 전혀 없지요.

아: 그러니까 말하자면 어떤 부등不等과 상이相異가 보전되는 사물들에서가 아니면 정의라는 것은 보전되지 못한다는 말일세.

에: 알아듣겠습니다.

아: 우리가 다룬 저 도형들이 서로 상이하다고 공언할 적에, 다시 말해서 저것은 세 각으로 만들어진 도형이고 이것은 네 각으로 만들어진 도형이라고 할 때,[82] 두 도형 다 대등한 직선들로 만들어졌으면서도 거기에는 일종의 정의正義가 견지되어 있다고 보이지 않는가? 전자는 대칭對稱의 대등성對等性을 지닐 수가 없는 대신에 각角들의 엄정한 균등성均等性을 보전하고 있고,[83] 후자에서는 대칭하는 변과 각들의 균형이 완벽하면서도 각들의 법칙에는 상당한 불균등不均等을 용납하고 있지 않은가?[84] 이 사실이 내게는 퍽 인상적이었으며 그래서 이 도형들이 저런 진리와 공정과 균등을 가지고서 어떤 방식으로 자네에게 쾌감을 주는지 물어야겠다는 생각이 들었네.

에: 당신이 하는 말을 알아들었고 또 적잖게 놀라움을 느낍니다.

아: 그럼 이제 이렇게 해 보게. 자네가 당연히 불균등보다는 균등을 앞세우고 있고, 내 생각에 인간다운 감성을 갖춘 사람치고 그렇게 여기지 않을 사람이 아무도 없는데, 자네 마음에 든다면, 최고의 균등이 발견될 만

---

83 parilitas contrariorum[대변(對邊)이나 대각(對角)의 대등성], angulorum aequalitas(각의 균등성)를 구분하고 있다.
84 정삼각형의 경우 각이나 변의 대칭은 없으나 세 각이 동등하고, 정사각형의 경우 각도 변도 대칭이지만 마름모꼴로 변형되어 각들의 불균등이 초래되어도 도형미가 보전된다.

id videatur, quaeramus, si placet, figuram, in qua summa aequalitas inveniri queat; quaecumque enim erit, ea ceteris sine dubitatione praeferetur.

E. Placet vero et quae ista sit scire cupio.

X 16. A. Prius ergo responde, utrum tibi illarum figurarum, quarum iam, quantum satis videbatur, facta mentio est, ea videatur excellere, quae quattuor lineis paribus totidemque angulis paribus constet; namque in hac, ut vides, et linearum aequalitas et angulorum est; et quod in illa, quae tribus lineis paribus clauditur, non inveniebamus, adest huic parilitas contrariorum; nam lineae linea et angulus angulo est, ut cernis, contrarius.

E. Ita vero est, ut dicis.

A. Habetne summam aequalitatem an aliter tibi videtur? Nam si habet, frustra, ut institueramus, aliam quaerimus; si autem non habet, volo, ut idipsum mihi abs te demonstretur.

E. Videtur mihi habere; nam ubi et anguli pares et lineae pares sunt, ubi deprehendam inaequalitatem non video.

A. Ego aliud sentio; nam recta linea donec veniat ad angulos, summa aequalitate praedita est; sed cum ex diverso latere alia coniungitur linea et angulum facit, nonne censes hoc ipsum esse inae-

---

85 필사본들에 정사각형과 정삼각형이 그려져 있다. □ △

한 그런 도형을 찾아보세. 그런 도형이 어떤 것이든지 간에, 의심 없이 그 도형은 그 밖의 다른 도형들에 우선할 것이니까.

에: 마음에 들뿐더러 과연 어떤 도형이 그런 도형인지 알고 싶습니다.

삼각형에 있는 동등과 사각형에 있는 동등은 같지 않다

10.16. 아: 여태까지 충분히 언급한 도형들 가운데서는 동등한 네 직선으로 이루어지고 동등한 네 각으로 이루어진 도형이 출중하다고 보이는지 먼저 대답해 보게. 자네가 보다시피 이 도형에는 선들과 각들의 균등이 다 확보되어 있지. 그리고 동등한 세 선으로 에워싸인 저 도형에서는 우리가 발견하지 못한 균등이 이 도형에는 있고, 자네가 감지하다시피, 여기서는 선이 선에, 각이 각에 대칭을 이루네.[85]

에: 당신 말대로 정말 그렇습니다.

아: 그 도형이 최고의 균등을 지녔나, 아니면 자네에겐 달리 보이나? 만일 지녔다면, 우리가 설정한 전제대로, 다른 도형을 찾는 일은 헛일일세. 만약 지니지 못했다면 자네가 나한테 그 점을 입증해 보였으면 하네.

에: 내게는 최고의 균등을 지닌 것으로 보입니다. 각도 대등하고 선도 대등한 이상, 거기서 불균등을 포착할 만하다고 보이지 않습니다.

아: 나는 생각이 다르네. 직선이 각점角點에 도달하기까지는 최고의 균등성을 갖추고 있지.[86] 그런데 다른 방향에서 다른 선이 와서 그 선과 접하여 각을 만드는 순간, 그 자체가 불균등이라는 생각이 들지 않나?[87] 자네에게는 한 도형의 선으로 갇힌 부분이 각으로 갇힌 부분과 균등성과 유사성

---

86 직선이 다른 선과 만나서 꺾이기 전까지는 직선으로 곧장 진행하는 중이므로 균등하다.
87 직선과 직선이 접하여 각을 이루는 순간, 선이자 각이라는 이중성을 띤다.

quale? An tibi figurae pars, quae linea clauditur, cum illa parte, quae angulo concluditur, congruere videtur aequalitate aut similitudine?

E. Nullo modo et me pudet temeritatis meae; eo enim ductus sum, quod et angulos in ea pares inter se et latera cernerem. Sed quis non videat eorum laterum ab angulis magnam differentiam?

A. Accipe aliud inaequalitatis apertissimum indicium, certe enim cernis vel illam figuram triangulam paribus lineis constantem vel istam quadratam habere aliquod medium.

E. Cerno plane.

A. Quid? ab eodem medio cum lineas ad omnes figurae partes ducimus, paresne tibi duci lineae videntur an impares?

E. Impares prorsus; nam longiores eas necesse est esse, quas in angulos ducimus.

A. Istae in quadrata quot sunt et quot in triangula?

E. Quattuor hic, tres ibi.

A. Quid? minimae omnium, quae rursum et quot sunt in figura

---

88 latus: 다각형의 한 선분(線分). 지금까지의 linea(선)가 latus(변)로 용어가 바뀐다.

89 사각형에서 변이라는 요소와 각이라는 요소는 사뭇 달라서 동일하지 않다.

90 유클리드 기하학의 열 개의 명제 참조: 다섯 개는 자명한 '공리'(axioma), 다섯 개는 기본 전제로 삼는 '공준'(postulatum). 공리: A1. 동일한 것과 같은 것들은 모두 서로 같다. A2. 같은 것에 어떤 같은 것을 더하면 그 전체는 서로 같다. A3. 같은 것에서 어떤 같은 것을 빼면 나머지는 서로 같다. A4. 서로 일치하는 것은 서로 같다. A5. 전체는 부분보다 크다. 공준: P1. 한 점에서 또 다른 한 점으로 직선을 그릴 수 있다. P2. 유한직선을 무한히 연장시킬 수 있다. P3. 임의의 점을 중심으로 하고 그 중심으로부터 그려진 임의의 유한직선과 동일한 반경을 가지는 원을 그릴 수 있다. P4. 모든 직각은 서로 같다. P5. 한 직선이 두 직선과 만날

으로 상응한다고 보이나?

에: 절대로 안 그렇고, 그러고 보니까 내 경솔함이 후회됩니다. 나는 그 도형에서 각들이 서로 대등하고 변들이⁸⁸ 서로 대등하다는 점을 생각하느라 그리 끌려가고 말았습니다. 하지만 저 변들이 각들과 크게 다르다는 점을 누가 몰라보겠습니까?⁸⁹

아: 불균등이 나타나는 다른 뚜렷한 예를 들어 보게. 자네는 대등한 선분으로 이루어진 삼각형이든 저 사각형이든 어떤 중심中心을 가지고 있다는 점을 분명하게 의식할 것이네.⁹⁰

에: 분명히 의식합니다.

아: 그래? 그 중심에서 도형의 모든 부분으로 직선을 그어 보세. 자네에게는 그 직선들이 대등한 것으로 보이나, 부등한 것으로 보이나?⁹¹

에: 물론 부등합니다. 교차점에서 각을 향해 그어지는 선이 더 길게 마련이니까요.

아: 그럼 그 선들이 사각형에서는 몇 개이고 삼각형에서는 몇 개인가?

에: 전자에는 네 개, 후자에는 세 개입니다.

아: 그래? 그 모든 선들 가운데 두 도형에서 가장 짧은 선은 어느 것이고 몇 개인가?

에: 같은 숫자, 그러니까 교차점에서 변의 중간점으로 긋는 선들이 그렇습니다.

때 어느 한쪽에 있는 내각의 합이 두 직각보다 작으면 이 두 직선은 무한히 연장될 때 그쪽에서 만난다.

91 정삼각형과 정사각형에서 중심으로부터 모든 각과 선의 중앙을 향해서 직선들을 그으면 그 선분들의 길이는 각기 다르다.

영혼의 위대함 87

utraque?

E. Totidem, scilicet eae quae in media latera ducuntur.

A. Verissime mihi videris dicere neque hic opus est diutius inmorari; ad id enim quod volumus satis est. Nam et magnam aequalitatem hic servari, ut opinor, vides et tamen nondum ex omni parte perfectam.

E. Omnino video et quae illa figura sit, quae habeat summam aequalitatem, nosse vehementer exspecto.

XI 17. A. Quam censes nisi eam, cuius et extremitas sibi concors est undique nullo angulo aequalitatem perturbante et a cuius medio ad omnes extremitatis partes pares lineae duci possunt?

E. Iam, ut opinor, intellego; nam illam figuram, quae una linea in circulum ducta terminatur, mihi videris describere.

A. Recte intellegis. Nunc itaque illud considera, cum superior ratio docuerit lineam in sola longitudine intellegi nec quicquam latitudinis usurpare et ideo per longum qua ducitur dividi non posse, utrum tibi videatur figura quaelibet sine latitudine inveniri.

E. Nullo modo.

---

92 고대 철학자들의 공통된 개념이었다. 키케로『신의 본성에 대하여』*De natura deorum* 2,18,47: "홀로 그 안에 다른 모든 도형들을 내포하고, 표면에 껄끄러움이나 충돌점이나 절단이나 굴곡이 전혀 없는 도형, 원보다 아름다운 것이 과연 무엇인가?"

93 본서 6,10 참조.

94 per longum qua ducitur: '선이 이어지는 길이에 따라서'라고 직역된다.

아: 내 생각에는 자네가 하는 말이 정말 맞는 것으로 보이며 여기서 더 이상 그 문제로 지체할 필요가 없겠네. 우리가 바라는 바에는 그 얘기로 충분하네. 자네는 여기에 상당한 균등이 보전되어 있다는 것과, 그럼에도 아직 모든 면에서 완전한 균등이 보전되어 있지는 못하다는 사실을 보리라 믿네.

에: 정말 그렇다고 보입니다. 따라서 최고의 균등을 갖춘 도형이 어떤 것인지 알고 싶은 마음이 간절합니다.

평면에서는 어느 것이 더 단순한가

11.17. 아: 최고의 균등을 갖춘 도형이라면 도형의 가장자리가 균일하여, 어떤 각에 의해서 균등성이 깨어지는 일이 없고, 그 중심에서 가장자리의 모든 부분들까지 동일한 거리의 선을 그을 수 있는 도형 말고 무엇을 생각해 낼 수 있겠는가?[92]

에: 이제야 알아들을 만하다고 봅니다. 당신은 선 하나가 동그라미를 이루고 끝나는 도형을 묘사하고 있는 것으로 보입니다.

아: 제대로 알아들었네. 이제 이 점을 숙고해 보게. 앞선 논지에서[93] 선이라는 것은 길이로만 이해되고 여하한 넓이도 갖추지 않으며 따라서 세로로[94] 나누는 일이 불가능하다고 가르쳤네. 그렇다면 어떤 도형이든지 넓이 없이 존재할 수 있는 것으로 보이는가?

에: 절대 안 그렇습니다.

아: 그래? 그럼 앞서 우리가 길이라는 것을 넓이 없이 개념했듯이, 넓이만 있다고 가정할지라도, 넓이라는 것이 길이를 갖추지 않을 수도 있나, 아니면 그럴 수가 없나?

A. Quid? ipsa latitudo potestne longitudinem non habere, quamvis latitudo sola sit, quemadmodum superius longitudinem sine latitudine intelleximus, an non potest?

E. Video non posse.

A. Vides etiam illud, nisi fallor, quod latitudo ab omni parte dividi queat, linea vero per longum non queat.

E. Manifestum est.

A. Quid ergo putas pluris habendum? quod dividi potest an id quod non potest?

E. Profecto id quod non potest.

A. Praeponis igitur lineam latitudini. Nam si quod dividi non potest, praeponendum est, praeponamus necesse est etiam id, quod minus dividi potest. Latitudo autem ex omni parte dividitur, longitudo vero non nisi ex diverso, nam per longum divisionem non admittit; est ergo latitudine praestantior. An tu aliter existimas?

E. Ita prorsus ratio cogit fateri, ut dicis.

18. A. Iam quaeramus, si placet, utrum sit aliquid in ista ratione, quod omnino non queat dividi; erit enim hoc multo etiam quam illa linea melius. Nam lineam cernis ex diverso innumerabiliter secari posse; itaque tibi ipsi hoc inveniendum dimitto.

---

95 용어: per longum('세로로'), ex diverso('가로로').

96 아리스토텔레스 『형이상학』*Metaphysica* 1016b: "점(點)은 전혀 분할할 수 없고 위치를 가지는 것, 선(線)은 한 방향으로 분할되는 것, 면(面)은 두 방향으로 분할되는 것, 체(體)는 세 방향 모두로 양적으로 분할되는 것이다." 앞의 각주 60 참조.

에: 그럴 수 없다고 생각합니다.

아: 그렇다면, 내 생각이 틀리지 않다면, 넓이라는 것은 모든 방향으로 분할이 가능하고, 길이라는 것은 세로로 분할될 수 없음을 자네가 알고 있군.

에: 분명히 그렇습니다.

아: 어느 편을 더 가치 있다고 여겨야 하는가? 분할될 수 있는 것인가, 그렇지 않으면 분할될 수 없는 것인가?

에: 물론 분할될 수 없는 것이 더 가치 있습니다.

아: 말하자면 넓이보다는 선을 앞세우는군. 분할될 수 없는 것을 앞세워야 한다면 더 적게 분할되는 것을 앞세우는 편이 필연적이니까. 넓이는 모든 방향으로 분할되고 길이는 가로가 아니면 분할되지 않네. 세로로는 분할을 용납하지 않기 때문이고.[95] 그런 점에서 본다면 길이는 넓이보다 월등하네. 자네는 혹시 달리 생각하나?

에: 이치상 당신이 말하는 그대로임을 수긍하라는군요.

점은 최고로 단순하다

11.18. 아: 괜찮다면 이 점을 따져 보세. 저 이치에 따라서 어떤 식으로도 분할할 수 없는 무엇이 과연 존재하느냐는 말일세.[96] 만일 존재한다면 그것은 선보다 훨씬 더 훌륭하지. 자네가 알다시피 선은 가로로 얼마든지 절단할 수 있기 때문이네. 그런 도형을 찾아내는 이 일을 자네에게 위임하겠네.[97]

에: 나는 저것이 분할되기는 불가능하다고 봅니다, 우리가 도형의 중심

---

[97] 필사본들에는 다음과 같은 도형이 나온다.

E. Ego illud puto non posse dividi, quod medium in figura ponebamus, unde in extrema lineae ducuntur. Nam si dividitur, longitudine aut etiam latitudine carere non potest. Sed si longitudinem solam habet, non iam unde ducuntur lineae, sed ipsa linea est. Si vero etiam latum est, aliud desiderat medium, a quo in extrema latitudinis lineae ducantur. Utrumque autem hoc ratio respuit. Id erit igitur quod dividi nequeat.

A. Recte dicis. Sed nonne tibi tale aliquid videtur etiam illud, unde linea ducitur, etsi figura nondum sit, cuius medium intellegamus? Illud enim dico lineae principium, a quo incipit longitudo, quod volo sine ulla longitudine intellegas. Nam si longitudinem intellegis, nequaquam profecto intellegis, unde ipsa incipit longitudo.

E. Tale omnino.

A. Hoc ergo, quod iam te intellegere video, potentissimum omnium, quae demonstrata sunt. Siquidem hoc est, quod nullam divisionem patiatur; punctum vocatur, cum medium tenet figurae. Si autem principium lineae est vel lineis aut etiam finis, vel cum om-

---

98 유클리드『원론』 1 def. 1. 점은 부분이 없는 것이다.

99 principium lineae: '선의 원리'라는 해석도 가능하다. '발단', '출발', '원리'.

100 유클리드『원론』 1 def. 3. 선의 끝은 점이다. 4. 직선이란 그 위의 점이 한쪽 옆으로 간 선이다.

101 본인 말대로 평면기하학의 범위에서(cum planis figuris), 지금까지 차원(次元)으로는 점, 선[길이], 면[넓이], 부피[높이], 도형(圖形)으로는 삼각형, 사각형, 마름모, 원이 제시되었다.

102 앞의 6,10에서 선(線)을 언급하면서 기하학의 제반 개념은 비물체적으로만, 곧 추상해서만 파악된다고 암시하였다.

103 punctum: 수학 용어로는 '점'(點)이지만 일반인에게는 '심'(心) 혹은 '표'(signum), '기호'(nota)이기도 하다.

에 놓고서 거기서부터 가장자리로 선들을 긋는 그 중심 말입니다. 분할이 가능하다면 길이든 넓이든 없을 수가 없습니다. 그것이 만일 길이만을 갖추었다면 거기로부터 선들을 이을 수 있는 점이 아니고 그냥 선입니다. 만일 넓이도 지녔다면 다른 중심이 요구됩니다. 그곳으로부터 넓이의 가장 끝까지 선을 긋는 그 중심 말입니다. 그런데 어떤 식으로든 분할되어서는 안 된다는 이치는 이 둘을 다 배척합니다. 그러니까 도형의 중심에 놓여 있는 점은 분할이 불가능한 무엇일 것입니다.[98]

아: 옳은 말일세. 하지만 자네가 말하는 것은 선이 그어져 나오는 바로 그것이라고 생각되지 않나? 도형이라는 것이 아직은 존재하지 않아서 그 중심이라는 개념을 우리가 가지지 못해도 말일세. 나 같으면 그것을 선의 발단發端[99]이라고 부르겠네. 거기서 길이가 시작하지만 자네는 그것을 길이가 전혀 없이 개념해 보았으면 하네.[100] 왜 그런가 하면 만약 거기서 길이를 개념한다면 길이가 시작하는 그 발단을 전혀 개념하지 못하는 까닭일세.

에: 전적으로 그렇습니다.

아: 자네가 벌써 이 점을 파악한 듯한데, 여태까지 제시된 모든 내용[101] 가운데 가장 중요하네.[102] 일체의 분할을 허용하지 않는다는 뜻에서 바로 그렇지. 도형의 중앙을 차지하면 점點이라고 불리네.[103] 그 대신 일개 선이나 여러 선들에 출발이나 종점이 되거나, 단순히 부분들을 가지지 않은 것으로 개념되는 어떤 것을 가리키면서도 도형의 중심을 차지하는 무엇이면 표標라고 불리지. 그러니까 표란 부분들이 없는 기호記號라고 하겠네.[104] 그

---

[104] 아우구스티누스에게서 언급되는 이 특유한 착안은 아리스토텔레스[『형이상학』1016b: "어느 방향으로도 양적으로 분할할 수 없는 것은 점(點, stigme) 혹은 단(單, monas)이다. 위치가 없으면 단이고, 위치가 있으면 점이다"]에게서 기인한 듯하다.

nino aliquid notat, quod sine partibus intellegendum sit nec tamen obtineat figurae medium, signum dicitur. Est ergo signum nota sine partibus. Est autem punctum nota medium figurae tenens. Ita fit, ut omne punctum etiam signum sit, non autem omne signum punctum videatur. Volo enim de his nominibus inter nos convenire, ut minus in disputando circumloquamur, quamquam plerique punctum adpellent, non quod omnis figurae medium, sed quod solius circuli vel pilae tenet; tametsi minus nobis de vocabulis laborandum est.

E. Adsentior.

XII 19. A. Vides certe etiam quantum valeat. Nam ab ipso incipit linea, ipso terminatur; figuram rectis lineis nullam videmus fieri posse, nisi ipso angulus claudatur; deinde undecumque secari linea potest, per ipsum secatur, cum ipsum omnino nullam in se admittat sectionem; nulla linea lineae nisi per ipsum copulatur. Postremo cum ceteris planis figuris – nam de altitudine adhuc nihil diximus – eam praeponendam ratio demonstraverit, quae circulo clauditur, propter summam aequalitatem, quae alia ipsius aequalitatis moderatio est quam punctum in medio constitutum? Multa de huius potentia dici possunt, sed adhibeo modum et tibi ipsi cogitanda plura permitto.

---

105 다른 데(『질서론』 1,2,3)서는 centrum(중심)이라는 점을 논한다. 유클리드 『원론』 1 def. "15. 원이란 평면 위의 한 점에서 그 위에 있으면서 선분의 길이가 언제나 같게 되는 하나의 선에 의하여 둘러싸인 평면도형이다." "16. 그 한 점을 원의 중심이라고 한다."

리고 점은 도형의 중앙을 차지하는 기호일세. 그래서 모든 점은 또한 표이지만 모든 표가 또한 점이라고 보이지는 않네. 이런 용어에 관해서 우리 사이에 합의가 이루어졌으면 하네. 그래야 우리가 토론을 하면서 너무 우왕좌왕하는 일이 적어질 테니까. 모든 도형의 중심에 있는 것이 아니라 오직 원圓이나 구球의 중심에 있는 것만 점이라고 부르는 사람들이 많기는 하지만 말일세.105 여하튼 우리는 용어를 두고 너무 애를 써서는 안 되네.

에: 동의합니다.

점은 최고로 단순하면서도 최고로 가치 있다

12.19. 아: 점이라는 이 기호가 얼마나 가치 있는지 자네는 알고 있네. 거기서부터 선이 시작하고 거기서 선이 끝나지. 각이 점에 의해서 닫히지 않는 한 직선들로 도형이 만들어지는 일도 불가능하다는 것을 우리는 알고 있네. 또 선이 어디서든 단절될 수 있지만 반드시 점에 의해서 단절되면서 점은 그 자체로 여하한 단절도 허용하지 않는 까닭일세. 또 어느 선도 점을 통하지 않고서는 다른 선과 접하지 못하네. 마지막으로, 그 밖에 이치상으로 모든 평면도형 — 우리는 입체를 이루는 높이에 관해서 아직 아무런 말도 하지 않았네 — 중에서 동그라미로 둘러싸인 도형을 우선시해야 하는데 원에는 최고도의 균등성이 존재하기 때문일세. 그리고 저 균등성의 조절에서 원의 중앙에 설정된 점만 한 것이 어디 있겠나? 이 점의 위력에 관해서 많은 얘기를 할 수 있지만 일단 여기서 그치고 스스로 많은 생각을 해 보도록 자네에게 맡기겠네.

에: 제발 그랬으면 합니다. 뭔가 모호하다면 서슴지 않고 질문을 하겠습

E. Sane, ut videtur; non enim me requirere pigebit, si quid fuerit obscurius. Cerno autem mediocriter, ut puto, magnam huius signi esse potentiam.

20. A. Nunc ergo illud adtende, cum et quid sit signum et quid sit longitudo et quid sit latitudo perspexeris, quid horum tibi videatur alterius et cuius indigere, sine quo esse non possit.

E. Video, quod latitudo longitudine indigeat, sine qua prorsus intellegi non potest. Rursus longitudinem cerno latitudine quidem non indigere ut sit, sed sine signo illo esse non posse. Illud autem signum per semetipsum esse et nullius horum indigere manifestum est.

A. Ita est, ut dicis; sed diligentius considera, utrum latitudo vere undique secari queat an alicunde nec ipsa sectionem possit admittere, quamvis plus admittat quam linea.

E. Nescio prorsus, unde non possit.

A. Credo te non recordari; nam nescire istud nullo modo posses; quare conmonefaciam te isto modo. Certe enim latitudinem sic intellegis, ut cogitatione tua de altitudine nihil usurpes.

E. Sic omnino.

A. Accedat igitur huic latitudini altitudo, et responde iam, utrum

---

[106] sine quo esse non possit: 점이 기하학의 '필요조건'임을 가리키는 구상어다.

[107] 앞의 각주 96 참조: "면(面)은 두 방향으로 분할되는 것."

니다. 점잖게 드리는 말씀이지만 어떻든 이 표의 위력이 크다는 것은 나도 감지하는 바입니다.

깊이에 의한 입체는 어떻게 이루어지는가

12.20. 아: 그럼 이제 점이 무엇이고 길이가 무엇이고 넓이가 무엇인지 파악하였으니까 이 셋 중에서 어느 것이 다른 둘에 필요하다고 보이는지, 만일 그것 없으면 다른 둘은 존재하지도 못하는106 경우가 어느 것에 해당하는지 주의 깊게 살펴보게.

에: 내가 보기에 넓이는 길이를 필요로 하며 길이 없이는 개념이 안 됩니다. 그 대신 길이가 존재하는 데 넓이를 필요로 하는 것은 아니지만 또 점이라는 표가 없으면 길이는 존재할 수 없습니다. 그래서 저 표는 그 자체로 존재하며, 저것들 중 어느 것도 필요로 하지 않음이 확실합니다.

아: 자네 말대로일세. 하지만 이 점을 주의 깊게 살펴보게, 넓이라는 것이 어느 쪽에서나 분할이 가능한지, 그렇지 않고 비록 선보다는 분할이 더 많이 허용되기는 하지만 어느 일정한 방향에서는 넓이도 분할이 허용되지 못하는지.107

에: 어느 쪽에서 안 된다는 말인지를 전혀 모르겠습니다.

아: 기억이 안 나는가 보군. 자네가 그 점을 모른다는 것은 정말 있을 수 없네. 그럼 이런 식으로 생각이 나게 해 드리지. 자네가 '넓이'라는 것을 개념할 때 자네 사유로 '깊이'에 관해서 무엇을 끼워 놓는 일이 없겠지.108

에: 정말 그렇습니다.

아: 그럼 이 넓이에다 깊이를 보태 보게. 이제는 사방에서 절단이 가능

---

108 "면적(latitudo: '넓이' 또는 '평면')을 개념하면서 부피를 한데 떠올리는 일이 절대 없겠지."

etiam aliquid accesserit, quo magis undique secari queat.

E. Mire omnino admonuisti. Nunc enim video non solum desuper aut ex inferiori parte, sed a lateribus quoque admitti posse sectionem nihilque omnino remansisse, unde non queat penetrare divisio. Quare manifestum est et latitudinem ex his partibus secari non posse, per quas surrectura est altitudo.

21. A. Quoniam tibi igitur, si non fallor, et longitudo et latitudo et altitudo nota est, quaero, utrum possint deesse duo superiora, ubi aderit altitudo.

E. Sine longitudine quidem video esse non posse altitudinem, sine latitudine autem potest.

A. Redi ergo ad cogitationem latitudinis; et si eam quasi iacentem animo figuraveris, erigatur in quodlibet latus, tamquam si eam velles per tenuissimam rimam, ubi se clausae ianuae iungunt, educere. An nondum intellegis quid velim?

E. Intellego quid dicas, sed nondum fortasse quid velis.

A. Illud scilicet, ut respondeas, utrum sic erecta latitudo videatur tibi migrasse in altitudinem et latitudinis iam nomen descriptionemque amisisse an adhuc maneat latitudo, quamvis ita sit conlo-

---

109 평면에서 입체의 발생을 연상하는 로마인들의 개념에 관해서는 앞의 각주 27 참조.

110 점선이나 면체를 놓고 '분할'(dividi)을 써 오다 입체가 포함되면서 '절단'(secari)을 섞어 쓴다.

한 무엇이 발생하였는지 대답해 보게.

에: 아주 그럴듯한 암시를 하는군요. 그렇게 보니까 위나 아래에서만 아니고 양옆에서도 절단이 허용되며 그리로 분할이 침투 못할 방향이 아무 데도 안 남아 있군요. 그러므로 넓이도 깊이가 발생하는 그 부분들로부터 109 절단될 수 없다는 것이 분명합니다.110

어떤 입체가 지성에 파악되는가

12.21. 아: 내 말이 틀리지 않았다면, 자네에게는 길이도 넓이도 깊이도 무엇인지 알려져 있는 터이므로 자네에게 묻겠는데, 깊이가 존재하는 데 앞의 두 가지가 결여되는 경우가 있을 수 있겠나?

에: 길이가 없이는 깊이가 있을 수 없다고 봅니다. 넓이 없이는 있을 수 있습니다.

아: 넓이에 대한 생각으로 돌아와 보게. 그리고 넓이라고 하면 바닥에 평평하게 깔려 있는 무엇을 마음으로 상상하게 되거든 어느 쪽 끝에서든지 그것을 세워 보도록 하게. 문짝들이 닫혔는데 문틈의 아주 좁은 틈새로 그것을 끄집어낸다는 식으로 말일세. 아직도 내가 말하려는 바를 못 알아듣겠나?111

에: 당신이 하는 말은 알아듣겠는데 무슨 의도로 하는지를 아직 못 알아듣겠습니다.

아: 넓이를 저렇게 세워 놓으면 그것이 깊이로 옮겨 간 것처럼 보이는지, 그래서 넓이라는 명칭도 성질도 상실해 버렸는지, 그렇지 않으면 저렇게 세워 놓아도 여전히 넓이로 존속하는지 그 대답을 해 보라는 말이네.

---

111 입체의 요소인 '깊이'를 우선 수직으로 서 있는 평면(넓이)처럼 제시한다.

cata.

E. Videtur mihi altitudo esse facta.

A. Recordarisne, obsecro, quemadmodum altitudinem definieramus?

E. Recordor plane et me iam sic respondisse pudet. Nam etiam hoc modo quasi erecta latitudo sectionem per longum deorsum versus non admittit. Quare nulla in ea possunt interiora cogitari, quamvis medium et extrema cogitentur. Secundum autem superiorem demonstrationem altitudinis, quam fecisti ut recordarer, nulla omnino est altitudo, ubi nihil intus cogitari potest.

A. Recte dicis et sic te omnino meminisse cupiebam. Quamobrem illud iam volo respondeas, utrum falso verum anteponas.

E. Iam hinc dubitare incredibilis dementia est.

A. Dic ergo, quaeso te, numquidnam vera linea est, quae per longum secari potest; aut verum signum, quod ullo modo secari potest; aut vera latitudo, quae cum erecta est, ut diximus, sectionem per longum deorsum versus admittit?

E. Nihil minus.

---

112 번역에 따라 '[넓이가] 입체가 된 것으로 보입니다'라는 의역(Gentili)도 있다.

113 본서 4,6 참조: "깊이는 물체가 만약 유리처럼 투명하다면 물체의 내부를 생각하거나 지각하게 만드는 것." 고대인들은 도형의 '깊이'를 수직 아닌 수평으로 개념했다.

114 interiora(혹은 intus): '깊이'(altitudo)의 다른 명칭이어서 '내부 간격'으로 의역해 본다.

에: 내게는 넓이가 깊이가 된 것으로 보입니다.[112]

아: 부탁하건대 우리가 깊이를 뭐라고 정의하였는지 상기해 보겠나?[113]

에: 잘 기억하고 있을뿐더러 내가 방금 한 대답이 벌써 후회스럽습니다. 왜 그런가 하면 이런 식으로 세워 놓더라도 넓이라면 밑을 향해 세로로 분할하는 것이 용납되지 않기 때문입니다. 그것에서는 중간이나 끝은 생각할 수가 있겠지만 내부 간격은[114] 전혀 생각할 수 없습니다. 당신이 나더러 상기하게 만든 저 논리, 위에서 다룬 논지에 의하면, 어떤 것을 두고 내부를 전혀 개념할 수 없는 경우는 그것의 깊이에 의한 입체는 전혀 존재하지 않습니다.

아: 맞는 말이고 나는 자네가 바로 이 점을 기억해 내기 바랐네. 그러니까 내가 정말 바라는 바는 자네가 허위보다 진리를 앞세우는지[115] 대답해 달라는 것일세.

에: 이제 와서 새삼스럽게 그 점에 의심을 거는 것은 믿기지 않는 어리석은 짓입니다.

아: 그럼 자네에게 부탁하니 말해 보게. 세로로 절단될 수 있는 선이라면 진짜 선일까? 또 어떤 방식으로든지 절단될 수 있는 것이 진짜 점일까? 또 방금 우리가 말한 대로, 넓이를 바로 세워 놓았을 적에 세로로, 위아래로 분할이 허용된다면 진짜 넓이일까?

에: 절대 아닙니다.

---

[115] falso verum anteponas: 고전적으로 $\dot{\alpha}\lambda\acute{\eta}\theta\varepsilon\iota\alpha$(veritas, ideale, intelligibile)와 $\delta\acute{o}\xi\alpha$(falsitas, apparsa, sensibile)를 대당시키던 사고방식(플라톤 『파이드로스』 Phaedrus 248b)을 배경으로 하는 질문이므로 기하학 도형들을 논하면서 '가지적인 것을 감각적인 것보다 앞세우는지'(Gentili) 묻는 말이다.

XIII 22. A. Umquamne igitur oculis istis corporeis vel tale punctum vel talem lineam vel talem latitudinem vidisti?

E. Omnino numquam. Non enim sunt ista corporea.

A. Atqui si corporea corporeis oculis mira quadam rerum cognatione cernuntur, oportet animum, quo videmus illa incorporalia, corporeum corpusve non esse. An tu aliter existimas?

E. Age, iam concedo corpus non esse animum vel quicquam corporeum. Quid est tandem? dic mihi.

A. Vide interim, utrum confectum sit carere illum omni illa quantitate, de qua nunc quaestio est; nam quid sit animus, oblitum te esse miror priore inter nos quaestione discussum. Meministi enim te quaesisse primitus, unde esset; quod duobus modis a nobis tractatum esse memini: uno, quo quasi de regione eius quaesitum est, altero, utrumnam ex terra vel igne vel alio quopiam istorum elementorum esset vel ex omnibus vel ex aliquibus horum. In qua quaestione constitit inter nos non magis hoc quaerendum esse

---

116 앞의 각주 70 참조.

117 '유사한 것은 유사한 것에 인식된다'(simile simili cognoscitur)는 명제대로, 가지적 대상 — 지금까지의 기하학 도형 — 은 물체적이 아닌 지성 또는 영혼에 의해서만 인식된다고 전제되었다(플라톤 『파이돈』*Phaedo* 78b-80b; 플로티누스 『엔네아데스』 1,6,9; 4,7,8).

118 "항상 여일하게 존재를 간직하고 있는 사물들이 인식될 경우, 그런 것들을 인식하는 영혼은 자체가 그런 사물들과 결속되어 있음을 충분하게 과시하기에 이르며, 그것도 비물체적인 방식으로, 즉 공간에 구애되지 않고서 그것들과 결속되어 있음을 보여 준다"(『영혼 불멸』 1,10,17).

질의응답을 통해서 수립된 내용

13.22. 아: 그런데 자네가 저런 점이나 저런 선이나 저런 넓이를 육안으로 본 적이 있나?

에: 전혀 못 보았습니다. 그런 것들은 물체적인 것이 아닌 까닭입니다.[116]

아: 그렇다면 물체적인 것들이 육안에 감지되는 것은 사물들 간의 어떤 신기한 유사성으로 말미암듯이, 우리가 저 비물체적인 것들을 보는 영혼도 물체적인 무엇이나 물체가 아니어야 하네.[117] 혹시 자네는 달리 생각하나?

에: 그냥 계속하시지요. 영혼이 물체가 아니고 물체적인 무엇도 아니라는 점은 내가 이미 수긍하고 있습니다.[118] 그러면 도대체 무엇입니까? 내게 말씀하시지요.

아: 우선 영혼이 일체의 분량分量,[119] 우리가 지금 문제 삼고 있는 저런 분량을 일체 안 갖추어 만들어져 있는지 보게. 영혼이 무엇인지는 앞선 문제 제기에서 우리 사이에 토론한 바 있는데[120] 그것을 자네가 잊어버렸다니 내게는 이상하네. 맨 먼저 영혼이 어디서 유래하느냐는 질문을 자네가 제기했다는 사실이 기억나나? 그것을 우리는 두 가지 양상으로 다룬 것으로 기억하네. 하나는 마치 그것의 출신 지역을 문제 삼듯이 다루었고, 다른 하나는 그것이 흙에서냐 불에서냐 저 원소들 가운데 다른 하나에서냐, 그렇지 않으면 원소들 전부에서 유래하느냐, 그것도 아니고 그중 몇몇에서 유래하느냐는 식으로 다루었지. 그 문제에서 우리 사이에 합의된 바는

---

[119] quantitas: 본서의 현대어 번역본들에도 '크기', '분량', '부피', '위대함' 등으로 다양하게 언표된다.

[120] 본서 첫머리(1,2)에서 논의했다.

영혼의 위대함 103

quam unde sit terra vel si quod aliud elementorum singulorum. Intellegendum est enim, quamquam deus fecerit animum, habere illum certam substantiam, quae neque terrena neque ignea neque aeria sit neque umida; nisi forte arbitrandum est deum terrae dedisse, ut nihil aliud sit quam terra, et non dedisse animo, ut nihil aliud quam animus sit. Si autem definiri tibi animum vis et ideo quaeris, quid sit animus, facile respondeo. Nam mihi videtur esse substantia quaedam rationis particeps regendo corpori adcommodata.

XIV 23. Itaque illud potius adtende, unde ambigitur nunc, utrum quantitas et quasi, ut ita dicam, locale spatium animo ullum sit. Nam profecto, quia corpus non est – neque enim aliter incorporea ulla cernere valeret, ut superior ratio demonstrabat –, procul dubio caret spatio, quo corpora metiuntur, et ob hoc recte credi aut cogitari aut intellegi talis eius quantitas non potest. Si autem te movet, cur tanta caeli, terrae marisque spatia memoria contineat, cum sit

---

121 4원소 중 하나인 흙에는 '흙'이라는 배타적 실체를 부여했으면서 영혼에는 '영혼'이라는 배타적 실체를 부여하지 않고 다른 원소들의 '배합'이나 '조화'라고 생각할 우려가 있다는 말이다.

122 육체의 통솔을 영혼의 본질에 해당하는 개념으로 교부는 파악하고 있다. 참조: 인간이란 "신체를 가진 이성혼"(anima rationalis habens corpus: 『요한복음 강해』 19,5,15), "신체를 이용하는(utens corpori) 이성혼"(『가톨릭교회의 관습』 De moribus ecclesiae Catholicae 1, 27,52).

의문을 제기하되 그러면 흙은 어디서 유래하느냐, 각각의 원소들 중 다른 것은 도대체 어디서 유래하느냐는 선까지는 가지 않기로 한 것일세. 하느님이 영혼을 만드셨지만 그것이 나름의 실체를 가진다고 알아들어야 하네. 그 실체는 흙 같은 실체도 아니고 불 같은 실체도 아니고 공기 같은 실체도 아니고 습濕한 실체도 아닐 테지. 그렇지 않았다가는 하느님이 흙에는 흙 말고 아무것도 아닌 그런 것을 부여하셨으면서 영혼에는 영혼 말고 아무것도 아닌 그런 것을 부여하지 않으셨다고 생각하게 되지.[121] 자네에게 영혼을 정의해 주기 바란다면, 그래서 영혼이 무엇이냐고 묻는다면 간단하게 대답하겠네. 내가 보기에 영혼이란 신체를 다스리기에 적합한,[122] 이성을 갖춘 어떤 실체일세.[123]

영혼은 분량을 가지지 않지만 분량을 인식한다

14.23. [아:] 지금 따지고 있는 대로, 과연 영혼에 분량 혹은 장소적 공간 같은 것이 도대체 존재하느냐는 그 점을 좀 더 주의해서 살펴보게. 왜냐하면 영혼이 물체는 아니고 — 그렇지 않고서는, 위에서 보여 준 이치대로,[124] 비물체적인 것들을 지각할 능력이 없을 것이네 — 물체를 측정하는 기준인 공간은 영혼에 없다는 데에는 의심의 여지가 없기 때문일세. 그러니 영혼의 크기가 그런 것이려니 하고 믿거나 생각하거나 인식한다는 것은 있을 수 없네. 영혼 자체는 전혀 분량이 없으면서도 하늘과 땅과 바다의 거대한 공간을 기억으로 간직한다는 사실이 자네를 의아스럽게 만든다

---

[123] esse substantia quaedam rationis particeps regendo corpori adcommoda: 아리스토텔레스(『영혼론』*De anima* 412a: "가능태로 생명을 지닌 자연 신체의 제일 현실태")와 플로티누스(『엔네아데스』 4,7,8[5]: "감각적 지각은 신체를 구사하여 감각적 대상을 포착하는 영혼의 파악")의 중간 입장에 해당하는 정의다.

[124] 앞의 13,22와 각주 117 참조.

ipse nullius quantitatis: mira quaedam vis est, quam tamen ex his, quae a nobis comperta sunt, quantum ingenio tuo inest luminis, animadvertere potes. Si enim corpus nullum est, ut ratio iam ostendit, quod longitudine, latitudine, altitudine careat, nihilque eorum nisi cum aliis duobus esse in corpore potest, animo tamen etiam solam lineam interiore quodam oculo, id est intellegentia, videre concessum est, arbitror nos concedere sic animum corpus non esse, ut sit corpore melior. Quo concesso non opinor dubitandum esse eum etiam linea esse meliorem; ridiculum est enim, cum tria illa insint corpori, ut corpus sit, non his omnibus esse meliorem qui corpore est melior. At ipsa linea, qua melior esse convincitur animus, ideo ceteris duobus praestat, quia minus quam illa duo secari potest. Porro illa duo eo magis secantur quam linea, quo magis se in spatium distendunt. Linea vero spatium nisi longitudinis nullum habet, quo sublato nihil omnino remanet spatii. Quapropter quicquid linea melius est, necesse est nullo spatio sit et omnino dividi secarique non possit. Frustra igitur, ut opinor, quantitatem animi, quae nulla

---

125 '유사한 것은 유사한 것에 인식된다'면(각주 117) 연장(延長) 없는 영혼이 물체들의 연장을 인식한다는 사실이 의아스럽지 않느냐는 말이다.

126 mira quaedam vis … ingenio tuo inest luminis: 교부의 인식론인 '조명설'(照明說)을 드러내는 표현이다.

127 앞의 4,6과 6,10에서 논의되었다.

128 '길이도 넓이도 깊이도 결하고 있다면 어떤 물체도 아니고, 이 중 어느 것도 다른 둘과 함께 물체 속이 아니면 존재할 수 없다'는 번역도 가능하다.

129 [animi] quodam oculo, id est intellegentia: 각주 52(mentis oculi, acies mentis) 참조.

130 spatium: 일반적으로 '공간'으로 번역되지만 '간격', '거리'라는 뜻에서 번역본들은 대개 '연장'(extension)으로 표기하고 있다.

고 하세.[125] 그것은 어떤 놀라운 능력이네. 자네의 천성에 그처럼 위대한 빛의 능력이 내재한다는 사실[126]은 지금까지 우리에게서 파악된 내용에 의해서 그대가 감지할 수 있네. 앞서 이성이 입증해 보여 준 대로,[127] 물체라면 길이와 넓이와 깊이가 없는 것이 있을 수 없고, 또 이 셋 중 어느 것도 다른 둘 없이는 물체 속에 존재하지 못하네.[128] 그런데 영혼에게는 모종의 내적 시선, 곧 오성으로[129] 물체에서 선線만을 바라보는 일이 허용되어 있지. 내가 보기에 이렇게 해서 우리는 영혼이 물체가 아님을 수긍하게 된다고 여기며, 그래서 물체보다 월등한 존재가 되네. 또 그 점을 수긍하고 나면, 영혼이 선線이라는 것보다 훌륭함도 의심의 여지가 없다고 여겨지네. 물체가 물체이려면 물체에 저 셋이 존재해야 하는 터에, 물체보다 훌륭한 존재가 저 셋보다 훌륭하지 않다면 우스운 일일세. 영혼이 선이라는 것보다 훌륭하다는 확신이 드는데, 선이라는 것은 다른 둘보다 훌륭하니 그 이유는 다른 둘보다 절단되는 가능성이 적기 때문이네. 그러므로 저 둘은 공간상으로 널리 확장되면 될수록 그만큼 선에 비해서 절단될 가능성이 커지지. 선으로 말할 것 같으면 길이라는 공간[130] 외에는 아무 공간도 가지고 있지 않으며, 길이의 공간을 제거하면 아무런 공간도 남지 않네. 그러므로 무엇이든지 선보다 훌륭하다면 아무런 공간도 지니지 않아야 하고 분할이나 절단이 일체 불가능해야 하네. 따라서 영혼의 크기라는 것은 전혀 존재하지 않기 때문에, 영혼이 선보다 훌륭하다는 것을 우리가 인정하는 마당에, 영혼의 크기를 찾아내려고 애쓰는 것은 헛일일세.[131] 평면도형들 가운데 가장 훌륭한 것이 동그라미로 그려지는 도형이며, 그 도형 속에서는,

---

131 사본[K]에 따라서는 "여기서 영혼의 실체에서는 물체적 크기를 배제하며, 모든 도형들 가운데 가장 훌륭한 선(線)이 절단되지 않듯이, 선보다 위력 있는 것으로 확증된 영혼이 크기를 결하고 있다는 말이 나오지"라는 구절이 여백에 첨가되어 있다.

est, invenire laboramus, cum eum linea concedamus esse meliorem. Et si figurarum omnium planarum illa optima est, quae circulo effingitur, in qua ratio docuit nihil esse melius puncto atque potentius, quod nullo dubitante partibus caret, quid mirum, si anima neque corporea sit neque ulla aut longitudine porrecta aut latitudine diffusa aut altitudine solidata et tamen tantum valeat in corpore, ut penes eam sit regimen omnium membrorum et quasi cardo quidam in agendo cunctarum corporalium motionum?

24. Cum autem oculi medium, quae pupilla dicitur, nihil aliud sit quam quoddam punctum oculi, in quo tamen tanta vis est, ut eo dimidium caelum, cuius ineffabile spatium est, ex aliquo eminenti loco cerni conlustrarique possit, non abhorret a vero animum carere omni corporea magnitudine, quae tribus illis differentiis consummatur, quamvis corporum magnitudines quaslibet imaginari queat. Sed paucis licet ipso animo animum cernere, id est, ut ipse se animus videat; videt autem per intellegentiam. Huic soli enim licet vi-

---

132 본서 12,19에서 내린 결론이다.

133 longitudine porrecta, latitudine diffusa, altitudine solidata: 선(線), 면(面), 체(體)의 본질을 규정하는 연장(延長), 확산(擴散), 결정(結晶) 등의 분사 형용사들과 함께 구사되었다.

134 아우구스티누스 『여든세 가지 다양한 질문』 *De diversis quaestionibus 83*, 8: "영혼이 의지로, 곧 비공간적 운동으로 자기 신체를 공간 속에서 움직이지만 그것 때문에 영혼도 공간적으로 움직인다는 말은 안 된다. 중추에 달린 물건이 커다란 공간에서 움직이더라도 중추 자체는 위치를 바꾸지 않음을 우리는 보고 또 안다."

135 눈동자가 점처럼, 최소한의 연장을 가지고서도 무한대에 가까운 공간을 지각하는 작용을 예거한다.

136 tribus illis differentiis: '저 세 차원으로.'

이치상의 가르침대로,¹³² 점點보다 훌륭하고 위력 있는 것이 아무것도 없다고, 점에는 부분들이 없다는 것은 아무도 의심치 않는다고 하네. 그렇다면 영혼이 물체적인 것이 아니며, 따라서 길이로 이어지는 일도 없고 넓이로 퍼지는 일도 없고 깊이로 채워지는 일도 없으면서도¹³³ 여전히 신체 속에서 힘을 발휘하고, 모든 지체들의 통솔이 영혼에 의해서 이루어진다고 해서 무엇이 이상하며, 모든 신체적 움직임 전부를 두고 중추中樞처럼 작용한다고 해서 무엇이 이상하겠는가?¹³⁴

영혼은 또한 자체를 인식한다

14.24. [아:] 눈의 중심, 동자瞳子라고 부르는 그것 역시 눈의 어떤 점 외에 다른 것이 아니네. 그렇지만 그 점에는 엄청난 위력이 있어서, 어느 정도 솟아오른 장소에서라면 하늘의 절반을 관찰觀察하고 일별一瞥할 수 있네. 하늘의 공간이야 형언할 수 없이 큰데도 말일세.¹³⁵ 그러니 영혼이 물체들의 여하한 크기도 모조리 표상할 능력이 있으면서도 영혼에 물체적인 크기 — 이 크기는 결국 저 세 가지 차이로¹³⁶ 통합되네 — 가 없다고 해서 꺼림칙하게 생각할 것이 아닐세. 그렇지만 영혼으로 영혼을 지각하는 것, 다시 말해서, 영혼이 자체를 보는 일은 소수 인간들에게만 허용된다네. 영혼은 오성을 통해서 보네.¹³⁷ 사물들 가운데서 영혼과 같은 이런 자연 사물보다 더 강하고 더 위대한 것이 아무것도 없음을 인식하는 일은 영혼에게만 허용되어 있네. 영혼이라는 것이 '덩치' 없이¹³⁸ 존재한다는 사실을 인식

---

137 『독백』 1,3,8: "정말 내 친구가 되는 부분, 다시 말해서 정신 자체를 나는 오성으로 파악하고 싶어진다." 『시편 상해』 *Enarrationes in Psalmos* 41,7: "영혼은 자체를 통해서 자체를 본다. 영혼이 자체를 인식하는 순간 자체를 보는 것이다."

138 sine tumoribus: sine mole. 아우구스티누스의 글에서 '물체의 크기'를 molis(덩어리, 몸체, 덩치)로 통칭한다.

dere nihil esse in rebus potentius et magnificentius his naturis, quae, ut ita dicam, sine tumoribus esse intelleguntur; tumor enim non absurde adpellatur corporis magnitudo; quae si magnipendenda esset, plus nobis profecto elephanti saperent. Quod si quisquam eorum cognatus dicet elephantos esse sapientes – sensi enim quamvis admirans, sensi tamen etiam hinc homines saepe ambigere –, illud, quantum opinor, saltem concedet, plus asino sapere apiculam; quorum comparare magnitudines plus profecto est quam asininum. Vel quod etiam de oculo dicebamus, cui non liqueat aquilae oculum multo quam noster est, esse breviorem? quo tamen illa sublime ita volans, ut a nobis in tanta luce difficile cernatur, latentem sub frutice lepusculum et sub fluctibus piscem videre comperta est. Quod si in ipsis sensibus, quibus nisi corporea sentire non datum est, nihil ad rem, id est ad vim sentiendi, valet corporis magnitudo, metuendumne est, quaeso, ne animus humanus, cuius excellentior et paene solus aspectus est ipsa ratio, qua etiam se invenire molitur, nihil sit, si illum eadem ratio, id est se ipse, omni magnitudine, qua obtinetur locus, carere convicerit? Magna quaedam, mihi crede, magna, sed sine ulla mole de animo cogitanda sunt. Quod facilius contingit his, qui aut bene eruditi ad haec accedunt non studio inanis gloriae, sed divino amore veritatis accensi aut qui iam in his quaerendis versantur, quamvis minus eruditi ad investiganda ea venerint, si patienter bonis se dociles praebent atque ab omni corporum consuetudine, quantum in hac vita permittitur, semet avertunt.

하는 일 말일세. 물체의 크기를 가리켜 '덩치'라고 부르는 일은 모순이 아니네. 만약 덩치에 달렸다면야 코끼리가 우리보다 더 똑똑할 것이네. 실제로 혹자는 코끼리들을 잘 알고 있어서 코끼리들이 정말 똑똑하다는 말을 할지 모르지만 — 나로서도 코끼리들을 관찰하면서 놀라기도 했고 사람들이 이 점을 두고 이러쿵저러쿵 언쟁을 하는 것도 들었네 — 그런 사람도 당나귀보다는 벌이 더 영리하다는 것은 인정할 것이네. 물론 두 동물을 크기로 비교한다는 것은 당나귀 짓보다 더한 짓이지만 말일세. 또 눈을 두고 하는 말로 보자면 독수리 눈이 우리 눈보다 훨씬 조그맣다는 것을 누가 아니라고 하겠는가? 하지만 독수리는 우리가 눈이 부셔서 구분도 못할 만큼 까마득하게 높이 날면서도 덤불 밑에 숨은 토끼를 발견하고 물결 속에 움직이는 물고기를 알아채네. 물체적인 것들이 아니면 감지하지 못하는 감관들에서도 물체로서의 크기는 실제로, 곧 감각하는 능력에는 상관이 없지. 그러니 과연 다음 사실을 우려해야 하는지 나 스스로 묻곤 하네. 인간 영혼은 그 탁월하고 유일무이한 시선이 이성 그것인데, 또 그것으로 영혼은 자체를 발견하려고 노력하네. 그런데 이성, 곧 영혼 자체가 스스로를 고찰하면서 자기가 장소를 점유하는 크기를 일체 결하고 있다는 사실로 인해서 자기는 아무것도 아니라는 결론을 내리지나 않을까 걱정해야 한다는 말인가? 영혼을 두고는 위대한 것을, 내 말을 믿게, 위대한 것을 생각해야 하지만 그것은 덩치가 없는 위대함이네. 유난히 이런 일에 무난한 사람들이 있지. 학문을 잘 닦아서 이런 문제에 접근하되 허망한 영광을 도모함이 아니고 진리에 대한 신성한 사랑에 불타올라서 접근하는 사람들이 그렇지. 또 비록 이런 사안을 연구하는 데 배양한 학문은 일천하지만 벌써부터 이런 문제를 탐구하는 데 몰두하고 있는 사람들, 참을성 있게 선업에 헌신하고 이승의 삶에서 허용되는 범위 내에서 신체의 모든 관습으로부터

Fieri autem non potest quadam divina providentia, ut religiosis animis seipsos et deum suum, id est veritatem, pie, caste ac diligenter quaerentibus, inveniendi facultas desit.

25. Sed ab ista quaestione, nisi quid adhuc movet, iam recedamus, si placet, et ad alia transeamus. Quicquid autem de illis figuris loquacius a nobis fortasse disputatum est quam volebas, videbis quantum ad alia valebit, si hanc disceptationem aliquid eo adiutam esse concedis; nam et exercet animum hoc genus disciplinarum ad subtiliora cernenda, ne luce illorum repercussus et eam sustinere non valens in easdem tenebras, quas fugere cupiebat, libenter refugiat, et adfert argumenta, nisi fallor, certissima, quibus, quod fuerit inventum atque confectum, impudentem habeat dubitationem, quantum homini talia vestigare permissum est. Minus enim ego de

---

139 exercet animum: 모든 대화편에서 교부는 어느 주제 — 여기서는 6,10-13,22에 걸친 기하학 대화 — 를 장황하고 세세하게 토론하는 '지성의 훈련'을 쌓아 고차원의 진리 — 영혼의 본성 통찰 — 에 대면하는 준비를 시킨다.

140 사본(Er. Lov.)에 따라 뒤이어 다음 텍스트 삽입: "터무니없는 의심이란 두 가지로 일어나는 것으로 이해되네. 사람이 이성을 구사할 수는 있지만 진리를 탐구하는 데는 너무도 우둔하고 나태해서, 자기 창조주에 의해서 일단 당신을 지향하도록 만들어진 이상 참된 추론으로 자기 하느님을 발견하려고 탐구하는 데 수고를 들이기보다는 차라리 허영의 어둠 속에 머물기를 더 좋아하는 경우가 하나일세. 그렇지 않으면 심술궂은 완고함으로 인해서, 남들이 근면하게 탐구하고 경건하게 연구하여 발견하고 수립한 이론을 두고 그것이 도대체 발견되고 수립될 수 있느냐고 의심하는 경우겠지. 이때는 그 이론이 자기에 의해서 발견되지 않았다는 것 외에 딴 이유가 없으며 그 따위 종류의 시기심은 어리석기 짝이 없는 것임이 이치로 드러나지."

자기를 돌이켜 세우는 사람들이 그렇다네. 신적 섭리가 있는 한, 경건한 영혼들이 자기를 찾고 자기 하느님, 곧 진리를 찾는데, 그것도 신심을 다해, 정결하게, 또 부지런히 찾는데도 그 대상을 발견해 낼 기능이 결여되어 있다는 것은 있을 수 없네.

우리는 이성을 갖추고 있다

15.25. [아:] 자, 아직까지도 자네를 당황하게 만드는 점이 있지 않다면, 이제 이 문제는 일단 접어 두고, 자네가 괜찮다면, 다른 문제로 건너뛰기로 하세. 저 도형들에 관한 한 자네가 바라던 것보다 훨씬 기다란 장광설을 우리가 늘어놓으며 토론한 것 같네. 하지만 이 논쟁이 사안에 어느 정도 도움이 되었다고 자네가 인정한다면, 다른 사안에도 그만한 가치가 있으리라는 점도 알게 될 것일세. 왜 그러냐 하면 이런 유의 학문은 그만큼 정신을 도야해서[139] 그보다 훨씬 정교한 사안도 파악하도록 돕는 까닭일세. 그렇지 않으면 그런 사안들이 지니는 강력한 빛살에 부딪치면 그 빛을 감당할 힘이 없어서, 자기가 도망치고 싶던 그 어둠 속으로 자발적으로 다시 물러서 버리네. 내 말이 틀리지 않다면, 인간이 이러저러한 것을 다 따지게 허용되어 있는 이상, 그런 사안에 대해서도 이런 유의 학문은 아주 극명한 논지를 제시하기에 이를 걸세. 그 덕택에 이미 발견되고 확정된 사안에까지도 의심을 제기하는 일은 터무니없는 짓이 되겠지.[140] 나 같으면 그런 사안에 의심을 품느니보다는 차라리 우리가 저 육안으로 보는 사물을 두고서 의심을 품겠네. 육안이야 늘 눈곱을 문질러 없애려 난리를 피워야 하니까 말일세. 그보다 더 차마 듣지 못할 말은 우리가 이성을 갖추어

his rebus dubito quam de his, quas istis oculis videmus cum pituita semper bellum gerentibus. Quid enim minus ferendum et audiendum est quam fateri nos ratione praestare bestiis et eam rem fateri esse aliquid, quam corporeo lumine sentimus, quam etiam nonnullae bestiae melius cernunt, id autem, quod ratione intuemur, nihil esse contendere? Quod si diceretur tale esse, quale illud est, quod oculi vident, nihil profecto dici posse indignius videretur.

26. E. Accipio ista libentissime atque adsentior. Sed illud me movet, cum corporeae quantitatis non esse animam res ita clara sit mihi, ut omnino, quemadmodum resistam illis argumentis et quid eorum non concedam, prorsus ignorem: primum, cur aetate ut corpus crescit, ita et anima vel crescat vel crescere videatur. Quis enim neget pueros infantes ne bestiarum quidem nonnullarum astutiae comparandos? quis autem dubitet illis crescentibus etiam ipsam in eis quodammodo crescere rationem? Deinde, si per spatium sui corporis anima distenditur, quomodo nullius quantitatis est? Si autem non distenditur, quomodo sentit ubique pungentem?

---

141 corporeum lumen: '육안', '눈동자', '안광'을 가리키는 시어(詩語). Catullus, *Carmina* 51,11-12: teguntur lumina nocte(희열로 두 '눈이 아득히 감기는데').

142 스토아 제논의 주장 — "진리의 기준은 표상적 인식이어야 하고 실제로 존재하는 사물에서 유래하는 것이어야 한다. 따라서 감각과 지각만이 유일한 진리 기준이다"(디오게네스 라에르티우스 『그리스철학자 열전』*Vitae philosophorum* 7,54) — 을 염두에 둔 듯하다.

143 플로티누스(『엔네아데스』 4,7,5)도 같은 문제를 다루면서 영혼이 물체적인 것이라면 신체가 자라면서 영혼도 커지리라는 추정이 나오지만, 영혼이 성장한다면서도 과거의 기억이 일정한 크기라면 영혼은 분량이 없다는 반증이라고 말한다.

서 짐승보다 월등하다고 하면서도, 우리가 신체적 광체로[141] 감지하는 사물, 그래서 다른 짐승들이 우리보다 더 잘 지각하는 그런 사물을 두고서는 뭐라도 되는 것처럼 말하면서도, 우리가 정작 이성으로 직관하는 대상은 아무것도 아니라고 시비하는 짓 아닐까?[142] 이성으로 직관하는 대상이나 눈으로 보는 그것이나 그렇고 그렇다는 말을 할라치면 그 역시 그보다 불손한 말이 없을 터인데 말일세.

이성이 신체와 더불어 성장하는지

15.26. 에: 그 얘기는 기꺼이 받아들이며 전적으로 동의합니다. 하지만 이 점이 나를 곤란하게 만듭니다. 즉, 영혼이라는 것이 물체적 부피를 가지는 것이 아니라는 점이 내게는 너무도 분명하다 보니까, 다음과 같은 주장에 반대할 여지가 전혀 없고, 그 주장에서 내가 수긍 못할 만한 점이 무엇인지마저도 모르겠습니다. 먼저, 나이가 들어 몸이 성장함에 따라서 영혼도 성장하거나 성장하는 것처럼 보이는 까닭이 무엇이냐는 점입니다.[143] 어린아이들을 보면 그 이성이 모모한 짐승들의 꾀에도 견줄 만하지 못함을 누가 부인하겠습니까?[144] 그리고 아이들이 자라면서 그들 안에서 이성 또한 어느 모로 자라난다는 것을 누가 의심하겠습니까?[145] 만일 영혼이 자기 신체의 공간만큼 퍼져 있다면, 부피가 전혀 없다는 말은 어떻게 합니까? 또 그렇게 퍼져 있지 않다면, 몸의 어디를 찔러도 자극을 받는 것은 무슨 까닭입니까?

---

144 『초기 스토아학파 단편집』 Antipater 3,50: "영혼은 신체와 더불어 확장하고 신체와 더불어 위축된다고 하였다. 스토아들과 안티파트로스가 이렇게 주장하였다."

145 루크레티우스 『사물의 본성에 관하여』 *De rerum natura* 3,445-450: "정신은 신체와 함께 성장하고 함께 노쇠해 감을 우리는 아노니, 아이들은 어리고 여린 몸으로 나돌아 다니다가 철들면 정신 자세가 굳어지며 나이가 강건한 힘으로 정신을 받쳐 주느니 …."

A. Omnino ea quaeris quae me quoque saepe moverunt. Itaque non sum imparatus tibi respondere, ut mihi soleo; utrum autem bene, ratio quae te agit iudicabit. Qualecumque id tamen sit, plus certe non possum, nisi forte aliquid melius, cum disputamus, in mentem divinitus venerit. Sed agamus, si placet, more nostro, ut duce ratione tu tibi ipse respondeas. Ac prius quaeramus, utrum crescentis cum corpore animi certum argumentum sit, quod aetatis accessu aptior humanae consuetudini homo et in ea magis magisque peritus est.

E. Age, ut placet; nam et ego id genus docendi ac discendi maxime probo. Nescio quo enim modo, cum id, quod nesciens quaerebam, ipse respondeo, fit ipsa inventio non modo re, sed admiratione etiam dulcior.

XVI 27. A. Dic ergo, utrum tibi maius et melius duo quaedam an unum atque idem esse videatur duobus nominibus adpellatum?

E. Scio aliud esse quod maius, aliud quod melius dicimus.

A. Quid horum duorum est, cuius esse putes quantitatem?

---

[146] humana consuetudo: 앞의 각주 17 참조.

[147] inventio: 토론과 웅변의 '발상'을 가리키는 수사학 용어. '내용'(res) 못지않게 '기발함'(admiratio)이 중요했다. inventio 다음은 dispositio(입장 정리), elocutio(언변), pronuntiatio(제스처와 어조)라고 한다.

아: 자네는 내게도 한때 곤혹스러웠던 똑같은 것을 묻고 있네. 이런 것을 두고는 내가 나 스스로에게 답변을 하는 데 익숙해 있으므로 자네한테 대답할 준비가 안 된 편은 아닐세. 다만 내가 답변을 잘하는지는 자네를 끌어가는 이성이 판별해 주리라고 보네. 어떻든 나로서는 그 이상은 못하네, 혹시 우리가 토론을 하다가 신적 안배로 더 나은 생각이 지성에 떠오른다면 모르지만. 여하튼 자네가 괜찮다면 우리가 하던 식으로 얘기를 진척시켜 나가세. 이성의 영도를 받아 자네가 스스로 답변을 내놓게 될 것이네. 먼저, 다음 사실이 몸과 더불어 영혼이 성장한다는 확실한 논거가 되는지 살펴보세. 사람이 나이가 들면서 인간적 습속에[146] 더 익숙해지고 점점 더 거기에 능숙해진다는 말일세.

에: 마음 내키시는 대로 하시지요. 나로 말하자면 이런 유의 가르침과 배움이 최고라고 봅니다. 어떻게 해서 그런지는 나도 모르지만, 내가 알지 못해서 의문을 제기했다가 나 스스로 답변을 내놓고 하면서 이뤄지는 문제 설정[147]은 훨씬 기분이 좋습니다. 그 내용 때문만이 아니고 그 놀라움 때문에도 그렇죠.

덕은 삶의 명분이고 영혼은 덕으로 성장한다

16.27. 아: 그러면 '더 큰 것'과 '더 좋은 것'[148]이 두 개의 사물인가, 아니면 명목상 둘로 불리지만 실제상 한 가지 동일한 것인가 대답해 보게.

에: 무엇이 '더 크다'는 말과 '더 좋다'는 말이 다르다는 것은 저도 압니다.

아: 이 둘 중 어느 것에서 자넨 부피를 생각하게 되나?

---

[148] maius et melius: 이하에서 '물체적 크기'(maius)보다 균등성이 갖춰진 도형이 '더 좋은 것'(melius, '더 나은 것')이라는 결론을 유도하고 본서의 주제인 '영혼의 크기'가 연장(延長)의 크기 아닌, 그 능력(能力)의 크기에 있음을 암시한다.

E. Id videlicet quod maius dicimus.

A. Quid? cum duarum figurarum rotundam quadrata meliorem esse confitemur, quantitasne id facit an quid aliud?

E. Nullo modo quantitas, sed illa, de qua superius egimus, aequalitas huius excellentiae causa est.

A. Nunc ergo illud adtende, utrum tibi videatur virtus aequalitas quaedam esse vitae rationi undique consentientis. Nam si aliud ab alio in vita discrepet, magis, ni fallor, offendimur, quam si aliqua pars circuli maiore minoreve intervallo quam aliae partes distet a puncto. An tu aliter existimas?

E. Immo adsentior et hanc? quae abs te descripta est, probo esse virtutem; nam et ratio non dicenda est aut existimanda nisi vera; et cuius vita per omnia congruit veritati, is est profecto vel solus vel certe maxime qui bene atque honeste vivit; et qui ita sit adfectus, solus habere virtutem et ea vivere iudicandus est.

A. Probe dicis. Sed certe etiam illud vides, ut opinor, similiorem virtuti esse circulum figurarum planarum alia qualibet. Hinc est enim quod apud Horatium magnis laudibus solemus extollere illum

---

[149] aequalitas: 앞의 12,19 참조: "모든 평면도형 중에서 동그라미로 둘러싸인 도형을 우선시해야 하는데 원에는 최고도의 균등성이 존재하기 때문일세."

[150] "영혼의 부분들이 서로서로 이루는 자연스러운 균등이 바로 덕이다"(플로티누스 『엔네아데스』 3,6,2). 여기서 말하는 '덕'($\dot{a}\rho\epsilon\tau\acute{\eta}$, virtus)은 이하에서 영혼의 '능력'(vis)과 같은 용어로 쓰인다.

[151] "덕이란 항구하고 조화 있는 정신 자세, 간단히는 바른 이성이라고 할 수 있다"(virtus est adfectio animi constans conveniensque … brevissime recta ratio dici potest: 키케로『투스쿨룸 대화』 4,15,34).

에: 우리가 '더 크다'고 말하는 데서입니다.

아: 그래? 우리는 두 도형 중 원형이 사각형보다 '더 낫다'고 공언하는데 부피가 그렇게 만드나, 아니면 다른 무엇이 그렇게 만드나?

에: 부피가 그렇게 만드는 것은 절대 아니고, 우리가 위에서 논한 대로, 균등이 월등한 이유가 됩니다.[149]

아: 그러면 덕德이라는 것이 삶의 어떤 균등성均等性으로 보이는지 주의해 보게나.[150] 어느 면에서나 이성과 부합하는 삶의 균등성 말일세.[151] 인생에서 어느 부분이 다른 부분과 어긋난다면, 그 점은, 내 말이 틀리지 않다면, 원의 어느 한 부분이 중심에서의 거리가 다른 부분들보다 더 크거나 작거나 하는 일보다 더 눈에 거슬릴 걸세. 자네는 생각이 다른가?

에: 천만에요, 전적으로 동의합니다. 당신이 묘사한 그것이 바로 덕이라는 데 동의합니다. 이성이라는 것 역시 만일 참된 것이 아니라면 이성이라고 해서도 안 되고 그렇게 여겨서도 안 되는 까닭입니다. 그러므로 어떤 사람의 삶이 모든 면에서 진리에 상응한다면, 그런 사람만이, 아니면 그런 사람이야말로 아주 확실히 선하고 정직하게 살고 있습니다. 또 그런 자세가 서 있는 사람 홀로 덕을 지녔다고 평가받아야 하고, 덕으로 사는 사람으로 간주되어야 합니다.

아: 제대로 하는 말일세. 평면도형들 가운데 원이 다른 어떤 도형보다도 덕과 아주 유사하다는 사실을 자네는 알아차릴 걸세.[152] 여기서 호라티우스의 글에서도 우리가 대단한 상찬으로 떠받드는 저 유명한 구절이 나오네. 현자를 두고 그는 이런 말을 하지. 현자는 "강직하고 자기로서 전체이

---

152 아리스토텔레스 『형이상학』 1016b: "'하나'라는 것은 양적 의미나 전체적 의미로 쓰이는데, 원의 둘레는 가장 완벽하게 '하나'라고 하겠으니 전체이면서 완성되어 있기 때문이다."

versum, quo ait, cum de sapiente ageret:

'fortis et in se ipso totus teres atque rotundus'.

Et recte; nam neque in animi bonis quicquam invenis, quod magis sibi ex omni parte consentiat quam virtutem neque in planis figuris quam circulum. Quamobrem si circulus non magnitudine spatii, sed quadam conformatione ceteris praestat, quanto magis de virtute existimandum est, quod non maioris loci occupatione, sed divina quadam congruentia rationum atque concordia ceteras adfectiones animi superat?

28. Cum autem puer proficit laudabiliter, ad quam rem magis quam ad virtutem proficere dicitur? an tibi non videtur?

E. Manifestum est.

A. Non igitur tibi debet videri animus sicut corpus crescendo cum aetate proficere; proficiendo enim ad virtutem pervenit, quam fatemur nulla spatii magnitudine, sed magna vi constantiae pulchram esse atque perfectam. Et si aliud est maius, aliud melius, ut iam dedisti, quicquid anima cum aetate proficit composque rationis fit, non mihi videtur fieri maior, sed melior. Quod si membrorum id

---

153 호라티우스 『풍자시』*Sermones* 2,7,86. totus(전체적), rotundus[원만(圓滿)]라는 형용사는 아리스토텔레스가 내린 원둘레의 정의와 부합한다는 뜻에서 '현자'와 '원' 사이의 유사성이 연상된다.

154 adfectiones animi: '정서'(情緒), '정조'(情操), '경험'(經驗), '자세'(姿勢) 등 다양한 의미로 파악된다.

며 평정심을 품으며 원만圓滿하다."¹⁵³ 맞는 말일세. 자네도 선량한 영혼들에서 덕만큼 모든 부분에서 자신에게 더 적합한 것을 발견 못할 것이며, 평면도형들 가운데 원보다 모든 부분에서 자체에 더 적합한 것을 발견하지 못할 것이네. 그러므로 원이라는 것이 공간상의 크기에 의해서가 아니라 어떤 합치성合致性에 의해서 다른 도형들보다 월등하다면, 덕을 두고도 그것이 더 큰 공간을 차지하고 있기 때문이 아니라 이념들 간의 어떤 신성한 상응성相應性 내지 화합성和合性에 의해서 정신의 여타 성품¹⁵⁴을 추월하는 것으로 간주되어야 하네.¹⁵⁵

영혼은 덕으로 성장한다

16.28. [아:] 아이가 잘 성장한다고 칭찬받을 적에 무엇을 두고 성장한다는 말을 하겠나, 덕성으로 성장한다는 말 아니면? 그런 생각이 들지 않나?

에: 분명 그렇습니다.

아: 몸이 나이와 더불어 자라면서 성장하듯이 영혼도 그렇다고 여겨져서는 안 되네. 성장을 함으로써 덕에 이르는 법이고 또 우리가 덕이 아름답다고, 완전하다고 말하는 까닭은 공간상의 크기 때문이 절대 아니고 일관성一貫性에서 오는 위력 때문일세.¹⁵⁶ 또 자네가 이미 수긍했듯이, '더 큰 것' 다르고 '더 좋은 것' 다르다면, 나이와 더불어 영혼이 성장하고 이성을 갖추어 가는 일은 더 커진다기보다는 더 좋아지는 것으로 보이네. 만일 사지의 크기가 그런 결과를 가져온다면야 사람이 키 크고 힘셀수록 그만큼

---

155 아우구스티누스가 각별한 의미 구분을 하는 것은 아니지만 그가 별도의 어휘를 구사하는 점에서 aequalitas('균등'), conformitas('합치'), congruentia('상응'), concordia('화합')로 구분해서 번역해 본다.

156 "항속한다면, 항구하다면, 항상 여일하다면, 뭔가 존재한다. 덕성(德性)처럼 말이다"(아우구스티누스 『행복한 삶』 2,8). 키케로의 '덕' 정의(앞의 각주 151) 참조.

faceret magnitudo, eo quisque prudentior esset, quo longior aut validior; quod se aliter habere non, opinor, negabis.

E. Quis istud negaverit? Sed tamen, cum proficere animam per aetatem etiam tu concedas, miror qui fiat, ut omnis quantitatis expers, etiamsi non membrorum spatio, at certe temporis adiuvetur.

XVII 29. A. Desine mirari; nam et hic tibi simili ratione respondeo. Ut enim membrorum magnitudo ideo nihil adfert argumenti, cur animam adiuvet, quod multi exilioribus brevioribusque membris prudentiores inveniuntur quibusdam magna mole corporis praeditis, ita quoniam iuniores nonnullos senioribus plerisque magis industrios atque strenuos videmus, non video, cur putanda sint spatia temporis in aetatibus incrementa ut corporibus, sic animis dare, cum et ipsa corpora, quibus per tempus crescere atque ampliora spatia tenere concessum est, saepe sint annosiora breviora, non modo senilia, quae magnitudine temporis contrahuntur atque minuuntur, sed etiam puerorum, quos animadvertimus his breviores esse corpore, quibus sunt aetate maiores. Si igitur porrecta in plurimum tempora ne ipsis quidem corporibus magnitudinis adferunt causam,

---

157 영혼이 신체와 항상 보조를 맞추는 것이 아니라면, 현명하다 어리석어지고, 어려서도 총명하지 못한 까닭이 무엇인가?(루크레티우스 『사물의 본성에 관하여』 3,758-768).

현명해진다는 말이 되네. 사실이 내 말과 다르지 않음을 자네도 부정하지 않으리라 보네.

에: 누가 그것을 부정하겠습니까? 그렇더라도 영혼이 나이를 먹으면서 성장한다는 점은 당신도 인정할 텐데, 영혼에 크기가 일체 없는 이상, 사지의 공간적 부피 때문은 아니더라도, 적어도 시간의 간격에 의해서 분명히 도움을 받는 듯한데 그런 일이 어떻게 생기는지 참 이상합니다.[157]

영혼은 연령과 시간으로 확장되는 것이 아니다

17.29. 아: 이상할 것 없네. 여기서도 앞에서와 비슷한 논조로 자네에게 답변하겠네. 성장 발달에 영혼이 어떻게 도움을 받느냐는 문제에 체구의 크기가 논지에는 아무 소용이 없네. 허약하고 작은 체구를 가지고도 거대한 덩치를 갖춘 사람들에 비해서 더 현명한 사람으로 드러나는 경우가 많지. 또 우리가 보기에 어떤 젊은이들은 나이 많은 사람들보다 더 근면하고 더 결연하네. 그러니 시간 간격이 나이와 더불어 신체에 못지않게 영혼에도 성장을 준다는 생각을 왜 해야 하는지 모르겠네. 신체만 보더라도 시간이 흐르면서 크고 더 넓은 공간을 차지하게끔 되어 있기는 하지만, 시간이 더 가면 오히려 더욱 쇠약하고 위축되는 경우도 종종 있네. 내가 말하는 것은 늙어 간 몸뚱이만이 아니네. 연륜이 더하면 더할수록 몸은 오그라들고 줄어들게 되어 있지만 아이들의 몸도 그렇게 된다는 얘길세. 어떤 아이들은 나이로는 남보다 연장인데 키로는 다른 아이들보다 더 작은 경우를 우리는 자주 눈여겨보게 되네. 그러니까 신체의 크기만을 두고도 시간이 많이 흐른 것이 그 원인을 제공하는 것은 아니라는 말이네. 신체의 크기도 오히려 저 배종胚種의 모든 위력, 자연의 어떤 수數의 능력이 원인일세. 어지간히 비밀스럽고 따라서 여간해서는 파악하기 힘든 숫자

sed omnis illa seminis vis est et quorundam naturae numerorum sane occultorum et difficilium ad dinoscendum, quanto minus arbitrandum est longo tempore animam fieri longiorem, quia eam videmus usu rerum atque adsiduitate multa didicisse?

30. Quod si te illud movet, quod solemus eam quam Graeci macrothymian vocant, longanimitatem interpretari, animadvertere licet a corpore ad animum multa verba transferri, sicut ab animo ad corpus; nam si 'montem improbum' et 'iustissimam tellurem' dixit Virgilius, quae verba cernis ab animo ad corpora esse translata, quid mirum, si mutua vice longanimitatem dicimus, cum longa nisi corpora esse non possint? Ea vero, inter virtutes adpellatur animi magnitudo, ad nullum spatium, sed ad vim quamdam, id est ad potestatem potentiamque animi relata recte intellegitur, virtus eo pluris aestimanda, quo plura contemnit. Sed de hac post loquemur, cum quaeremus, quanta sit anima, sicut quaeri adsolet, quantus fue-

---

[158] numerorum sane occultorum: 아우구스티누스는 스토아의 용어 λόγοι σπερματικοί를 번역한 rationes seminales['배종이성'(胚種理性)으로 번역해 본다]를 자주 사용하는데, 신체가 발전하고 변화함은 종자에 본시부터 담긴 '배종의 위력'(seminis vis) 혹은 '비밀스런 숫자'들이 작용하는 결과라는 설명이다(『자유의지론』 2,16,42; 『참된 종교』 40,74 참조).

[159] '넓은 도량(度量)'에 해당하는 그리스어 μακροθυμία(μακρός + θυμίος)는 라틴어 magnus + animus에 해당하여 magnanimitas로 번역되지만 longanimitas로도 번역된다. 교부는 바로 앞에서 '세월의 길이' 또는 '영혼의 길이'라고 한 말과 결부시켜 이 단어를 예거하고 있다.

[160] 아우구스티누스는 이 시인의 이름을 보통 고전식으로 Vergilius라고 표기하는데 여기서는 예외로 Virgilius로 표기하고 있다.

[161] 베르길리우스 『아이네이스』 Aeneis 12,687.

말일세.158 그러니 비록 우리가 사물의 관성에 비추어 영혼을 보고 많은 경험에 비추어 학습을 한다고 할지라도, 세월의 길이로 영혼이 길어지리라고 여겨서는 안 되는 것 아닐까?

영혼의 크기는 연령과 시간으로 이루어지지 않는다

17.30. [아:] 그리스인들이 **macrothymia**라고 부르는 것을 우리가 으레 longanimitas라고 번역하는 것이 자네 마음에 걸릴지 모르겠는데,159 사실 많은 용어들이 그 의미가 정신에서 물체로 옮겨 가듯이 물체에서 정신으로 옮겨 가는 사실도 염두에 둘 만하네. 왜 그런가 하면 베르길리우스160가 "야비한 산"161이라거나 "의롭기 짝이 없는 대지大地"162라는 말을 했다면, 자네는 이 낱말들이 정신에서 물체로 전이轉移된 것임을 간파할 것이네.163 그러니 서로 맞바꾸어 물체가 아니면 longa('길다')라는 말이 안 되지만 longanimitas라고 할 적에, 뭐가 이상한가? 또 덕목들 가운데서 '정신의 아량'164이라고 불리는 그런 덕목은 그 어떤 공간空間도 가리키는 것이 아니고 그냥 어떤 위력威力을 가리키며, 정신의 어떤 능력과 권능과 연관되는 것으로 봄이 올바른 이해일세. 무릇 덕이라는 것은 더 많은 것을 경멸하는 그만큼 더욱 크게 평가받는 법일세. 하지만 이것에 관해서는 뒤에, 곧 영혼이 얼마나 큰지를 따질 때 얘기할 작정이네.165 헤라클레스가 얼마나 위대한 사람이었는가를 물을 적에는 으레 그의 탁월한 행적을 두고 따

---

162 베르길리우스『게오르기카』 *Georgica* 2,460.

163 mons improbus, iustissima tellus라는 시어(詩語)는 정신적 덕성을 표현하는 probus(정직한), iustus(의로운)를 사물(산과 땅)에다 전용(轉用)하고 있다.

164 animi magnitudo: magnanimitas와 같은 단어로 그리스인들이 덕목으로 꼽는 μεγαλο-ψυχία에 해당한다.

165 이하 본서 33,70-36,80에서 상세하게 토론한다.

rit Hercules factorum excellentia, non mole membrorum; ita enim supra distribuimus. Oportet autem nunc te recordari, quod de puncto iam satis egimus; nam id potentissimum esse maximeque in figuris dominari ratio docebat. Potentia vero atque dominatus nonne ostentant quandam magnitudinem? Et in puncto tamen nullum spatium reperiebamus. Non igitur magnum vel ingentem animum cum audimus aut dicimus, quantum loci occupet, sed quantum possit, cogitandum est. Quamobrem, si iam primum argumentum tuum, quo tibi per aetatem cum corpore animus crescere videbatur, satis discussum est, transeamus ad aliud.

XVIII 31. E. Nescio utrum omnia, quae me non frustra movere adsolent, persecuti fuerimus, et fieri potest, ut recordationem meam aliqua fugiant. Verumtamen, quod nunc in mentem venit, videamus, quale sit quod puer infans non loquitur atque in crescendo adsequitur.

A. Facile est istud; nam credo videri tibi ea lingua quemque loqui, qua loquuntur homines, inter quos natus educatusque sit.

E. Nemo id ignorat.

---

166 본서 3,4 참조.
167 본서 11,18-12,19; 14,23 참조.
168 본서 17,29 참조.

지지, 몸피의 덩치로 따지지 않는 것과 마찬가질세. 앞서 우리가 그렇게 구분을 지었네.[166] 앞서 우리는 원의 중심이 되는 점點을 두고 충분하리만큼 토론한 바 있는데[167] 자네는 그 일을 상기할 필요가 있네. 그 이유는 이치상 그 중심점이 가장 위력 있고 도형들 속에서 가장 지배적인 위치를 가진다고 가르쳤기 때문일세. 그런데 '위력'이니 '지배'니 하는 말들은 어떤 크기를 가리키지 않던가? 하지만 점에서는 공간이 전혀 발견되지 않았네. 그러니 영혼을 두고 '크다'느니 '위대하다'느니 하는 말을 듣거나 언급할 적에는 얼마나 큰 공간을 점유하느냐가 아니라 얼마나 대단한 일을 할 수 있느냐를 생각해야 하네. 그렇다면 자네가 제기한 첫 번 논제, 영혼이 연령에 따라서 몸과 함께 성장하는 것으로 보인다는 논제를[168] 두고는 충분한 토론이 이루어졌으며, 따라서 다른 논제로 넘어가기로 하세.

어린아이가 언어를 어떻게 익히는가

18.31. 에: 평소에 나를 당황하게 만들던 저 모든 문제(그럴 만한 까닭이 없지는 않았습니다)를 우리가 모조리 다뤘는지 모르겠고, 또 어떤 문제점들은 내 기억을 벗어났을지도 모르겠습니다만 지금 바로 머리에 떠오른 얘긴데, 어린 아기가 말을 못하다가 자라면서 언어를 익히는 연유가 무엇인지 살펴보십시다.[169]

아: 그건 쉽네. 자네 생각에도 누구든지 그가 말하는 언어는 그 사이에서 태어난 사람들, 그 언어를 쓰는 사람들 사이에서 교육받는 것처럼 보이리라 믿네.

에: 그 점이야 모르는 사람이 아무도 없습니다.

---

[169] 앞의 15,26에서 제시한 질문이었다.

A. Constitue ergo quempiam ibi natum atque altum, ubi homines non loquerentur, sed nutibus membrorumque motu cogitationes suas sibimet expromendas signarent. Nonne censes eum talia esse facturum neque locuturum, qui loquentem neminem audierit?

E. Nolo me hoc interroges, quod fieri non potest. Qui enim tales homines, inter quos quemquam natum cogitare possim?

A. Itane? tu non vidisti Mediolani adulescentem honestissimi corporis et elegantissimae urbanitatis, mutum tamen atque ita surdum, ut neque alios nisi motu corporis intellegeret neque ipse aliter quae vellet significaret? hic enim est notissimus. Nam ego novi rusticum quendam loquentem de loquente uxore filios omnes mares atque feminas quattuor fere aut eo amplius – non enim satis nunc conmemini – mutos surdosque genuisse. Nam ex eo, quod loqui non poterant, muti, ex eo autem, quod nulla signa nisi oculis conligebant, etiam surdi intellegebantur.

E. Illum vero ego bene novi et de istis nescio quibus credo tibi. Sed quorsum ista?

A. Quia dixisti non te posse cogitare inter tales homines nasci quempiam.

E. Nec nunc aliud dico; nam istos, nisi fallor, inter eos qui loquerentur natos esse concedis.

A. Non equidem negaverim. Sed cum iam inter nos constet non-

아: 누가 태어났는데 사람들이 일체 말을 않고 고갯짓과 몸짓으로만 자기 생각을 시늉하여 표현하는 그런 곳에서 키워졌다는 가정을 해 보게. 그 아이도 그렇게 행동할 것이고 남이 말하는 것을 결코 들어 본 적이 없는 이상, 그 아이도 말을 못하리라는 생각이 들지 않는가?

에: 실제로 일어날 가망이 없는 일을 내게 묻지 않으셨으면 합니다. 그런 사람들이 어디 있겠고 그런 사람들 틈에서 태어난 사람이 누구이겠습니까?

아: 그럴까? 자네는 밀라노에서 신체는 멀쩡하고 우아한 교양까지 갖추었는데 벙어리에다 귀머거리여서 몸동작에서만 다른 사람들의 생각을 알아듣고 본인도 달리는 무슨 시늉을 해야 할지 모르는 그런 젊은이를 본 적이 없던가? 그 젊은이는 아주 유명하다네. 내가 아는 어느 농사꾼은 본인도 말을 하고 아내도 말을 할 줄 아는데, 그 아내에게서 사내와 계집으로 자식을 넷인가 그 이상인가를 — 지금 제대로 기억이 안 나네 — 낳았는데, 모조리 벙어리에다 귀머거리로 태어났지. 말을 못 했다는 점에서는 벙어리들이고, 눈으로가 아니면 아무 기호도 포착을 못하므로 귀머거리로 간주되었네.

에: 그 젊은이라면 나도 잘 압니다만 지금 말하는 사람들에 관해서는 아는 바가 없어서 당신 말을 믿을 수밖에 없습니다. 하지만 요점이 뭡니까?

아: 누가 그런 사람들 사이에서 태어난다는 일은 생각도 할 수 없다는 자네 말 때문일세.

에: 지금도 말을 바꾸지 않겠습니다. 내 말이 틀리지 않다면, 적어도 저 자녀들이 말을 할 줄 아는 사람들 사이에서 태어났다는 사실은 당신도 수긍할 것입니다.

아: 그 점은 부정하지 않겠네. 하지만 그런 사람들이 있을 수 있다는 점

nullos tales homines esse posse, quaeso cogites, si ex hoc genere mas et femina iungerentur atque in aliquam quocumque casu delati solitudinem, ubi tamen vivere valerent, gignerent filium non surdum, quemadmodum esset cum parentibus iste locuturus?

E. Quemadmodum censes, nisi ut parentes ei dabant, ita gestu signa redditurum? Sed tamen puer parvus ne hoc quidem posset. Quare illa ratio mea manet integra. Quid enim refert, utrum loqui an gestum facere crescendo adsequatur, cum ad animam utrumque pertineat, quam fateri nolumus crescere?

32. A. Iam mihi videris etiam, cum in fune quisque ambulat, ampliorem credere hunc habere animam quam eos, qui id facere nequeunt.

E. Hoc aliud est. Quis enim hoc non videat esse artis?

A. Cur, obsecro, artis? an quia didicit?

E. Ita vero.

A. Quare tibi ergo etiam, si aliud quisque discat, non artis videtur?

---

170 말을 하거나 배우는 일은 줄타기처럼 '기술의 습득'이지 '영혼의 성장'에 돌릴 것이 아니라는 반문이다.

171 고대로부터 '습득'(apprehensio)을 자연 본성(natura, φυσίς)에서 유래하는 것과 후차적으로 익힌 학예(ars, νομός)로 나누어 고찰하는 사고방식이 있었다.

은 자네와 나 사이에 분명하다네. 그리고 생각을 해 보게. 저렇게 벙어리에다 귀머거리인 남자와 여자가 맺어졌고, 우연히 어떤 외딴곳에다 둘을 데려다 놓았고, 그곳에서만 살아갈 수 있었는데, 귀머거리 아닌 아들을 거기서 낳았다고 치세. 그럴 경우에 그 아이가 무슨 수로 부모와 말을 나눌 수 있겠나?

에: 부모들이 그에게 보여 주는 시늉을 동작으로 해 보이는 것 외에 무슨 수가 있다고 보십니까? 하지만 아주 어려서는 그것마저 할 능력이 없습니다. 그러니 나의 저 논지는 그대로 살아 있습니다. 말을 하든지 동작을 하든지 — 둘 다 영혼에 해당하는 이상 — 자라면서 그 두 가지를 습득한다는 사실과 영혼이 나이에 따라 성장하는 것은 아니라는 사실 사이에 무슨 상관이 있습니까?

우리는 학예로 성장하는가, 자연 본성으로 성장하는가

18.32. 아: 자네는 밧줄 위를 걷는 광대가 그런 일을 못하는 사람들보다 훨씬 폭넓은 영혼을 가지고 있다고 믿고 싶어 하는 것처럼 보이네.

에: 그건 딴 얘깁니다. 그게 기술의 문제라는 것을 누가 모르겠습니까?[170]

아: 왜 기술의 문제인가? 배웠기 때문이 아닌가?

에: 그야 그렇지요.

아: 그러니까 누가 딴 것을 배운다면 그것도 기술의 문제로 여겨지지 않던가?

에: 분명 그렇습니다. 무엇이든지 배우는 것은 기술의 문제임을 부정하지 않겠습니다.[171]

아: 그러면 저 아이도 부모한테서 행동거지를 배우지 않았던가?

E. Plane quicquid discitur, artis esse non nego.

A. Non ergo ille didicit a parentibus gestum facere?

E. Didicit sane.

A. Oportet igitur et hoc non animae crescendo amplioris, sed imitatoriae cuiusdam artis esse concedas.

E. Non possum hoc concedere.

A. Ergo non omne quod discitur artis est, quod nunc concesseras.

E. Artis omnino.

A. Non ergo ille didicit gestum, quod item non minus dederas.

E. Didicit, sed hoc non est artis.

A. Atqui tu paulo ante dixisti artis esse quod discitur.

E. Age, iam concedo et loqui et gestum facere eo, quod ea didicimus, artis esse. Tamen aliae sunt artes, quas, dum in alios intendimus, discimus, aliae, quae a magistris nobis inseruntur.

A. Quas tandem istarum putas animam ex eo, quod amplior fiat, adipisci? anne omnes?

E. Non omnes puto, sed illas superiores.

A. Nonne tibi ex hoc genere videtur in fune ambulare? Nam et hoc videndo, ut arbitror, qui id faciunt adsequuntur.

E. Ita credo. Sed tamen non omnes, qui haec spectant et magno

---

172 imitatoria ars: 기술의 근간은 '모방'이다. "모방이 중대하다고 기술을 배제해 버려서는 안 된다. 모방을 통해서 무엇을 습득하면 기술이 된다, 모든 기술이 반드시 모방을 통해서 습득한 것이 아닐지라도"(『음악론』*De musica* 1,4,6).

173 illas superiores: '곡예(曲藝) 같은, 저 고급 기술들만' 그렇다는 뜻으로도 해석된다.

에: 물론 배웠습니다.

아: 그럼 그것도 아이가 성장하면서 영혼이 폭넓어진 것이 아니고 모방하는 어떤 기술의 문제[172]라는 점을 자네도 인정하겠네그려?

에: 이 점은 인정할 수가 없습니다.

아: 그럼 배우는 것이 다 기술의 문제는 아니구먼. 그 점은 자네가 방금 수긍했던 얘긴데.

에: 전적으로 기술의 문제입니다.

아: 그럼 저 아이는 그 동작을 배운 것이 아니구먼. 이 점도 자네가 똑같이 수긍했던 얘긴데.

에: 배우긴 배웠습니다. 하지만 기술의 문제는 아닙니다.

아: 하지만 조금 전에 무엇이든지 배우는 것은 기술의 문제라고 자네 입으로 말했는데.

에: 그렇습니다. 말하기와 동작을 하기는 우리가 배웠다는 점에서 기술의 문제라는 점은 이미 수긍합니다. 그러나 다른 사람들이 하는 것을 유심히 지켜보고서 배우는 그런 기술이 다르고 선생이 우리에게 심어 주는 기술이 다릅니다.

아: 그러면 그 기술들 가운데 영혼이 폭넓어지면서 익히는 것이 어느 것이던가? 아니면 모든 기술이 다 그런가?

에: 다 그렇지는 않다고 여기며, 앞서 말한 것들만[173] 그런 것 같습니다.

아: 그럼 밧줄 위를 걷는 것도 전자에 속하는 것으로 보이지 않나? 내가 보기에는 이것도 남들이 하는 것을 유심히 지켜보고서 익히거든.

에: 그렇다고 봅니다. 그러나 이 굿을 구경하고 대단한 열성으로 관찰한다고 해서 누구나 다 익힐 수 있는 것은 아니고 별도의 선생을 두는 사람들만 배울 수 있습니다.

영혼의 위대함 133

studio intuentur, adsequi possunt, sed qui huius rei magistros patiuntur.

A. Bene sane dicis; nam hoc tibi etiam de locutione responderim; multi enim Graeci et aliud linguae genus crebrius nos loquentes audiunt quam funiambulum spectant; qui ut linguam nostram discant, quemadmodum nos, cum ipsorum nosse volumus, saepe magistris traduntur. Quae cum ita sint, miror, cur animae incrementis tribuere velis, quod loquuntur homines, quod autem in fune ambulant, nolis.

E. Nescio quomodo ista confundis. Nam qui ut linguam nostram discat magistro traditur, novit aliam quandam suam, quam eum, quod eius anima creverit, puto didicisse; cum autem discit alienam, non ampliori animae, sed arti tribuo.

A. Quid? si ille, qui inter mutos natus atque altus est, sero ac iam iuvenis in alios homines incidens loqui didicisset, cum aliam linguam nullam nosset, eo tempore putares animam eius crevisse, quo loqui didicerat?

E. Numquam istuc ausim dicere; et iam cedo rationi nec puto amplioris animae argumentum esse, quod loquimur, ne et alias omnes artes cogar fateri crescendo animam consecutam. Quod si dixero, illud sequetur absurdum, decrescere animam, cum quidque obliviscitur.

아: 말 잘했네. 나 같으면, 말하기를 두고도 자네한테 똑같은 대답을 내놓겠네. 그리스인들이나 우리 언어와 다른 언어를 쓰는 종족들은 우리가 라틴어로 말하는 광경을 자주 접할 걸세. 밧줄 위를 걷는 광대를 구경하는 일보다 우리가 말하는 모습을 더 자주 대하리라는 뜻일세. 하지만 그들이 우리말을 익히려면, 우리가 그들의 언어를 배우려면 그렇게 하듯이, 교사들에게 맡겨지네. 사실이 그렇다면, 밧줄 위를 걷는 일은 자네가 영혼의 성장에 돌리기 싫어하면서 사람들이 말을 하는 일은 영혼의 성장에 돌리고 싶어 하는 이유가 무엇인지 내게는 퍽 궁금하네.

에: 어떡하다 당신이 이 둘을 혼동하는지 나로서는 알지 못하겠습니다. 우리말을 배우려고 교사에게 가는 사람은 이미 자기 말을 따로 알고 있고, 그 말은 그의 영혼이 성장하면서 배운 것이라는 게 내 생각입니다. 그래서 나는 다른 나라 말을 배우는 일은 성장하는 영혼에 돌리기보다 기술에 돌리는 것입니다.

아: 그래? 그럼 저 벙어리들 사이에서 태어나고 자란 사람이 다 큰 젊은이가 되어 다른 사람들을 만나게 되고 그래서 말하기를 배운다고 하세. 그가 따로 어떤 말을 전혀 알지 못하는 터에, 말하기를 배우는 그동안에 그의 영혼이 성장했다고 생각할 작정인가?

에: 감히 그런 말은 절대 않겠습니다. 당신이 내세우는 논지에 승복하겠습니다. 우리가 말을 하는 것은 영혼의 성장을 보여 주는 논거라는 생각도 하지 않겠습니다. 그렇게 하지 않았다가는 다른 모든 기술마저도 영혼이 성장하면서 습득한다고 자백하는 처지로 몰릴 것 같습니다. 만일 저런 말을 했다가는 우리가 무엇인가 망각할 적마다 영혼이 위축된다는 터무니없는 결론이 따라올 테니까요.

XIX 33. A. Bene intellegis et verum ut audias, recte dicitur anima discendo quasi crescere et contra minui dediscendo, sed translato verbo, ut superius ostendimus. Tantum illud cavendum est, ne quasi spatium loci maius occupare videatur, dum dicitur crescere, sed maiorem quandam vim peritior quam imperitior habere ad agendum. Magni tamen refert, qualia sint illa ipsa quae discit, quibus quodammodo videtur augeri. Nam ut in corpore tria sunt genera incrementorum, unum necessarium, quo naturalis convenientia impletur in membris, alterum superfluum, quo a ceteris membris integra valetudine augendo aliquid discrepat, per quod interdum evenit, ut senis digitis nascantur homines, et pleraque alia, quae, cum praeter consuetudinem nimia sunt, monstruosa numerantur, tertium noxium, quod cum accidit, tumor vocatur – nam etiam sic membra crescere dicuntur et re vera locum occupant ampliorem, sed expugnata bona valetudine –, ita in animo quaedam quasi naturalia incrementa sunt, cum honestis et ad bene beateque vivendum adcommodatis disciplinis augeri dicitur. Cum vero ea discimus, quae mirabiliora quam utiliora sunt, quamquam nonnullis rebus plerumque opportuna, supervacanea tamen et de illo secundo genere numeranda

---

174 본서 16,30 참조.
175 translato verbo: '성장하다'(crescere: 본뜻 '굵어지다')는 동식물에 해당하는 동사인데 '배우다'(discere)에 쓰임은 전의법(translatio)이다.
176 교부는 괴물들의 예를 들어 인류의 단일 조상설을 비웃는 사람들에게 반론을 펴기도 한다(『신국론』 16,8,2).

성장의 세 종류

19.33. 아: 자네는 얘기를 잘 알아듣는구먼. 그리고 자네가 진짜 얘기를 듣자면, 배움으로써 영혼이 성장하는 것과 비슷하고, 그와 반대로 배운 것을 잊어버림으로써 위축된다는 말은 맞네. 하지만 이것은 우리가 조금 전 입증한 대로[174] 전의적轉義的 어법으로[175] 하는 말일세. 그러면서도 '성장한다'는 말을 할 적에는 마치 영혼이 더 큰 공간을 점유하는 것처럼 보이지 않게 조심해야 하네. 오히려 무슨 행동을 하는 데 더 능숙한 사람이 덜 능숙한 사람보다 더 큰 능력을 갖추었다는 뜻으로 알아들어야 하네. 그런데 배우는 일로 어느 면에선가 불어나는 것처럼 보이는데, 과연 배우는 내용이 도대체 무엇인가도 상당히 중요하지. 왜 그러냐 하면 신체에도 세 가지 종류의 성장이 있기 때문일세. 하나는 필수必須의 것으로, 신체의 지체들에 자연스러운 조화가 충만해지는 일이네. 다른 하나는 잉여剩餘의 것으로, 여타의 지체들로 온전한 건강이 이루어지는데 거기에 어울리지 않는 무엇이 덧붙는 경우로서, 사람이 육손이로 태어난다든가 그 밖에도 많은 사례가 있듯이, 정상과는 달리 너무 많은 것이 생겨서 괴물처럼 늘어나는 일이 생기는 경우네.[176] 세 번째는 해악害惡의 것으로, 종양腫瘍이라고 부르는 것이 생겨나는 경우일세. 그것으로 지체들이 자라고 더 넓은 공간을 차지하게 되지만 그것은 좋은 건강을 망치지. 그와 마찬가지로 영혼에도 자연스러운 성장이 있으니 선량한 학문, 선하고 행복하게 사는 데 적합한 학문을 통해서 무엇이 증대된다고 할 경우네. 우리가 유익하기보다 신기한 것을[177] 배우게 된다면, 몇몇 사안에서는 아주 적절할지 모르지만 너무 많아서 불필요한 경우는 두 번째 종류에 꼽아야 할 것일세. 바로가 그런 말

---

177 mirabiliora quam utiliora: 아우구스티누스가 진리 탐구보다 호기심으로 학문하는 자세를 지적할 때 쓰는 표현이다.

sunt. Non enim, si quidam tibicen, ut Varro auctor est, ita populum delectavit, ut rex fieret, ideo animum nostrum illo artificio augendum putare debemus, quia nec maiores quam humani sunt, dentes habere vellemus, si audissemus a quopiam, quod tales habuerit, morsu hostem necatum. Noxium vero illud est genus artium, quo animi valetudo sauciatur; nam et odore ac sapore mire diiudicare pulmenta et quo lacu piscis captus sit vel quotenne vinum sit, nosse dicere quaedam est miseranda peritia; et his artibus cum quasi crevisse anima videtur, quia neglecta mente defluxit in sensus, nihil aliud quam tumuisse vel etiam contabuisse iudicanda est.

XX 34. E. Accipio ista et adsentior; nec tamen nihil angor ex eo, quod imperita omnium rerum et bruta est anima, quam in puero recens nato, quantum licet, inspicimus. Cur enim nullam artem secum adtulit, si aeterna est?

A. Magnam omnino, magnam et qua nescio utrum quicquam maius sit, quaestionem moves, in qua tantum nostrae sibimet opiniones adversantur, ut tibi anima nullam, mihi contra omnes artes secum adtulisse videatur nec aliud quicquam esse id, quod dicitur

---

178 Orpheus 신화를 가리키는 듯하지만 현존하는 Varro의 단편에서는 발견되지 않는다.

179 defluxit in sensus: 동사 de-fluo는 냇물이 물길을 넘어 범람하는 광경을 연상시켜 영혼이 과도하게 감각에 치중함을 암시한다.

을 했지만, 피리 부는 사람 하나가 하도 사람들을 즐겁게 해 주어 왕이 되었다고 하더라도[178] 그런 솜씨로 인해서 우리 영혼이 더 커진다는 생각을 해서는 안 되네. 누가 엄청나게 큰 이빨을 가지고 있어서 그 이빨로 적병을 물어 죽였다는 얘기를 들었다고 해서, 우리도 인간의 치아보다 더 큰 이빨을 가지고 싶다는 마음은 품지 않을 걸세. 더구나 영혼의 건강이 소진되는 그런 종류의 기술은 해로운 부류에 들어가네. 예컨대 냄새와 맛으로 음식을 기막히게 알아내는 재주, 그래서 물고기가 어느 호수에서 잡힌 것인지, 포도주가 어느 포도원에서 나온 것인지 알아맞힌다고 장담하는 기술은 재주치고는 오히려 측은하게 여길 만한 재주일세. 이런 기술로 영혼이 성장하는 것처럼 보일지라도 지성을 소홀하여 감관으로 유입했다면[179] 영혼에는 종양을 일으켰고 괴사시킨 것으로 간주되어야 하네.

배운다는 것을 상기하는 것으로 여기는 경우

20.34. 에: 그 점은 수긍하고 동의합니다. 그렇지만 나를 적이 안타깝게 하는 것은 만사에 미숙하고 우둔한 영혼이 있다는 점이며 그런 영혼을 우리는 갓 태어난 아기에게서 관찰한다는 점입니다. 영혼이 영원하다면 왜 아무런 학예도 갖추지 않은 채로 올까요?

아: 자네는 큰 문제, 정말 큰 문제를 제기하고 있네. 그보다 더 큰 문제가 과연 있는지 나도 모르겠네. 이 문제에서는 우리 견해들이 서로 완전히 상반되네. 자네에게는 영혼이 아무 학예도 갖추지 않고 오는 것으로 보이는가 하면, 내게는 모든 학예를 다 갖추고 오므로 '배운다'고 말하는 것은 오직 '기억하고 상기한다'는 것 외에 다른 것이 아니라고 보이네.[180]▶ 하지만 그것이 실제로 그런지 따지는 일은 이 시간에 할 일이 아니지 않은가

discere, quam reminisci et recordari. Sed vide, ne huius temporis non sit, utrum ista habeant ita sese, requirere. Nunc enim agimus, ut adpareat, si potest, non eam secundum loci spatia parvam magnamve nominari; aeternitatem autem eius, si ulla est, opportune scrutabimur, cum illud quod quartum posuisti: 'Cur corpori fuerit data', quantum fas est, tractare coeperimus. Quid enim ad talem eius quantitatem adtinet, semperne an non semper fuerit futurave sit aut quod nunc perita nunc imperita est, cum et longum tempus ne corporibus quidem adferre magnitudinis causam superius probaverimus et peritiam notissimum sit posse nullam adesse crescentibus ac saepe senescentibus opportunam esse multaque alia dicta sint satis, ut opinor, ad demonstrandum non cum magnitudine corporis, quam aetas adfert, etiam animam fieri ampliorem?

XXI 35. Quare videamus, si placet, illud alterum argumentum tuum quale sit, quod per totum spatium corporis tactus sentitur ab

---

◂180 『재론고』 1,8,2에서는 상기설(想起說)이 영혼의 선재를 의미하지 않음을 밝힌다. "마치 영혼이 이미 이승에서 다른 육체에 깃들어 살았다거나, 육체 속에서든 육체 밖에서든 다른 곳에서 살았다거나, 그래서 이승에서 배우지 않았을지라도 전생에서 배운 바 있었으므로 질문을 [제대로 하면] 답변을 하는 것이라는 뜻으로 받아들여서는 안 된다." 초기 저서(『독백』 2,20,25; 『서간집』 7,1.2)에서 같은 내용이 언급된다.

181 그러면서도 자기가 상기설과 유사한 주장을 하는 까닭을 "영혼이 본성적으로 가지적일뿐더러, 가지적 사물들과만이 아니고 불변하는 사물들과도 결속되어 있기 때문이다. 영혼은 그런 차원에 만들어져 있어서 … 그런 사물들을 [직관적으로] 보는 한도 내에서 그런 사물들에 관해서 참된 답변을 내놓는다"(『재론고』 1,8,2)고 해명한다.

보게나.181 지금 우리가 따지고 있는 일은 영혼이 공간상의 부피로182 작다 거나 크다고 언명할 수 있느냐는 점을 밝히는 일일세. 영혼의 영원성은, 만일 그런 것이 존재한다면,183 적절한 기회에, 자네가 제기한 네 번째 질문, 곧 영혼이 '왜 신체에 주어졌느냐?'는 질문을 힘닿는 대로 다루기 시작할 임시에 우리가 상론할 참이네.184 말하자면, 영혼이 항상 존재하는지, 항상 존재하지 않는지, 아니면 미래에는 항상 존재할 것인지, 이제는 능숙했다가 저제는 능숙하지 못했다 하는 것인지 하는 문제가 영혼의 크기에 무슨 상관이 있겠는가? 시간의 길이가 신체에도 크기를 설명하는 원인이 되지 않는다는 사실은 앞에서 우리가 입증하였네.185 또 성장하는 사람들에게서도 능숙함이 전혀 발견되지 않을 수 있다는 것도 아주 분명할뿐더러, 오히려 노쇠해 가는 사람들에게서 적절한 능숙함이 자리 잡고 있음도 아주 분명하지. 이런 얘기나 달리 말한 여러 가지 내용이 거론되어, 나이가 초래하는 신체의 크기와 더불어 영혼이 반드시 폭넓어지는 것은 아님을 입증하는 데 동원된 것으로 보이네.

신체의 힘이 커지는 것은

21.35. [아:] 그러니 자네가 괜찮다면 자네가 제기한 딴 논제를 살펴보세. 말하자면, 영혼은 일체의 공간을 가지지 않기를 우리가 바라면서도 영혼이 과연 신체의 공간 전체를 통해서 촉각을 감지하느냐는 문제 말일세.186 ▶

---

182 secundum loci spatia: 해답은 potentia vel vi('능력 내지 위력으로')라고 나온다.
183 앞선 저작(『영혼 불멸』)의 주제도 영혼의 '불멸성'이지 '영원성'은 아니었다. 영혼의 학습과 망각으로 미루어, 교부에게 영혼이 영원한 사물은 아니다.
184 본서 1,1에서 제기되었지만 실제로 본서에서 '영혼의 영원성'은 다루지 않은 채 끝난다.
185 본서 17,29 참조.

anima, quam spatii nullius esse volumus.

E. Sinerem iam ad illud transiri, nisi de viribus dicendum aliquid arbitrarer. Quid est enim hoc, quod auctiora per aetatem corpora vires praebent animae ampliores, si cum his amplior non fit anima? Quamquam enim virtus animae, vires autem corporis putari soleant, numquam tamen ab anima eas abiudicaverim, cum videam in exanimis corporibus nullas esse. Per corpus quidem viribus, sicuti sensibus, uti animam non negandum est; tamen quando ista sunt viventis officia, quis haec dubitaverit ad animam potius pertinere? Cum igitur maiores vires in pueris grandiusculis quam in infantibus esse videamus ac deinde adulescentes iuvenesque in dies viribus praestent, donec rursus corpore senescente minuantur, non leve, quantum mihi videtur, crescentis cum corpore ac deinde senescentis animae indicium est.

36. A. Non usquequaque absurdum est quod dicis. Sed ego vires non magis in amplitudine corporis aetatisque incrementis quam in exercitatione quadam et conformatione membrorum esse soleo putare; id adeo ut tibi probem, quaero abs te, utrum alium alio perti-

──────────
◀186 본서 15,26에서 제기되었다.

187 virtus(위력)는 원래는 '사내다움'이지만 '덕성', '정신력'으로 전용되고 vis(기력)은 '힘'인데 '체력', '폭력', '권력'으로 전용된다.

에: 그냥 남아서 영혼의 기력에 관해서 무슨 말을 해야 한다는 생각만 들지 않는다면야 순순히 그 주제로 넘어가겠습니다. 신체로 인해서 영혼이 더 폭넓어지는 일이 없다면, 나이 들면서 불어난 몸이 영혼에 더 폭넓은 기력을 부여하는 것은 어떻게 된 일입니까? 위력威力은 영혼의 것이고 기력氣力은 신체의 것으로 간주되는 것이 예사이긴 하지만[187] 영혼에서 기력이라는 것을 전적으로 부정하지는 못합니다. 혼이 나간 신체에는 아무런 기력도 존재하지 않음을 내 눈으로 보는 까닭입니다. 영혼이 신체를 통해서 감관을 이용하듯이, 영혼이 신체를 통해서 기력을 쓴다는 사실을 부인하면 안 됩니다. 기력을 쓰는 일이 생명체의 기능이라고 하더라도, 그 일이 신체보다는 영혼에 귀속된다는 점을 누가 의심하겠습니까? 어린 아기 적보다도 몸집이 불어난 아이에게 더 큰 기력이 있음을 우리 눈으로 보며, 또 소년들과 청년들은 나날이 기력이 넘치는 모습을 보고, 또 그러다가 몸이 다시 노쇠하여 기력이 줄어듦을 보게 됩니다. 내 보기에는 이것이 그 기력이라는 것이 몸과 함께 성장하고 그다음에는 노쇠해 가는 영혼의 것이라는 징후, 결코 가볍지 않은 징후입니다.[188]

단련을 통해서다

21.36. 아: 자네가 하는 말이 전적으로 모순은 아닐세. 그러나 나는 기력이라는 것은 지체의 단련과 균형에 있다기보다는 신체의 크기나 나이의 성장에 있다는 생각은 보통 안 하네. 이 점을 증명하는 뜻에서 자네에게 묻겠네. 누가 남보다 더 앞질러 걷고도 덜 지친다면 그가 기력이 더 센 사람이라고 보나?

---

188 앞의 각주 145 참조.

nacius ambulare ac minus defatigari maiorum virium esse arbitreris?

E. Ita sentio.

A. Cur ergo puer multo amplius itineris conficiebam sine defectu, cum aucupandi studio in ambulando exercerer, quam adulescens, cum me ad alia studia, quibus sedere magis cogebar, contulissem, si accedenti aetati et per hanc animae crescenti vires ampliores tribuendae sunt? Deinde in ipsis luctatorum corporibus palaestritae non molem ac magnitudinem, sed nodos quosdam lacertorum et destrictos toros figuramque omnem corporis sibi congruentem peritissime inspiciunt et hinc potius argumenta virium conligunt. Quae tamen omnia parum valent, nisi vis artis et exercitationis accedat. Saepe etiam visum est ingentis corporis viros ab exiguis brevibusque superari vel in movendis vel in ferendis ponderibus vel in ipso etiam luctamine. Nam olympionicum quemlibet lassari citius in itinere quam circumforanum aliquem mercatorem, qui uno illius digito conlidi possit, cui est incognitum? Quare si et ipsas vires non peraeque omnes, sed alias ad aliud aptiores magnas vocamus et corporum lineamenta magis et figurae quam magnitudines valent plurimum et si exercitationes tantum adferunt, ut celeberrime creditum sit hominem tollendo cotidie vitulum parvum egisse, ut eum etiam taurum sine sensu maioris oneris, quod paula-

---

189 circumforanus 또는 circumforaneus: 어원상 circum + forum(어원: '시장을 돌아다니는').

에: 그렇다고 봅니다.

아: 그럼 내가 아이 적에 새를 잡겠다는 생각에 그렇게나 먼 길을 쏘다니면서도 왜 지칠 줄을 몰랐을까? 뒷날 소년이 되어 다른 공부에 몰두하느라 어쩔 수 없이 의자에 더 오래 앉아 있지 않을 수 없었을 때보다 덜 지친 이유가 무엇일까? 나이가 들면서 그에 따라서 영혼은 성장하고 그런 영혼에 더 큰 기력을 부여해야 한다는 것이 자네 얘긴데 말일세. 그리고 씨름을 가르치는 사범들은 선수들의 몸에서 덩치나 크기를 보는 것이 아니고 팔뚝의 알통과 단단한 근육과 서로 어울리는 신체의 형태 등을 전문가답게 예리하게 살펴보네. 그리고 바로 이런 측면에서 체력의 바탕을 평가하는 법이네. 하지만 이런 것들마저도 기술과 단련에서 오는 기력이 보태지지 않으면 별 가치가 없네. 거대한 몸집을 가진 사내들이 동작에서나 무거운 것을 들거나 씨름에서 호리호리하고 키가 작은 사람들에게 지는 경우를 자주 보았네. 올림픽 선수가 걷는 데서는 장돌뱅이[189]보다 훨씬 빨리 지쳐 버리는 것을 누가 모르나? 싸움으로 말하자면, 후자는 전자의 손가락 하나로 제압을 당하고 남을 텐데도 말일세. 그러니까 기력이라고 하더라도 우리가 모든 기력을 두고 똑같이 취급하는 것은 아니고 어떤 기력이 어떤 일에 더 적합하냐에 따라서 대단한 기력이라고 일컫네. 또 많은 경우에 신체의 특징과 형태가 체구보다는 기력을 더 발휘한다고 하세. 그리고 훈련이 가져오는 결과를 꼽는다면, 어떤 사람이 조그마한 송아지를 매일 들어 올리면서 훈련을 하였는데 송아지 무게가 조금씩 늘다 보니까 막상 다 큰 황소가 되어서도 무게가 늘었다는 느낌 없이 번쩍 들어 올린 채 버텼다는 저 유명한 얘기를[190]▶ 사람들이 믿는다고 하세. 그렇다면 나이가 많아

tim addebatur, tollere ac sustinere posset, nequaquam amplioris aetatis vires cum corpore animam crevisse significant.

XXII 37. Quod si amplius aliquid animalium maiora corpora eo ipso, quo maiora sunt, habent virium, illa causa est, quod lege naturae cedunt pondera minora maioribus non modo, cum ad proprium locum suopte nutu feruntur, ut umida et terrena corpora in ipsius mundi medium locum, qui est infimus, rursus aeria et ignea sursum versus, sed etiam cum aliquo tormento aut iactu aut impulsu aut repulsu, eo quo non sponte ferrentur, vi aliena ire coguntur. Nam si ex alto dimiseris, quamquam simul, duos lapides disparis quantitatis, citius quidem maior terrae pervenit; sed si ei minor subiciatur eoque inevitabiliter occupetur, cedit profecto simulque in solum deducitur. Item si deicitur desuper maior, minor autem contra sursum versus iacitur, ubi obviam venerint, repercussio minoris et ret-

◀190 퀸틸리아누스(『웅변 교육론』*Institutio oratoria* 1,9,5)의 글에 "크로톤의 밀로는 송아지를 번쩍 들어 올리던 버릇으로 황소를 들어 올렸다"(Milo, quem uitulum adsueuerat ferre, taurum ferebat)는 예문이 나온다.
191 사물의 자연 본성에 따라, 4원소에 따라 존재계에서 일정한 위치를 차지하고 일정한 방향으로 움직인다는 것은 자연철학자들의 일관된 주장이었다. 키케로 『투스쿨룸 대화』 1, 17,40.
192 in mundi medium locum qui est infimus: 지구를 중심으로 천체가 운행한다는 우주관에서 지구의 중심은 비중(比重)으로는 가장 낮은 곳에 해당한다.
193 타력에 의한 움직임을 아리스토텔레스는 '당기기', '떠밀기', '던지기', '때리기'로 꼽는다(『물리학』*Physica* 243a).
194 과학적 낙하(落下) 실험이 없었던 때여서 아우구스티누스는 일반 속설을 따르고 있다.

지면서 기력이 세어진다는 얘기가 영혼이 신체와 더불어 성장한다는 의미는 아닐세.

신체의 기력은 충격으로도 커진다

22.37. [아:] 동물들 가운데 몸집이 더 큰 놈이, 더 크다는 사실로 인해서 더 센 기력을 가지는 데는 다음과 같은 연유가 있네. 자연의 법칙에 의해서 무게가 더 작은 것은 더 큰 것한테서 물러서게 되어 있는데 이것은 사물마다 자기의 고유한 위치로 자발적으로 옮겨지는 까닭일세.[191] 예를 들자면, 습하고 흙으로 된 물체는 세계의 가장 낮은 중심中心을 향해서[192] 움직이게 되어 있고, 공기와 불로 된 물체는 위로 향하게 되어 있네. 그뿐이 아니지. 어떤 물체는 투척投擲이나 발사發射나 충격衝擊이나 반동反動으로 인해서, 그러니까 자발적이 아닌 움직임으로, 타력他力에 의해서 강제로 움직여 가기도 하네.[193] 만일 높은 곳에서 두 개의 돌을, 부피가 다른 두 개의 돌을 동시에 손에서 놓는다면 더 큰 것이 더 빨리 지상에 도달한다네. 그렇지만 더 작은 돌을 더 큰 돌 밑에 두고 그 위치를 벗어날 수 없게 하여 떨어뜨린다면 함께 떨어지고 동시에 땅에 도달하네. 그런데 만일 큰 돌을 더 위에서 던져 내리고 작은 돌을 아래서 위로 던져 올리면 두 돌이 마주치는 위치에서 작은 돌이 튕겨 나가고 작은 돌이 뒤로 밀리는 게 필연적이네.[194] 자네 같으면 이런 일이 벌어지는 것은, 작은 돌은 자연 본성에 거슬러 억지로 위로 올라가게 강요하는 짓이고 다른 돌은 자연 본성에 따라 제자리를 향하고 있으므로 더 큰 추동력으로[195] 내려오기 때문이라고 생각할지 모르겠네. 그런 생각이 안 생기게 이렇게 해 보게나. 아래서 위로 큰 돌

---

[195] maiore impetu: '가속도가 붙어서'라는 현대적 번역도 가능하다.

rocessio fiat necesse est. Quod ne ideo accidere putes, quod minor contra naturam in sublimia ire cogebatur, alter vero maiore impetu locum suum petebat; facito, ut maior in superna iaculetur et minori occurrat in terras deiecto: videbis nihilominus repulsum minorem in caelum cogi, sed repercussu ipso cadere in aliam partem, ut qua expeditum est, in ima deferatur. Item si ambo non motu naturali, sed a duobus quasi in campo pugnantibus adversum invicem iacti sibimet in medio spatio complodantur, quis dubitaverit minorem maiori esse cessurum in eam partem, unde ipse et quo ille ferebantur? Quae cum ita sint, id est, cum minora, ut dictum est, pondera maioribus cedant, multum tamen refert, quanto in sese agantur impetu. Nam si maiore impetu minor velut vehementi aliquo tormento emissus infligatur maiori vel laxius iaculato vel iam languescenti, quamvis ab eodem resiliat, retardat illum tamen aut etiam retro agit pro modo ictuum atque ponderum.

38. His praeiactis atque intellectis, quantum praesens negotium postulat, vide nunc eas quae dicuntur in animalibus vires, utrum rationi huic congruant. Nam corpora omnium animalium quis negat suo pondere praedita? Quod pondus nutu animae actum, quo incli-

을 던져서 땅으로 떨어지는 작은 돌과 부딪치게 해 보라는 말일세. 그러면 작은 돌이 한 순간 튕겨져서 억지로 하늘로 밀리기는 하겠지만, 곧 반동으로 땅으로 떨어질 것이네. 단지 원래 방해를 받지 않았더라면 똑바로 떨어졌을 바닥에서 좀 다른 쪽으로 떨어진다는 점만 다름을 자네가 목격할 걸세. 만일 두 돌이 자연스러운 운동에 의해서가 아니고, 그러니까 들판 같은 데서 투포환을 하는 두 선수에 의해서 마주 던져져 한중간에서 맞부딪친다고 하세. 그러면 작은 돌이 큰 돌에 밀리라는 사실, 다시 말해서 작은 돌이 날아오던 방향, 즉 큰 돌이 날아가던 방향으로 밀리리라는 사실을 누가 의심하겠나? 사정이 그렇다고 하더라도, 방금 말한 대로 더 작은 무게가 더 큰 무게에 밀린다면, 얼마나 큰 동력으로 서로 충돌하는지도 상당히 중요하네. 만약 작은 돌이더라도, 더 강력한 투석기에 의해서 투척되는 경우처럼, 더 큰 추진력에 의해서 발사된다고 하세. 그러면 크기는 더하지만 더 완만한 추진력으로 발사되었거나 이미 추진력이 떨어지던 돌과 부딪친다면, 작은 돌이 더 큰 돌에 의해서 튕겨 나가기는 하겠지만, 충격이나 무게에 따라서는 작은 돌도 큰 돌의 속도를 떨어뜨리거나 심지어 큰 돌을 어느 정도 뒤로 밀어내기도 할 것이네.[196]

신체의 힘은 신체의 균형과 영혼의 동의 여부에 따라서 조절되기도 한다

22.38. [아:] 이런 점들을 전제하고 또 인식한 이상, 우리가 토론 중인 현안이 요구하듯이, 이제는 동물들에게 있다고 하는 저 기력들이 이런 논리에 부합하는지 살펴보도록 하게. 모든 동물의 신체가 나름대로 무게를 지니고 있음을 누가 아니라고 하겠나? 어느 쪽으로 기울든 간에 그 무게를

---

[196] 사물의 운동력 곧 추동력(impetus)은 타격의 충동(ictus)과 자체의 중력(pondus)이라는 두 요소에 의해서 좌우된다는 설명이다 (아리스토텔레스 『물리학』 *Physica* 243a).

naverit, multum valet magnitudine propria. Sed nutus animae ad movendum corporis pondus nervis quasi tormentis utitur; nervos autem vegetat mobilioresque efficit siccitas calorque moderatus, contra eos laxat atque infirmat umidus rigor. Itaque somno, quia eum frigidum et umidum dicunt medici et probant, membra languescunt atque ipse expergefactorum conatus multo est debilior ideoque nihil est fractius et enervius lethargicis. At quosdam phreneticos, quibus vigiliae et vini vis et acutae febres, id est tot calida plus nimio nervos tendunt atque durant, maioribus viribus quam integra valetudine reluctari et multa facere manifestum est, cum eorum corpus sit aegritudine adtenuatius et exilius. Si igitur et nutu animae et nervorum quodam machinamento et pondere corporis confiunt eae quae vires vocantur, voluntas nutum exhibet, qui pronior fit spe vel audacia, retunditur autem timore, sed multo magis desperatione – nam in metu cum aliqua spes subest, vehementiores vires adparere adsolent–, machinamentum configuratio quaedam corporis coaptat, temperatio modificat valetudinis, confirmat exercita-

---

197 nutu animae: '영혼의 지시하에서', '영혼의 자발성으로'라는 번역도 가능하다.
198 알크메온(Alcmeon) 이래의 그리스 의학 이론으로 신체의 작용과 건강이 건습온냉(乾濕溫冷) 네 원리에 좌우된다는 설이 전해 왔다.
199 다른 데서도(『영혼 불멸』 14,23) 수면과 정신의 관계를 논한 바 있다.
200 참조: 아우구스티누스 『자유의지론』 2,7,19; 『영혼과 그 기원』*De anima et eius origine* 4,5,6.
201 configuratio corporis: 현대어본에 '신체적 구조', '신체의 복합적 구성', '조화로운 성장' 등 다양한 번역이 시도된다.

움직이는 것은 영혼의 동조同調에 의해서이며,[197] 그 무게는 각 동물의 체구에 크게 좌우되네. 그런데 영혼이 동조하여 신체의 무게를 움직이는 데는 기중기를 쓰듯이 근육을 쓸 테지. 또 근육을 키우고 기민하게 만드는 것은 적절한 건기乾氣와 열기熱氣이고, 정반대로 근육을 이완시키고 약화시키는 것은 습기濕氣와 냉기冷氣일세.[198] 의사들은 수면이라는 것을 냉하고 습한 것이라고 말하고 또 그렇다고 입증하는데,[199] 수면으로 인해서 사지가 이완되므로, 잠에서 막 깬 사람들이 사지를 움직이려는 시도는 아주 미약하며, 따라서 혼수상태에 빠진 사람들만큼 늘어지고 무기력한 경우가 도무지 없을 지경이네.[200] 그런가 하면 정신착란을 앓고 있는 어떤 사람들을 보면, 여러 날 잠을 못 자 깨어 있거나 술기운이나 심한 고열로 인해서, 다시 말해서 전신이 열기熱氣를 띠고 있어서 근육을 지나치게 긴장시키고 경직시키며, 그래선지 본인의 몸뚱이야 질병으로 마르고 가늘어졌음에도, 온전한 건강 상태에서보다 훨씬 큰 기력을 발휘하여 몸부림을 쳐 대고 많은 짓거리를 해냄이 분명하네. 기력이라 일컫는 것이 영혼의 동조에서, 근육에서 오는 일종의 기계적 동작에서, 또 체중에서 온다고 하세. 그렇다면 의지意志야말로 바로 그런 동조를 제공하는 것이며, 희망이 있고 무모한 용기가 있으면 그런 동조가 더욱 신속해지고, 두려움이 생기면 망설여지고, 더구나 절망이 오면 더욱 위축되네. (하기야 겁을 먹고 있더라도 어떤 희망이 뒷받침하면 훨씬 격렬하게 기력을 발휘하는 것이 예사일세.) 근육에서 오는 기계적 동작 역시 신체의 모모한 균형[201]이 조종하고, 적정한 건강 상태[202]가 조절하며, 근면한 훈련이 이를 강화하고, 사지의 덩치가 무게를 주네. 그 몸집이야 나이와 섭생이 마련해 주지만 그 회복은 영양 섭취

---

202 temperatio valetudinis: 현대어본에 '알맞은 건강', '균형 잡힌 건강', '정상적인 건강'으로 번역된다.

tionis industria, pondus dat moles membrorum, quam aetas et nutrimenta comparant, instaurant autem sola nutrimenta. His omnibus qui aequaliter praevalet, mirandus est viribus et tanto est alius alio invalidior, quanto plus eum ista deficiunt. Fitque saepe, ut pertinaci nutu, meliore machinamento alius, quamvis parvum pondus corporis egerit, alium maiore mole praeditum vincat. Rursusque nonnumquam tanta moles est, ut, etiamsi imbecilliore nisu agatur, opprimat tamen parvum adversarium multo vehementius innitentem. Cum vero non pondus corporis nec moderatio nervorum, sed nutus ipse, id est animus cedit, ut omnino valentior ab omnimodo invalidiore, sed tamen timidior ab audaciore superetur, nescio, utrum viribus adtribuendum sit. Nisi quis dicat habere suas quasdam vires animam, quibus ei maior audacia vel fiducia pariatur; quae cum alteri adsunt, desunt alteri, tunc intellegitur, quantum animus corpori suo etiam in eo, quod per corpus agitur, antecellat.

39. Quamobrem cum infanti puero solus ad trahendum aliquid vel repellendum nutus sit integer, nervi autem et propter recentem minusque perfectam confirmationem inhabiles et propter umorem, qui illi aetati exuberat, marcidi et propter nullam exercitationem

---

[203] animus per corpus agitur: 다음 장절에서도 신체의 작용에서 영혼[정신]의 주도력 (nutus)을 강조하는 데 이 원리가 전제된다.

뿐이네. 이 모든 여건을 균등하게 갖춘 사람은 놀랍게 기력을 발휘하는 데 비해서, 이런 것들이 결핍될수록 사람은 그만큼 남보다 허약하지. 그래서 어떤 사람은 과감한 의지력과 더 민첩한 동작으로 인해서, 체중이 적은데도 훨씬 큰 체구를 갖춘 사람을 이기는 일이 자주 생기네. 그런가 하면 누구는 하도 거대한 몸집을 지녔기 때문에 비록 노력이 적더라도, 또 체구가 작은 상대방이 훨씬 완강하게 대들어도 상대를 제압하곤 하지. 하지만 몸의 무게와 근육의 조절이 아니고 오히려 의지력, 다시 말해서 정신에 밀려버리는 경우가 있네. 모든 면에서 더 센 사람이 모든 면에서 뒤진 사람에게 져 버리는 수가 있는데, 이것은 겁이 많은 사람이 더 저돌적인 사람에게 지는 셈인데 이것을 과연 기력에 돌려야 할지는 나도 모르겠네. 혹자는 영혼이 나름대로 기력을 가지고 있다고, 그리고 그 기력에서 저돌성과 자신감이 나온다고 말하는 경우라면 모르겠지만. 그럴 경우, 그런 자신감과 저돌성이 후자에게는 있는데 전자에게는 없다는 말이 되겠구먼. 그렇다면 영혼이 자기 신체보다 얼마나 월등한지 납득이 되네. 영혼이 신체를 통해서 작용한다는[203] 점에서 말일세.

그런 현상은 소년기에도 나타난다

22.39. [아:] 갓난아이에게서 자발성이 온전한 경우는 무엇을 밀고 당기는 데뿐이네. 근육으로 말하자면 갓 형성되고 덜 완성된 탓으로 미숙하고, 그 나이에는 과도한 습기濕氣로 인해서 나른하며, 아무런 훈련을 쌓지 않았으므로 유약하고, 체중이 아직까지 보잘것없어서 타자에게서 밀리더라도 심한 압박을 주지 못하고, 남을 귀찮게 한다기보다는 남에게서 당하는 편이지. 이렇게 어린이에게 결여된 것들 전부를 나이가 보충하는 것을 보

languidi, pondus vero adeo sit exiguum, ut ne ab alio quidem impactum graviter urgeat, opportuniusque sit ad accipiendam quam ad inferendam molestiam: quis est qui, cum haec omnia, quae desunt, contulisse annos viderit viresque per eos datas cognoverit, crevisse animam, quae his in dies amplioribus utatur, recte ac prudenter existimet? Potest enim iste, si ab aliquo iuvene, quem velamine interposito non conspiciat, parvos ac leves calamos laxo arcu, quantum potest, iaculatos viderit non longe ire moxque recidere ac post paululum sagittas iam ferro graves, pennulis vegetas, nervo intentissimo emissas caelum remotissimum petere fidesque facta fuerit pari conatu hominis utrumque esse factum, crevisse illum tantillo tempore atque auctum viribus arbitrari. Quo quid dici potest perversius?

40. Deinde si anima crescit, vide quam sit inscitum incrementa eius de viribus corporis credere, de copia doctrinarum non credere, cum illis solum adcommodet nutum, hoc sola possideat. At si crescere animam putamus, cum additur viribus, minui putanda est, cum demitur. Demitur autem in senecta, demitur in labore studiorum; atque his temporibus doctrinae adgerari atque exstrui solent neque ullo modo eodem tempore simul augeri quicquam et minui potest.

---

204 따라서 기력의 증대는 영혼의 성장보다는 체력의 향상일 뿐이라는 결론을 내리게 된다.
205 신체의 기력에는 영혼이 '조종력의 행사'(adcommodet nutum)에 그치지만 풍부한 지식은 영혼의 단독 소유(sola possideat)임을 구분한다.

고서 나이가 기력을 기르는 점도 인지할 만하지만, 그렇다고 나이만큼 영혼이 성장한 것이라고 여길 사람이 누가 있겠으며, 어떻게 저런 생각을 옳고 현명하다고 하겠나? 오히려 나날이 강화되는 그런 기력을 영혼이 사용하고 있는 터에 말일세. 어떤 젊은이가 활을 쏘는데 사이에 장막이 쳐져 있어서 이쪽에서 그 젊은이를 볼 수 없다고 하세. 활이 한껏 느슨해져 있어서 갈대로 만든 가느다랗고 가뿟한 화살들임에도 시위를 떠나서 멀리도 못 가고 바로 땅에 떨어지는 장면을 보았다고 하세. 그런데 조금 뒤에는 쇠로 만든 묵직한 화살들이 깃털이 박혀 기운찬 소리를 내면서 팽팽한 시위를 떠나서 까마득한 하늘로 날아가는 것을 목격하였다고 하세. 만일 한 사람이 똑같은 힘을 썼는데 그 두 가지 장면이 일어났다고 믿게 만든다면, 그 짧은 시간 간격에 그 젊은이가 갑자기 장성하여 힘이 늘었다고 믿을 걸세. 그보다 터무니없는 얘기가 세상에 어디 있겠나?[204]

그러므로 영혼은 신체와 더불어 성장하는 것이 아니다

22.40. [아:] 그러고도 만일 영혼이 성장한다손 치더라도 영혼의 증대가 신체의 기력으로부터 나온다고 믿고서 학식의 풍부함에서 유래한다고 믿지 않는 일이 얼마나 무식한 짓인지 보게. 왜 그런가 하면 전자에 영혼이 미치는 바는 단지 조종력의 행사임에 비해서 후자를 소유하는 것은 홀로 영혼이기 때문이네.[205] 더구나 기력이 보태질 적에 영혼이 성장한다고 우리가 생각한다면 기력이 떨어질 적에는 영혼이 줄어든다고 생각해야 하네. 지식이라는 것이 사람이 늙어도 줄고, 공부하는 고생이 심해도 줄고, 단지 요즘같이 지식이 늘어나고 쌓이는 게 예사롭다 한다니, 한 가지 사물이 동시에 늘었다 동시에 줄었다 하는 일은 결코 불가능할 걸세.[206]▶ 그러므로 나이가 늘면서 기력이 커진다는 사실은 영혼이 성장한다는 논거가

Nullum igitur crescentis animae argumentum est vires in maiore aetate maiores. Multa alia dici possunt. Sed si tibi iam satisfactum est, modum adhibeo, ut ad alia transeamus.

E. Mihi vero satis persuasum est maiores vires non ex eo esse, quod anima creverit. Nam, ut alia omittam, quae abs te subtiliter dicta sunt, insania et morbo corporis animam crescere, cum ipsum corpus minuatur, ne ipse quidem phreneticus dixerit, cui vires multo ampliores quam sano esse solent, nemo nescit. Unde mihi maxime videtur in nervis esse omne quod miramur, cum praeter spem vires in quopiam reperiuntur. Quare, oro, adgredere iam illud, cui totus intendo: cur anima, si non tanti spatii magnitudinem habet quanti corpus est, ubique illius sentit cum tangitur?

XXIII 41. A. Age vero, adgrediamur quod vis, sed multo te mihi adtentiore opus est quam fortasse te existimas esse debere. Quare facito, ut quam maxime adsis ac respondeas mihi, quidnam tibi videatur esse iste sensus, quo anima per corpus utitur; nam ipse iam nomine proprio sensus dicitur.

E. Sensus esse quinque audire soleo, videndi, audiendi, olfacien-

---

◀206 나이에 따라 영혼이 성장하거나 지식의 축적에 따라 영혼이 성장하거나 둘 중 하나여야지, 지식에 따라 늘고 나이에 따라서는 위축된다는 말은 모순된다.

207 본서 15,26 참조.

절대 못 되네. 다른 논지들도 많이 들 수 있네. 하지만 자네가 만일 이 정도로 흡족해한다면 나도 말을 좀 삼가겠고, 다른 주제로 건너가기로 하세.

에: 나로서는 기력이 커진다고 그 결과 영혼이 성장하는 것은 아니라는 점에 충분할 만큼 설득당했습니다. 당신이 세세하게 설명해 준 것 가운데 다른 얘기는 차치하더라도, 위의 주장대로 하자면, 발작하는 사람은 건강한 사람보다 훨씬 기운이 세어진다는 사실을 모르는 사람이 없는 터에, 발작하는 사람 스스로 자기는 건강 상실과 질병 덕택에 오히려 영혼이 성장한다는 말을 할지도 모르겠습니다. 보통 신체마저 위축되는데 말입니다. 그러므로 어떤 사람한테서 예상 밖의 기력이 발휘될 적에 우리가 놀라워할 점은 모두 그의 근육에 있다는 사실이 나한테도 아주 분명해 보입니다. 그러니 내가 온통 마음을 쓰는 다음 문제로 넘어가 주었으면 합니다. 영혼이 신체의 부피만큼 공간상의 부피를 가지는 것이 아니라면, 신체가 닿는 곳마다 영혼이 감지하는 까닭이 무엇입니까?[207]

감각이란 무엇인가

23.41. 아: 그럼 자네가 원하는 주제로 옮겨 가세. 그 대신 자네가 그래야 한다고 생각하는 것보다 훨씬 더 주의를 집중할 필요가 있네. 그럼 정신을 단단히 가다듬고 내게 대답해 보게. 영혼이 신체를 통해서 구사하는 '감각'이라는 것[208]이 무엇이라고 여겨지나? 바로 그게 제 고유한 명사로 '감각'이라고 하니까 하는 말일세.[209]

---

[208] sensus quo anima per corpus utitur: 감각에서 영혼의 주체적 역할을 강조한 정의이며, 조금 뒤(25,48에서 반복)에서 "신체가 경험하는 바를 영혼이 놓치지 않는 것"이라고 다시 정의한다.

[209] 감각(感覺)을 신체에 일어난 '감응'(感應)[感]을 정신이 '의식하는'[覺] 복합적 활동으로 간주한다.

영혼의 위대함 157

di, gustandi atque tangendi; plus quid respondeam nescio.

A. Partitio ista vetustissima est et fere in contionibus celebrata. Vellem autem definiri mihi abs te, quid sit ipse sensus, ut eadem definitione omnia illa includerentur neque aliud quicquam quod sensus non esset, in ea intellegeretur. Sed si id non potest, nihil urgeo. Illud enim, quod satis est, certe potes meam definitionem vel refellere vel probare.

E. Hoc modo tibi fortasse non deero, quantum valeo; non enim et hoc semper est facile.

A. Adtende ergo. Nam sensum puto esse non latere animam quod patitur corpus.

E. Placet mihi haec definitio.

A. Adesto ergo huic tamquam tuae ac tuere illam, dum a me paulisper refellitur.

E. Tuebor sane, si tu adiuveris; sin minime, iam mihi displicet; non enim frustra tibi visa est refellenda.

A. Noli nimis ex auctoritate pendere, praesertim mea, quae nulla est; et quod ait Horatius: 'Sapere aude', ne non te ratio subiuget priusquam metus.

---

210 데모크리투스(Diels 68, fr.11) 이래 모든 철학자들이 오감(五感)을 꼽았으므로 굳이 학문적 가치가 있는 언급이 아니다.

211 이하(25,47)에 "정의는 설명하기로 채택한 내용보다 덜 혹은 더 포함하는 것이 아무것도 없어야 한다. 그렇지 않으면 분명히 결함이 생긴다"고 부연한다.

212 sensum esse non latere animam quod patitur corpus: 플로티누스(『엔네아데스』1,4,2,3: τὸ τὸ πάθος μὴ λανθάνειν)가 내린 정의다. 『영혼 불멸』(16,25)에서도 제시하였다.

에: 나는 감각이 다섯 있다고 들어 왔습니다. 보는 감각, 듣는 감각, 냄새 맡는 감각, 맛보는 감각 그리고 만지는 감각입니다. 더 이상 무슨 대답을 해야 할지 모르겠습니다.

아: 그 분류는 아주 오래된 것이어서 대중 연설에서마저 언급될 정도네.[210] 내가 바라는 바는 감각이 무엇인지 자네가 정의해 보라는 말일세. 왜 그러냐 하면 바로 그 정의에 의해서 저 모든 것이 내포되고 감각 아닌 다른 무엇이 그 정의에 의해서 파악되는 일이 없게 하려는 것이네.[211] 하지만 그게 불가능하면 굳이 우기지는 않겠네. 적어도 내가 내리는 정의를 자네가 배척하든가 수긍하든가 할 수는 있겠고, 사실 그것으로도 충분하네.

에: 그 점에서는 하는 데까지 당신에게 부족함이 없도록 해 보겠습니다. 그러나 그것마저도 늘 쉽지는 않습니다.

아: 그럼 조심해서 듣게. 나는 감각이란 신체가 감응하는 바를 영혼이 놓치지 않는 것[212]이라고 생각하네.[213]

에: 이 정의가 내 마음에 듭니다.

아: 그렇다면 이 정의를 자네 것이라 간주하고서 방어해 보도록 하게. 내가 좀 반박을 해 볼 테니까.

에: 당신이 도와준다면야 방어해 보죠. 그렇지 않으면 그럴 생각이 전혀 없습니다. 그 말씀을 듣고 보니까 벌써 정의가 마음에 안 듭니다. 이 정의를 반박해야겠다는 생각을 하신 데는 까닭이 없지 않겠지요.

아: 너무 권위에 의존하려 하지 말게. 특히 내 권위에 의존하지 말 것이니 내 권위란 보잘것없기 때문일세. 호라티우스가 "결연히 알아내라"[214]▶고 한 말은 이치보다 두려움이 먼저 자네를 승복시키는 일이 없게 하라는

---

213 '감응(感應)하다'라고 번역한 동사 pati(πάθος)의 현대어 번역은 매우 다양하다(éprouver, essere affetto, modificazione subire, to experience, to be acted upon).

E. Ego prorsus nihil metuo, quoquo res modo processerit; non enim errare me sines. Sed iam 'incipe si quid habes', ne differendo potius quam adversando defatiger.

42. A. Dic igitur, quid patiatur corpus tuum, cum me vides?

E. Patitur omnino aliquid. Nam oculi mei partes, nisi fallor, corporis mei sunt; qui si nihil paterentur, quomodo te viderem?

A. At non est satis, ut persuadeas tuos oculos aliquid pati, nisi etiam quid patiantur ostenderis.

E. Quid tandem nisi ipsum visum? Nam vident. Si enim me rogares, quid pateretur aegrotans, aegritudinem responderem; quid cupiens, cupiditatem; quid metuens, metum; quid gaudens, gaudium. Cur ergo roganti, quid videns patiatur, non recte visum ipsum respondeam?

A. Sed enim gaudens gaudium sentit. An negabis?

◀214 sapere aude: 호라티우스 『서간집』 1,2,40. "정신의 번뇌를 방치하지 말라. 시작이 반이니, 시작하는 자는 얻는다. 결연히 알아내라. 옳게 사는 때를 궁리하는 자여, 시작하라!"

215 incipe si quid habes: 베르길리우스 『부콜리카』Bucolica 9,32. 스승이 인용한 호라티우스 명구에 에보디우스는 베르길리우스 명구로 화답하였다.

216 감각이 정신적인 것이냐, 신체적인 것이냐 하는 토론, 감각을 외부에서 오는 자극 또는 피동적 감응에 두느냐, 외부의 자극에 대한 영혼의 능동적 대응에 두느냐 하는 견해차를 바탕에 깐 답변이다.

뜻일세.

에: 어떤 방식으로 얘기가 번지든 나는 아무것도 두렵지 않습니다. 내가 헤매게 당신이 그냥 두지 않을 테니까 말입니다. "할 말이 있거든 시작하시죠."[215] 반박을 하다 지치기보다 얘기를 끌다 지치는 게 싫습니다.

더욱 예리한 질문이 제기되다

23.42. 아: 자네가 나를 바라보면서 자네의 신체가 감응하는 바가 무엇인지 말해 보게.

에: 뭔가를 감응하기는 합니다. 내 말이 틀리지 않다면, 내 눈은 내 몸의 일부입니다. 눈이 아무것도 감응하지 않는다면 어떻게 당신을 보겠습니까?

아: 그런 말만으로는 자네 눈이 뭔가에 감응한다는 사실을 남에게 설득하는 데 충분치 않네. 구체적으로 무엇에 감응하는지를 내놓지 않는 한 말일세.

에: 시각 자체 말고 뭣을 내놓겠습니까? 눈은 봅니다. 질병을 앓으면서 무엇에 감응하느냐고 내게 묻는다면 질병에 감응한다고 대답하겠습니다. 무엇을 탐하면서 무엇에 감응하느냐고 묻는다면 탐욕에 감응한다고 답하고, 무엇을 두려워하느냐고 묻는다면 두려움에 감응한다고 답하고, 무엇을 기뻐하느냐고 묻는다면 기쁨에 감응한다고 답하겠습니다. 그러니 무엇을 보면서 무엇에 감응하고 있느냐고 묻는 사람한테는 시각에 감응하고 있다는 답변이 옳지 않겠습니까?[216]

아: 그런데 기뻐하는 사람은 기쁨을 감지感知하네. 아니라고 하겠나?[217]

---

217 '감응한다'(pati: '당하다', '겪다')라는 어휘를 교부는 '감지하다'(sentire)라는 타동사로 대체해 본다.

영혼의 위대함 **161**

E. Immo assentior.

A. Hoc et de ceteris perturbationibus dixerim.

E. Sic habeo.

A. Quicquid autem oculi sentiunt, hoc vident.

E. Nullo modo istud dederim. Quis enim dolorem videat, quem tamen saepe oculi sentiunt?

A. Adparet te de oculis agere. Bene vigilas. Itaque vide, utrum ut gaudens gaudendo gaudium sentit, ita etiam videns videndo sentiat visum.

E. An aliter potest?

A. Quicquid autem videns videndo sentit, id etiam videat necesse est.

E. Non est necesse. Quid enim? si amorem videndo sentiat, num et amorem videt?

A. Cautissime ac sagacissime; gaudeo, quod difficile deciperis. Sed nunc adtende. Quoniam constitit inter nos non omne quod oculi sentiunt, neque omne quod videndo sentitur, videri, putasne hoc saltem verum esse omne quod videtur, sentiri?

E. Hoc sane nisi concessero, quomodo sensus poterit vocari quod videmus?

---

218 de ceteris perturbationibus: 감각을 외부 자극에 의해 영혼에 발생한 '동요' 또는 '혼란'으로 단정하더라도 감각의 능동성은 견지된다.

219 visus('시각', '시선'), visio('봄')가 '보다'(videre)라는 동사에서 온 명사임은 분명하다.

220 '감지하는 것'(sentire)은 '감응하는 것'(pati)과 외연이 같으나, 오관을 망라하는 감각은 '보는 것'(videre), 곧 '시각'보다 외연이 넓다.

에: 되레 전적으로 동의합니다.

아: 그 밖의 다른 동요動搖들에 대해서도[218] 이런 말을 할 만하네.

에: 그렇다고 봅니다.

아: 눈이 무엇을 감지하든, 그것을 보는 셈이네.

에: 전적으로 그렇다고는 생각 않습니다. 누가 통증을 보겠습니까? 그런데 눈이 통증을 감지하는 경우는 자주 있습니다.

아: 자네가 눈을 두고 따지고 있음이 분명해지네. 자넨 경계심을 잘 발휘하고 있네. 그럼 기뻐하는 사람은 기뻐하면서 기쁨을 감지하네. 마찬가지로 보는 사람은 보면서 시각視覺을[219] 감지하는지 말해 보게.

에: 달리 말할 수 있겠습니까?

아: 보는 사람이 보면서 무엇을 감지하든, 그는 필히 그것을 보는 셈이네.

에: 필히 그렇지는 않습니다. 왜냐고요? 눈으로 보면서 사랑을 감지한다면 그게 사랑을 보는 것인가요?

아: 매우 치밀하고 현명한 답변일세. 자네를 속여 넘기기가 힘들어져서 되레 기쁘네그려. 하지만 이제 조심하게. 눈이 감지하는 것 전부가 보이는 것이 아니고, 보는 가운데 감지하는 것 전부가 보이는 것이 아니라는 데 우리끼리 공감했네. 그럼 적어도 보이는 것 전부가 감지되는 것이라는 말은 참말이라고 여기는가?[220]

에: 만약 내가 이 말을 수긍하지 않는다면, 우리가 보는 것을 어떻게 감각이라고 부를 수 있겠습니까?

아: 그래? 그럼 우리가 감지하는 것은 전부 우리가 감응하는 것이 아니던가?

에: 예, 그렇습니다.

A. Quid? omne quod sentimus, nonne et patimur?

E. Ita est.

A. Igitur si omne quod videmus, sentimus et omne quod sentimus, patimur, patimur omne quod videmus.

E. Nihil resisto.

A. Pateris ergo me ac vicissim te ego, cum invicem nos videmus.

E. Sic existimo et ad hoc me ratio instanter cogit.

43. A. Accipe cetera. Nam credo absurdissimum et stultissimum videri tibi, si quis adfirmet ibi te pati aliquod corpus, ubi non est ipsum corpus quod pateris.

E. Videtur absurdum et ita esse opinor, ut dicis.

A. Quid illud? nonne manifestum est alio loco esse meum corpus, alio tuum?

E. Manifestum est.

A. Sentiunt autem corpus meum oculi tui; et si sentiunt, utique patiuntur; nec possunt ibi pati, ubi id quod patiuntur non est; nec tamen ibi sunt illi, ubi corpus meum est. Ibi igitur patiuntur, ubi non sunt.

---

221 라틴어로는 감응 주체인 '신체'(corpus)도 감응 대상인 '물체'(corpus)도 같은 단어로 표기된다.

222 감각에 대한 정의를 내리는 토론에서 잠시 비켜나, 눈이라는 신체는 시각의 대상물과 거리를 두고(= 마치 딴 곳에서) 시각에 감응한다는 사실을 분석하는 중이다(23,42-44).

아: 그래서 만일 우리가 보는 것을 전부 우리가 감지하고, 우리가 감지하는 것 전부에 우리가 감응한다면, 우리가 보는 것은 전부 우리가 감응하는 것일세.

에: 그 말에는 이의가 없습니다.

아: 그럼 우리가 서로 보고 있는 만큼 자네는 나에게 감응하고 나는 자네에게 감응하고 있구먼.

에: 그렇다고 보며 이치가 나를 부단히 그런 결론으로 밀어붙입니다.

신체가 감응하는 바를 영혼이 놓치지 않고 의식하는 일

23.43. 아: 나머지 얘기도 마저 들어 보게. 자네가 감응을 하는 신체가 존재하지 않는 곳에서 자네가 어떤 물체에 감응하고 있다는 말을 누가 한다고 하세.[221] 내 보기에 자네에게는 그런 말이 더없이 부조리하고 어리석은 주장으로 보일 걸세.[222]

에: 그게 부조리하게 들리고, 당신 말대로라고 여깁니다.

아: 그래? 그런데 내 신체가 있는 곳 다르고 자네 신체가 있는 곳 다르지 않나?

에: 분명히 그렇습니다.

아: 자네 눈은 내 신체를 감지하고 있네. 만일 감지한다면 또한 감응하는 것일세. 그런데 감응하는 사물이 존재하지 않는 곳에서 그것에 감응하는 일은 불가능하네. 그리고 내 신체가 존재하는 곳에 자네 눈이 존재하는 것도 아니네. 그러니 자네의 눈은 자체가 존재하지 않는 곳에서 감응하고 있다는 말이 되네.

에: 내가 수긍한 모든 전제는 수긍하지 않는 편이 오히려 부조리하다고 생각했던 것들입니다. 그런데 그런 전제들에서 형성된 이 마지막 명제는

E. Ego quidem illa omnia concessi, quae non concedere absurdum videbam. Sed hoc ultimum, quod ex his confectum est, ita est absurdius, ut illorum potius aliquid temere me dedisse quam hoc verum esse consentiam. Nam oculos meos ibi sentire, ubi non sunt, ne in somnis quidem dicere auderem.

A. Vide igitur, ubi obdormieris. Quid enim tibi tandem elaberetur incautius, si ut paulo ante vigilares?

E. Enimvero idipsum mecum sedulo pertracto ac revolvo. Nihil tamen satis elucet, quod me dedisse paeniteat, nisi forte illud, quod oculi nostri sentiunt, cum videmus. Visus namque ipse forsitan sentit.

A. Immo ita est; is enim se foras porrigit et per oculos emicat longius, quaquaversum potest lustrare quod cernimus. Unde fit, ut ibi potius videat, ubi est id quod videt, non unde erumpit, ut videat. Non ergo tu vides, cum me vides?

E. Quis hoc insanus dixerit? omnino ego video, sed emisso per oculos visu video.

A. At si tu vides, tu sentis; si tu sentis, tu pateris nec potes ibi pati aliquid, ubi non es. Ibi autem me vides, ubi ego sum; ibi igitur pateris, ubi ego sum. At si, ubi ‹ego› sum, tu ibi non es, quo pacto audeas dicere videri me abs te, prorsus ignoro.

---

223 아우구스티누스 『삼위일체론』 9,3,3: "신체의 눈으로 우리가 물체들을 보는 것은 눈에서 광채(光彩)를 발산하고 우리가 무엇을 지각하든 [그 광채로] 접촉하기 때문이다."

하도 부조리해 보여서, 그것이 참되다고 내가 동의하기보다는, 저 전제들 가운데 어떤 것을 내가 섣불리 수긍하지 않았나 하는 의구심이 생깁니다. 내 눈이 존재하지 않는 그곳에서 무엇을 감지한다는 말은 내가 꿈에도 하고 싶지 않기 때문입니다.

아: 그럼 자네가 어느 대목에서 깜빡했는지 살펴보게. 자네가 조금 전처럼 조심을 단단히 했더라면 뭔가를 부주의하게 간과하는 일이 어찌 생겼겠나?

에: 하여튼 지금은 정신을 단단히 가다듬고서 열심히 궁리하고 헤아리는 중입니다. 우리가 무엇을 볼 적에는 우리 눈이 감지한다는 명제에 수긍한 것 말고는, 내가 무엇을 두고 '아차!' 했어야 할 것인지 제대로 드러나지 않습니다. 혹시 시각 자체가 감지한다고 말했어야 하는지 모르겠습니다만.

아: 바로 그걸세. 시각이 밖으로 뻗어 나가고, 우리가 간파하는 바를 어느 쪽으로든 비추어 볼 수 있게 눈을 가지고서 멀리까지 번뜩이는 게 시각일세. 그래서 보이는 대상이 존재하는 그곳에서 사물을 보는 것이지, 사물을 보려고 시선을 내보내는 출발 지점에서 보는 것이 아닐세. 그런데 자네가 나를 볼 적에 보는 것은 자네가 아니지 않던가?

에: 어느 정신 나간 사람이 그런 말을 하겠습니까? 전적으로 내가 봅니다. 다만 눈을 통해서 발사된 시선으로 내가 보는 것입니다.[223]

아: 그러나 자네가 본다면 감지하는 것은 자넬세. 자네가 감지한다면 감응하는 것도 자네고, 따라서 자네가 존재하지 않는 곳에서 자네가 무엇에 감응하는 일은 불가능하네. 그런데 내가 존재하는 바로 이곳에서 자네는 나를 보고 있네. 말하자면 내가 존재하는 바로 이곳에서 자네는 감응하고 있네. 다만 내가 존재하는 곳에 자네가 존재하지 않는다면 무슨 수로 자네한테 내가 보인다고 감히 말을 하는지 도통 모르겠네그려.

E. Visu, inquam, porrecto in eum locum, in quo es, video te, ubi es. At me ibi non esse confiteor. Sed quemadmodum, si virga te tangerem, ego utique tangerem idque sentirem neque tamen ego ibi essem, ubi te tangerem, ita quod dico visu me videre, quamvis ego ibi non sim, non ex eo cogor fateri non me esse qui videam.

44. A. Nihil ergo temere concessisti. Nam et oculi tui hoc modo defendi possunt, quorum est quasi virga visus, ut dicis, neque illa est absurda conclusio, quod ibi oculi tui vident, ubi non sunt. An tibi aliter videtur?

E. Ita sane est ut dicis. Nam et illud nunc animadverti, quod, si ibi viderent oculi ubi sunt, etiam seipsos viderent.

A. Rectius diceres non 'etiam seipsos', sed 'tantummodo seipsos viderent'. Nam ubi sunt, id est, quem locum tenent, soli tenent; nec nasus ibi est ubi illi, nec quicquid illis vicinum est; alioquin etiam

---

224 visu porrecto: 방금 나온 '발사된 시선으로'emisso visu, '멀리까지 번뜩이는 시선'visus emicat longius과 같은 표현이다.

225 23,41-28,58의 장황한 논지를 개진한 이유가 30,59-60에서 밝혀진다. 눈은 자체가 현존하지 않는 곳에서, 즉 대상과 거리를 두고 대상을 감지한다. 영혼은 신체 모든 지점에서 일어나는 '감응'을 지각하지만 그렇다고 신체의 확장에 따라서 신체의 모든 지점에 물리적으로 영혼이 현전해야 하는 것은 아니다. 즉, 영혼이 공간적으로 신체에 확산되어 있어야 한다는 말은 아니다. 다른 데(『음악론』 6,5,9-10)서는 신체에 일어난 자극에 대해서 영혼이 주의를 집중하는(attentius agere) 능동적 역할을 강조한다.

에: 당신이 있는 곳으로 시각이 뻗쳐 나가서[224] 당신이 있는 그곳에서 당신을 보는 것입니다. 하지만 그곳에 내가 존재하지 않음은 내가 단언합니다. 내가 막대기로 당신을 건드린다면 내가 건드리는 그곳에 내가 있지는 않지만 확실히 내가 당신을 건드리고 당신을 감지합니다. 그와 마찬가지로 내가 시각으로 본다고 할 적에는, 당신이 있는 그곳에 내가 있지는 않지만, 그렇다고 해서 보는 사람이 내가 아니라고 억지로 토로해야 하는 것은 아닙니다.

눈이 가 있지 않더라도 신체가 감응하는 바를 영혼이 놓치지 않는다[225]

23.44. 아: 사실 자네가 섣불리 수긍한 바는 아무것도 없네. 자네 말대로 눈의 시각이 마치 막대기와 같다는 그런 식으로[226] 자네의 눈을 감싸 줄 수도 있기는 하네. 또 거기서 나올 만한 결론, 곧 눈이 가 있지 않은 곳에서 자네의 눈은 사물을 본다는 결론도 모순은 아닐세. 혹시 달리 생각하나?

에: 당신 말대롭니다. 눈이 있는 그 자리에서 본다면 눈이 눈 자체도 보게 되리라는 생각도 듭니다.

아: '눈 자체도 보게 되리라'라고 하지 않고 '눈 자체만 보게 되리라'라고 했더라면 더 정확한 표현이었을 걸세. 눈이 어디 있다고 할 경우, 다시 말해서 어떤 장소를 점유하고 있다고 할 경우 눈만 그 장소를 점유하네. 눈이 있는 곳에 코는 없고 눈과 가까운 그 어떤 것도 거기에는 없지. 그렇지 않다면, 내가 있는 곳에 자네도 있게 될 것일세. 우리가 서로 곁에 있는 까

---

[226] quasi virga visus: 이 비유는 스토아 이래 널리 알려진 것인데(『초기 스토아학파 단편집』 2,864-867) 플로티누스(『엔네아데스』 4,5,4-5)는 시각이 대상물을 감지하려면 빛이 필요하다든가, 청각은 공기의 파동을 감지한 다음에야 대상에 귀를 기울이게 된다는 사실을 들어 이 이론을 비판한다.

tu ibi esses, ubi ego sum, quia iuxta invicem sumus. Quae cum ita sint, si tantum ibi viderent oculi ubi sunt, nihil amplius quam seipsos viderent. Cum autem se non vident, non modo cogimur consentire posse illos videre, ubi non sunt, sed etiam omnino non posse nisi ubi non sunt.

E. Nihil est quod hinc dubitare me faciat.

A. Ergo non dubitas ibi eos pati, ubi non sunt. Nam ubi vident, ibi sentiunt; ipsum enim videre sentire est, sentire autem pati; quare ubi sentiunt, ibi patiuntur. Alibi autem vident quam ubi sunt; ibi igitur patiuntur, ubi non sunt.

E. Mirum est quam vera ista existimo.

XXIV 45. A. Recte fortasse existimas. Sed responde obsecro, utrum omne quod per visum cognoscimus, videamus.

E. Ita credo.

A. Credis etiam omne, quod videndo cognoscimus, per visum nos cognoscere?

---

227 '본다'는 시각이 비물질적임을 납득시키려는 논지다. 눈은 자체에서 거리를 두고 떨어져 있는 사물을 떨어진 채 감지하는 것 같다(『엔네아데스』 4,4,23). 시각에는 보는 눈, 보이는 대상물 그리고 감각적 형상을 받아들여 영혼에 감지시키는 중간 매개체 세 인자가 있다. 감각이란 사물이 영혼에 각인시키는 자취가 아니고 영혼의 능동적 작용이다(『엔네아데스』 4,6,1-3).

228 영혼의 작용으로 눈이 자체에서 떨어진 사물을 지각할 수 있다면, 영혼도 감각이 발생하는 그 지점에 공간적으로 현존하지 않으면서도 그 감응을 지각하는 능력을 가질 만하다. 따라서 온몸에 촉각이 있다고 해서 영혼이 온몸에 공간적으로 현전한다는 증거는 아니다.

닭이니까. 눈이 자체가 있는 거기서만 본다면 눈 자체 말고는 아무것도 못 볼 테지. 헌데 눈이 자체를 보지 못하는 이상, 우리는 어쩔 수 없이 눈은 자체가 있지 않은 곳에서 본다는 사실에 동의해야 할뿐더러, 자체가 있지 않은 곳에서가 아니면 전혀 볼 수 없다는 사실에도 동의해야 하네.

에: 여기서 나더러 의심을 품게 만드는 점은 전혀 없습니다.

아: 그렇다면 눈이 있지 않은 그곳에서 뭔가를 감지한다는 점에 자네는 의심을 품고 있지 않구먼. 눈은 보는 곳에서 느끼네. 보는 것 자체가 감지하는 것이고, 감지하는 것은 감응하는 것이네. 그러니 감지하는 바로 그곳에서 감응하는 것일세. 그렇지만 자체가 있는 곳과는 다른 곳에서 보고 있는 셈이네. 그러니 눈 자체가 있지 않은 곳에서 감응한다는 말일세.[227]

에: 그 얘기들이 참말로 여겨지다니 신기하기만 합니다.[228]

보는 것 다르고 인지하는 것 다르다

24.45. 아: 자네가 올바로 생각한 듯하네. 하지만 부탁이니 대답해 보게. 우리가 시각을 통해서 인지認知하는[229] 전부를 과연 우리가 보고 있는 것일까?

에: 그렇다고 믿습니다.

아: 그러면 우리가 보면서 인지하는 것은 모두 시각을 통해서 인지한다고 믿나?

에: 이것도 그렇다고 믿습니다.

아: 그럼 연기만 보고서도 그 밑에 우리가 못 보는 불길이 있다고 인지

---

[229] cognoscere: 감각적 인식에서 pati(감응하다), sentire(감지하다)에 뒤이은 인식 과정을 가리키는 용어다.

E. Et hoc credo.

A. Cur ergo plerumque fumum solum videndo ignem subter latere cognoscimus, quem non videmus?

E. Verum dicis. Et iam non puto nos videre quicquid per visum cognoscimus; possumus enim, ut docuisti, aliud videndo aliud cognoscere, quod visus non adtigerit.

A. Quid? illud, quod per visum sentimus, possumusne non videre?

E. Nullo modo.

A. Aliud est ergo sentire, aliud cognoscere?

E. Omnino aliud. Nam sentimus fumum, quem videmus, et ex eo ignem, quem non videmus, subesse cognoscimus.

A. Bene intellegis. Sed vides certe, cum hoc accidit, corpus nostrum, id est oculos, nihil pati ex igne, sed ex fumo, quem solum vident. Etenim videre sentire et sentire pati esse iam supra consensimus.

E. Teneo et adsentior.

A. Cum ergo per passionem corporis non latet aliquid animam, non continuo sensus vocatur unus de quinque memoratis, sed cum ipsa passio non latet. Namque ignis ille non visus nec auditus nec

---

[230] videre sentire et sentire pati esse: 본서 23,42 참조.

[231] per passionem corporis non latet aliquid animam: 앞의 23,41에서는 '신체의 감응'이 영혼이 놓치지 않는 대상으로 규정되었는데, 여기서는 '신체의 감응을 통해서' 오는 '어떤 것'이 그 대상으로 규정되었다.

[232] 본서 23,41 참조.

하는 일이 흔한데 그 까닭이 무엇인가?

에: 맞는 말씀입니다. 그러니 '우리가 시각을 통해서 인지하는 모두를 우리가 보는 것이다'라는 주장을 나로서는 더 이상 생각 못하겠습니다. 당신이 지적한 대로, 눈으로 딴 것을 보면서 정작 인지하는 내용은 시각이 미치지 못하는 딴 것일 수도 있습니다.

아: 그런가? 그럼 우리가 시각을 통해서 감지하는 바를 눈으로 못 볼 수도 있나?

에: 그런 일은 절대 있을 수 없습니다.

아: 그렇다면 감지하는 일 다르고 인지하는 일 다른가?

에: 전적으로 다릅니다. 눈으로는 연기를 보고 연기를 감지하는데, 그 연기에서 우리가 보지 못하는 불길이 밑에 있다고 인지하는 까닭입니다.

아: 잘 알아듣는구먼. 그러나 이런 일이 생길 적에 한 가지 유의할 것은 우리 신체, 곧 눈은 불에서 아무것도 감응하지 않고 단지 눈이 보는 연기에서 무엇인가 감응한다는 점일세. 우리는 벌써 앞에서 보는 것이 감지하는 것이고 감지하는 것이 감응하는 것이라는 데 합의하였네.[230]

에: 그 주장을 받아들이고 동의합니다.

아: 그렇다면 신체의 감응을 통해서 영혼이 무엇을 놓치지 않는 그것[231]을 당장 감각이라고 부르지 않네. 앞서 꼽은[232] 다섯 가지 감각들 가운데 하나 말일세. 그 감응이라는 것을 영혼이 놓치지 않을 때 감각이라는 말을 하게 되네. 저 불길은 우리에게 보이지도 않고 들리지도 않고 냄새가 나지도 않고 맛을 보는 것도 아니고 만져지지도 않았으며, 그럼에도 연기가 보인 이상, 그 불길을 영혼이 놓치지 않았단 말일세. 또 영혼이 놓치지 않는다는 그것이 곧 '감각'이라고 불릴 수도 없는데 그 까닭은 신체가 불길에서

olfactus nec gustatus nec tactus a nobis non tamen latet animam fumo viso. Et cum hoc non latere non vocetur sensus, quia ex igne corpus nihil est passum, vocatur tamen cognitio per sensum, quia ex passione corporis quamvis alia, id est ex alterius rei visione coniectatum est atque compertum.

E. Intellego et optime video istud congruere ac favere illi definitioni tuae, quam ut meam mihi defendendam dedisti. Nam ita memini esse abs te sensum definitum, cum animam non latet quod patitur corpus. Itaque illud, quod fumus videtur, sensum vocamus; passi sunt enim eum oculi videndo, qui sunt corporis partes et corpora. Ignem autem, ex quo nihil corpus est passum, quamvis cognitus fuerit, sensum non vocamus.

46. A. Memoriam quidem tuam probo et sequacem intellegentiam; verum munitio illa definitionis labascit.

E. Cur, quaeso?

A. Quia non negas, ut opinor, nonnihil pati corpus, cum crescimus vel senescimus; neque id nos ullo sensu sentire manifestum est nec id tamen animam latet. Non igitur eam latet quiddam quod pa-

---

233 hoc non latere vocatur cognitio per sensum: '감각은 곧 영혼이 감관을 통해서 수행하는 인지(認知)이다'라는 정의에 도달하였다.

234 영혼의 그 인지를 그래도 '감각을 통한' 인지라고 부르는 이유는 불길에 대한 인지가 눈으로 연기를 본 사실에서 추정되고(con-iectum: 연기와 '함께 끌어넣은') 확증된(com-pertum: 연기와 '함께 찾아낸') 까닭이다.

'감응'한 것이 아무것도 없기 때문일세. 오히려 영혼이 놓치지 않는다는 그것은 '감각을 통한 인지'²³³라고 불리네. 그래도 신체의 다른 감응에서, 곧 연기라는 다른 사물을 봄으로써 추정되고 확증되었기 때문일세.²³⁴

에: 그 점이 당신이 내린 저 정의, 내가 내린 정의로 간주하고서 옹호하라고 내게 부여한 저 정의에 합치하고 저 정의를 지지한다는 사실을 이해하겠고 그 점을 잘 알아듣겠습니다. 내가 기억하기로, 신체가 감응하는 바를 영혼이 놓치지 않는 그것이 곧 감각이라고 당신한테서 정의되었습니다. 따라서 연기가 보인 그것은 우리가 감각이라고 부르고, 눈이 보면서 연기에 감응했고 눈은 신체의 부분이자 신체이기도 합니다. 불길은 비록 인지되었지만, 우리가 불길을 지각된 대상이라고 부르지 않습니다. 신체가 그것으로부터 아무 감응도 얻지 않았기 때문입니다.

영혼이 놓치는 것에 감응하는 경우²³⁵

24.46. 아: 자네의 기억력을 인정하겠고, 자네의 유연한 이해력도 인정하겠네. 하지만 저 정의를 방어하는 수완이 지금 흔들리고 있네.

에: 미안하지만 왜 그렇죠?

아: 우리가 성장하거나 늙어 갈 때 뭔가에 신체가 감응한다는 사실을 자네는 부인하지 않을 걸세. 그런데 성장과 노쇠라는 이 현상을 우리가 어떠한 감각으로도 감지하지 못한다는 점도 분명하고, 그렇지만 영혼은 이 현상을 놓치지 않네. 그러니까 영혼은 신체가 감지하는 바도 놓치지 않지만,

---

235 앞 절에서는 (연기에서 불을 인지하는 경우) '신체적 감응을 통해서 뭔가를 인지함이 다 감각은 아니다'라는 점을 밝혔고, 이 절에서는 '신체적 감응을 인지함이 다 감각은 아니다'라는 점을 밝힌다.

titur corpus, nec tamen sensus iste adpellari potest. Videndo enim maiora ea, quae aliquando minora videramus, et videndo senes eos, quos iuvenes ac pueros fuisse constat, coniectamus aliquam talem mutationem nostra corpora etiam nunc, dum loquimur, pati. Neque in eo fallimur, ut opinor. Nam proclivius est, ut me falli dicam quod video, quam quod intellego capillos meos nunc crescere corpusque per momenta mutari. Quod si mutatio ista passio corporis est, quod nemo negat, nec nunc sentitur a nobis nec tamen animam latet, quia nos non latet, patitur, ut dixi, corpus quod non latet animam, nec sensus est tamen. Quare illa definitio, quae nihil, quod sensus non esset, debebat includere, cum hoc inclusit, certe vitiosa est.

E. Nihil mihi restare video quam ut te petam, ut aut definias aliter aut hanc recures, si potes. Nam eam ista ratione, quam vehementer probo, vitiosam esse negare non possum.

A. Facile est istam corrigere, quod volo tu audeas; facies enim, mihi crede, si bene intellexisti, ubi peccet.

E. Num alibi quam ubi aliena comprehendit?

A. Quo tandem modo?

E. Quia quod senescit corpus, quamvis in iuvene, non potest negari pati aliquid; idque cum scimus, non latet animam quiddam,

---

236 '영혼이 놓치지 않는다는 그것은 감각을 통한 인지'라고 정의하더라도, 연기와 불의 인과관계와는 달리 신체의 성장과 노쇠는 신체에 발생하면서도 감각에 더더욱 감지가 안 되므로, 정의를 다시 문제 삼을 만하다.

놓치지 않는 그것이 그냥 감각이라 불릴 수는 없다는 말일세. 언젠가는 그 사람이 훨씬 작았다고 보았는데 훨씬 커진 것을 본다든가, 분명히 어리고 젊었다고 보았는데 늙은이가 되어 있음을 보게 되면, 우리가 이런 이야기를 하고 있는 지금 이 순간에도 우리 신체가 일종의 저런 변화에 감응하고 있으려니 추정하게 되네. 내 생각에 그 면에서는 우리가 기만에 빠지는 일이 없네. 내 머리칼이 지금 자라고 있음을, 내 몸이 순간순간 변하고 있음을 '내가 인식한다'고 말하는 경우와 그런 현상을 '내가 본다'고 말하는 경우, 후자가 기만에 빠지기 더 쉽다고 보네. 그런 변화가 신체의 감응이고 그 점은 아무도 부정하지 않을 텐데, 그것이 우리에게 지금은 감지되지 않으며 그러면서도 영혼은 그것을 놓치지 않고 있다네. 우리가 놓치지 않는데, 내가 말한 대로, 신체가 그런 변화에 감응하고 있고, 그것을 영혼이 놓치지 않기는 하지만, 그냥 감각은 아니란 말일세. 그러므로 저 정의, 감각이 아닌 것은 일체 내포해서는 안 된다는 저 정의가 지금 말한 이런 현상을 내포하지 않으므로, 분명히 결함이 있는 정의일세.

에: 나로서는 당신이 다시 정의를 내리든가, 가능하면 저 정의를 보충해 달라고 요청하는 길밖에 딴 도리가 없습니다. 왜냐하면 저 정의는 결함이 있음을 부인할 방도가 없기 때문입니다. 내가 강력히 옹호하는 저 이치에서 보더라도 결함이 있습니다.[236]

아: 저 정의를 수정하는 일은 쉽지. 그 일은 자네가 해 보았으면 하네. 어디서 잘못되었는지 잘 이해한다면 해낼 만하네.

에: 감각의 고유한 분야가 아닌 이질적인 요소들을 포함시킨 바로 그 점 아니고 혹시 딴 데 잘못이 있을까요?

아: 구체적으로 어떻게 되었다는 말인가?

quod patitur corpus, neque tamen ullo sensu percipi potest. Nam nec video me modo senescere neque id auditu aut olfactu aut gustatu aut tactu sentio.

A. Unde ergo istud nosti?

E. Ratione id conligo.

A. Quibus argumentis ratio tua nititur?

E. Quod alios video senes, qui, ut ego nunc sum, iuvenes erant.

A. Nonne sensus est, quo eos vides, unus de quinque?

E. Quis negat? Sed ex eo, quod illos video, me quoque, cum id non videam, coniecto senescere.

A. Quid verborum ergo illi definitioni, quo perficiatur, addendum putas, cum sensus non sit, nisi non lateat animam corporis passio nec tamen ita, ut eam per aliam passionem aut per aliud quodlibet intellegat?

E. Dic, quaeso, istud paulo planius.

XXV 47. A. Geram tibi morem et multo libentius retardanti quam festinanti. Sed fac totus adsis; valebit enim hoc ad plura quod di-

---

237 percipi(파악): 감관에 의한 인식 과정은 앞의 각주 229(pati, sentire, cognoscere) 참조.

에: 몸이 늙어 갈 적에 뭔가에 감응한다는 사실을 부인하지 못합니다. 젊은 사람에게서도 마찬가지입니다. 그 사실을 우리가 아는 한, 신체가 감응하는 바를 영혼이 놓치지 않는 셈이고, 그렇다고 그 감응은 여하한 감각으로도 파악될[237] 수 없습니다. 어느 모로든 내가 늙어 감은 내가 보는 것도 아니고 청각이나 후각이나 미각이나 촉각으로 감지하는 것도 아닙니다.

아: 그러면 그것을 자네가 어디서 아는가?

에: 이성으로 그것을 결부시킵니다.[238]

아: 그럴 경우 자네의 이성은 무슨 논거에 바탕을 두나?

에: 다른 사람들이, 내가 지금 그렇듯이, 한때는 젊은이였는데 내가 보니까 지금은 늙은이가 되어 있습니다.

아: 그 사람들을 본다는 것은 오관 중 하나인 감각이 아니던가?

에: 누가 아니랍니까? 다른 사람들이 늙어 가는 것을 내가 보니까, 내가 늙어 가는 모습을 비록 내가 못 보지만, 그러리라고 추정합니다.

아: 그러니까 저 정의를 완성시키려면, 저 정의에 무슨 말마디들을 덧붙여야 한다고 생각하나? 신체의 감응을 영혼이 놓치지 않는 경우가 아니면 감각이 아니지. 그렇지만 또 다른 감응을 통해서나, 어떤 다른 사물을 통해서 그 감응을 인식하는 경우도 아니어야 한다는 말 아니겠나?

에: 그 점을 좀 더 분명하게 얘기해 주시지 않겠습니까?

정의定義의 참된 정의가 되는 이치는 무엇인가

25.47. 아: 자네가 서둘 적보다 훨씬 여유 있게 움직이는 만큼 자네 보폭에 내가 맞추어 주겠네. 그 대신 정신을 온전히 가다듬어 듣게나. 내가 할

---

[238] ratione conligo: 감응하고 감지한 바를 근거로 인간은 이성으로 연기를 그 밑에 있을 불과 결부시키고, 늙은이를 자기가 알던 젊은이와 결부시킨다.

cam. Definitio nihil minus, nihil amplius continet quam id quod susceptum est explicandum; aliter omnino vitiosa est. Utrum autem huiusmodi vitiis careat, conversione exploratur; quod his exemplis tibi fiet apertius. Si enim me rogares, quid esset homo, et eum hoc modo definirem: 'homo est animal mortale', non continuo, quia verum dictum est, etiam definitionem probare deberes, sed superposita ei particula, id est 'omnis', convertere illam et intueri, utrum etiam conversa vera esset, hoc est, utrum quemadmodum verum est 'omnis homo animal mortale est', ita esset verum, 'omne animal mortale homo est', quo aliter invento improbare definitionem propter illud vitium, quo aliena comprehendit; non enim solus homo est animal mortale, sed etiam quaevis bestia. Haec igitur hominis definitio perfici solet, cum additur mortali 'rationale'. Nam homo est animal mortale rationale atque ut omnis homo animal rationale mortale est, ita omne animal rationale mortale homo est. Plus continendo ergo superior definitio vitiosa erat; bestiam enim cum homine continebat. Ista perfecta est; nam et omnem hominem et nihil

---

239 "사물을 정의하고 분류하고 구분함에 있어서 그 사물에 속하지 않는 무엇을 보태서도 안 되고 그 사물에 속하는 무엇을 간과해서도 안 된다"(『그리스도교 교양』 2,35,53).

240 환위(換位, conversio)란 논리학에서 주어 개념과 술어 개념의 위치를 바꾸어 한 명제를 다른 명제로 바꾸는 검증 방식으로 아리스토텔레스가 착안했다(『토피카』 *Topica* 140b). "'모든' 소나무는 나무다"라는 명제의 주어와 술어를 환위하면 외연을 수정하여 "'어떤' 나무는 소나무다"라고 해야 맞다. 사람을 기준으로 '두 발로 걷는 동물이 키가 네 척(尺)이다'라고 정의했다가 '키가 네 척인 동물은 두 발로 걷는다'라고 환위하면 앞의 명제가 오류임이 드러난다.

241 quo aliena comprehendit: 이하에는 plus continendo('외연을 넓혀서')라고 표현한다.

말은 여러 면으로 통할 것이네. 정의定義는 해설하기로 채택한 내용보다 덜 혹은 더 포함하는 것이 전혀 없네.[239] 그렇지 않으면 분명히 결함이 생기네. 이런 결함이 없는지 여부는 환위법換位法으로 검증되네.[240] 이 점은 예를 들어야 자네에게 더 명료해질 걸세. 인간이 무엇이냐고 자네가 내게 질문한다면, 나는 인간을 일단 이렇게 정의하겠네. '인간이란 사멸하는 동물이다.' 자네는 참말이라고 즉시 이 정의에 수긍해서는 안 되지. 거기에다 '모든'이라는 한정사를 첨가해서 이 정의를 환위시켜 보고 환위된 경우에도 참이라면, 다시 말하자면 '모든 인간은 사멸하는 동물이다'라고 하는 명제도 참이고 그것을 뒤집은 '사멸하는 모든 동물은 사람이다'라고 하는 명제도 참인지 찬찬히 들여다봐야 하네. 그렇지 못하다는 사실이 발견되었으므로 이 정의는 배척해야 하네. 이질적 요소를 내포한다는 점에서[241] 저 결함을 가지고 있기 때문일세. 사람만 사멸하는 동물이 아니고 여하한 짐승도 그렇기 때문이지. 인간에 대한 이 정의는 '사멸하는'이라는 단어에 '이성적'이라는 단어를 덧붙이면 완성되게 마련이네.[242] 인간은 사멸하는 이성적 동물인데,[243] 모든 사람은 사멸하는 이성적 동물이면서 또한 사멸하는 모든 이성적 동물은 곧 인간이기도 한 까닭일세. 앞에 나온 정의는 내용이 과분하여 결함이 있었네. 사람과 더불어 짐승이 내포되었던 것일세. 그런데 이 정의는 완전하니 모든 사람을 내포하면서 사람 외에는 아무것도 내포하지 않는 까닭일세. 자네가 인간의 정의에 '문법가'를 보탠다면

---

242 다른 데서(『질서론』 2,11,31) 비교적 자세히 이 정의를 설명한다. 심지어 rationale(이성을 갖춘), rationabile(합리적으로 만들어진)를 구분하기도 한다.

243 homo est animal mortale rationale: 크리시푸스(『초기 스토아학파 단편집』 2,224) 이래 널리 알려졌으며(키케로 『아카데미아학파 회의론』 *Academica posteriora* 2,7,21) 아우구스티누스는 거의 모든 인간 정의에 이것을 채택한다(『질서론』 2,11,31; 『교사론』 8,24; 『삼위일체론』 7,4,7; 『신국론』 9,13,3).

plus quam hominem tenet. Tenendo autem minus ita vitiosa est, si addas 'grammaticum'; quamquam enim omne animal rationale mortale grammaticum homo sit, plures tamen homines, qui grammatici non sunt, hac definitione non continentur; et ob hoc ista per primam illam propositionem falsa est, cum autem convertitur, vera. Falsum est enim 'omnis homo animal rationale mortale grammaticum est'; sed verum est 'omne animal rationale mortale grammaticum homo est'. Cum autem neque per primam propositionem neque per conversionem enuntiata vera est, his singulis est profecto vitiosior, ut sunt istae duae 'homo est animal candidum' aut 'homo est animal quadrupes'. Nam et si dicas 'omnis homo animal candidum est' aut 'animal quadrupes', falsum dicis, et si convertas. Sed hoc inter se differunt, quod illa prima in aliquos homines cadit – nam plerique sunt homines candidi – haec altera in neminem; non enim quisquam homo quadrupes. Haec pro tempore ad explorandas definitiones didiceris, quemadmodum propositione atque conversione iudicentur. Sunt alia multa, de hoc genere quae docentur, et verborum plena et tenebrarum, quae paulatim, ubi opportunum videbitur, conabor, ut discas.

48. Nunc converte animum ad illam definitionem nostram et eam

---

244 외연이 과분하거나 외연이 축소된 정의 둘 다 가리킨다.
245 propositione atque conversione: 그 당시 논리학에서 '명제'와 '환위명제'를 지칭했다.

외연을 줄이는 편이 되어 결함 있는 것이 되네. 사멸하고 이성적이며 문법가인 동물이 모두 사람임은 틀림없지만, 문법가가 아닌 다수 인간들이 이 정의에 내포되지 못하는 이유일세. 그래서 먼저 나오는 명제 형태에 따르면 이 정의가 허위이지만, 환위시키면 오히려 참이 되네. 다시 말해서 '모든 인간은 사멸하고 이성적이고 문법가인 동물이다'라는 진술은 허위이지만, '사멸하고 이성적이고 문법가인 모든 동물은 인간이다'라는 진술은 참이지. 그런데 첫 번 명제 형태로도 또 환위시켜서도 진술이 참이 아닐 때에는 이 각각의 정의보다도[244] 더욱 결함 있는 정의가 되네. 다음 두 문장, 곧 '사람은 하얀 동물이다'와 '사람은 발이 네 개 달린 동물이다'라는 경우가 그러하네. 만일 자네가 '모든 사람은 하얀 동물이다'라고 진술하거나 '모든 사람은 발이 네 개 달린 동물이다'라고 진술하면 자네는 허위를 진술하는 것이고 문장을 환위시켜도 마찬가질세. 그러나 차이도 있는데 첫 번 명제의 경우 어떤 사람들에게는 해당하지만 — 실제로 많은 사람들이 백인이니까 — 다른 명제는 아무에게도 해당하지 않네. 네 발 달린 사람은 없기 때문이지. 정의라는 것을 해설하면서 당분간은, 명제와 환위를 가지고서[245] 정의의 진위를 판단하라는 이 점을 배워 두기 바라네. 이런 종류에서는 배워야 할 점들이 아직도 많은데 용어도 다양하고 애매한 점도 워낙 많아서, 적당하다고 생각될 때마다 자네가 조금씩 배우게끔 내가 노력해 보겠네.

감각이 무엇인지 다시 질문하다[246]

25.48. [아:] 그럼 이제 우리가 내린 저 정의로 정신을 돌려서,[247]▶ 그대

---

[246] 감각에 대한 23,41의 정의(non latere animam quod patitur corpus)에 보완된 정의(passio corporis per seipsam non latens animam)를 수립한다.

peritior, cum discusseris, corrige; inveneramus enim eam, cum definitio sensus esset, complecti aliud, quod sensus non esset, et ideo non esse, cum convertitur, veram. Fortasse enim verum est 'omnis sensus passio corporis est animam non latens', ut verum est 'omnis homo animal mortale est'. At ut falsum est 'omne animal mortale homo est', quia id est et bestia, ita falsum est 'omnis passio corporis non latens animam sensus est', quia nunc nobis ungues crescunt neque animam latet – id enim scimus – neque id sentimus, sed coniectatione cognoscimus. Quemadmodum ergo illi definitioni hominis, ut perficeretur, additum est 'rationale', quo addito bestiae, quae simul continebantur, exclusae sunt nihilque praeter hominem atque omnem hominem tali definitione comprehendimus, nonne censes aliquid etiam huic addendum esse, quo inde seiungatur quod tenet alienum, nec quicquam in ea nisi sensus et omnis sensus intellegatur?

E. Censeo quidem, sed quid addi possit ignoro.

A. Sensus est certe omnis passio corporis non latens animam. Sed converti non potest haec enuntiatio propter passionem illam corporis, qua vel crescit vel decrescit scientibus nobis, id est, ut

---

◀247 편자(Catapano)에 따라서는 이 첫 구절을 앞 절에 붙이고 있다.

248 sensus est *omnis* passio corporis ...: 형용사 omnis의 위치가 모호하다. 교부가 조금 위에서 omnis sensus passio corporis est ...라는 명제가 허위라고 하면서, 손톱의 성장은 영혼이 놓치지 않지만 신체가 감응하지는 못한다는 사실을 근거로 들었기 때문이다. omnis가 sensus를 수식한다면 '이 명제는 환위시킬 수가 없다'는 다음 문장이 문맥과 일치한다.

249 환위명제는 '영혼이 놓치지 않는 신체의 모든 감응이 감각이다'라는 문장이 된다.

가 이미 토론을 거친 마당에 더 능란한 인물답게 저 정의를 수정해 보게. 저 정의가 감각에 대한 정의이면서도 감각이 아닌 것을 내포하고 있음을 우리가 발견했고, 따라서 그 정의를 환위시키니까 참이 아님을 알아냈네. '모든 인간은 사멸하는 동물이다'라는 명제가 참이듯이 '모든 감각은 신체의 감응을 영혼이 놓치지 않는 것이다'라는 명제는 아마 참일 걸세. 하지만 '사멸하는 동물은 모두 인간이다'라는 명제는 짐승도 사멸하는 동물이므로 허위이듯이, '영혼이 놓치지 않는 신체의 모든 감응이 감각이다'라는 명제도 참이 아니네. 왜냐하면 지금도 손톱이 자라고 있고 그것을 영혼이 놓치지 않지만 (그 사실을 우리가 안다는 점에서) 그것을 감관으로 감지하지는 못하고 단지 추정하여 인지하는 까닭일세. 그래서 인간에 관한 저 정의가 완결되기 위해서 거기에 '이성적'이라는 단어가 첨가되었고, 그것이 첨가되자 함께 내포되었던 짐승이 제외되고 인간 외에는 아무것도 남지 않았으며, 모든 인간을 그 정의에 내포시키기에 이르렀네. 그렇다면 감각에 대한 이 정의에도 무엇인가가 첨가되어야 이질적인 무엇이 담겨 있으면 배제되고, 이 정의에서 감각 아니면 아무것도 인지되지 않고, 또 모든 감각이 인지되어야 한다고 여기지 않나?

에: 그렇다고 여기긴 하지만 대체 무엇이 첨가될 수 있는지는 나도 모르겠습니다.

아: 분명히 모든[248] 감각은 영혼이 놓치지 않는, 신체의 감응이네. 그렇지만 신체의 저 감응 때문에 이 명제는 환위시킬 수가 없네.[249] 신체가 자라거나 줄어드는 감응이 있고, 신체의 저 감응을 우리가 알고, 말하자면 영혼이 놓치지 않는 까닭일세.

에: 바로 그렇습니다.

아: 그래? 그럼 이런 감응을 영혼이 놓치지 않는다는 말은, 감응 자체를

영혼의 위대함 185

non lateat animam.

E. Ita est.

A. Quid? haec passio per seipsam non latet animam an per aliud?

E. Per aliud plane; aliud est enim videre ungues maiores, aliud scire quod crescant.

A. Cum ergo crescere ipsum sit passio, quam nullo sensu adtingimus, magnitudo autem illa, quam sentimus, eadem passione facta sit, non ipsa sit passio, manifestum est talem passionem non per seipsam scire nos, sed per aliud. Si ergo non per aliud animam non lateret, nonne sentiretur potius quam coniceretur?

E. Intellego.

A. Cur ergo dubitas, quid illi definitioni sit addendum?

E. Iam video sic esse definiendum, ut sensus sit 'passio corporis per seipsam non latens animam'. Nam et omnis sensus hoc est et omne hoc, ut opinor, sensus est.

49. A. Si hoc ita est, fateor definitionem esse perfectam. Sed temptemus eam, si placet, utrum illo secundo vitio non vacillet,

---

[250] passio corporis per seipsam non latens animam: 앞에서(23,41) 내렸던 정의에 per seipsam이라는 문구가 첨가되어 외부 사물이 감관에 끼치는 영향 — 인식 주체에게는 '감응'(passio) — 이 감각적 지각의 즉각적 원인임을 다시 살리는 듯하다.

[251] 고대에 '감각'(sensus, αἴσθησις)에서 시작하여 인식의 여러 단계, 곧 perceptio(κατάληψις, πρόληψις), cognitio, scientia(ἐπιστήμη), intellegentia(νόησις)를 구분하는 이론이 다양하였고(디오게네스 라에르티우스 『그리스철학자 열전』 7,54) 구분을 이루는 계기들이 학파에 따라 달리 제시되었다.

통해서인가, 아니면 다른 무엇을 통해서인가?

에: 다른 무엇을 통해서입니다. 자란 손톱을 보는 일 다르고 손톱이 자라는 사실을 아는 일 다르기 때문입니다.

아: 몸이나 손톱이 자라는 것 자체가 감응인데, 그 감응을 우리가 어느 감각으로도 포착하지 못하네. 우리가 감지하는 저 크기라는 것은 바로 저 감응을 통해서 이루어진 무엇이지 감응 자체는 아니네. 따라서 우리는 저런 감응을 저 감응 자체를 통해서 알게 되는 것이 아니고 다른 것을 통해서 알게 됨이 분명하네. 다른 무엇을 통하지 않고서 영혼이 놓치지 않는다면, 그것은 추정된다기보다는 감지되는 것 아니겠나?

에: 알아듣겠습니다.

아: 그렇다면 저 정의에 무엇이 첨가되어야 하는지를 두고 왜 망설이는가?

에: 그러니까 감각이란 이렇게 정의되어야 한다고 생각합니다. "감각이란 신체의 감응을 감응 자체를 통해서 영혼이 놓치지 않는 것"[250]입니다. 모든 감각이 이런 것이고 이런 것은 모두 감각이라는 것이 내 생각입니다.[251]

이 정의 역시 수정을 요한다[252]

25.49. 아: 만일 사실로 그렇다면 이 정의가 완벽하다고 단언하겠네. 그러나 자네가 괜찮다면, 혹시라도 이 정의가 앞서 말한 두 번째 결함에 걸리지 않는지 더듬어 보세. 사람의 정의에 '문법가'라는 단어를 덧붙였을 경

---

252 감각과 연관되는 인지(cognoscere)가 지식(scientia)에 해당한다면, 지식은 이성을 갖춘 존재에게만 가능하므로, 짐승에게 감응되는 감각은 앞의 정의에서 제외되어야 한다는 논지가 나온다.

quo illa hominis, cui 'grammaticum' est additum. Nam meminisse te oportet, quod esse hominem dictum est animal rationale mortale grammaticum eoque peccare istam definitionem, quod conversione vera est, cum prima enuntiatione sit falsa. Namque falsum est 'omnis homo animal rationale mortale grammaticum est', quamvis verum sit 'omne animal rationale mortale grammaticum homo est'. Ergo ideo vitiosa est haec definitio, quod nihil quidem praeter hominem, sed non omnem hominem tenet, et haec fortasse talis est, de qua velut perfecta gloriamur. Quamquam enim omnis passio corporis per seipsam non latens animam sensus sit, non tamen omnis sensus istud est. Quod sic intellegas licet; bestiae nempe sentiunt ac paene omnes quinque illis sensibus vigent, quantum cuique natura tributum est. An tu id negabis?

E. Nihil minus.

XXVI 49. A. Quid? hoc nonne concedis scientiam non esse nisi cum res aliqua firma ratione percepta et cognita est?

E. Concedo.

A. At bestia ratione non utitur.

E. Et hoc concedo.

---

253 본서 25,47 참조.

254 scientia est cum res aliqua firma ratione percepta et cognita est: 스토아의 지식 개념(『초기 스토아학파 단편집』 1,68 etc.)이며 아우구스티누스는 초기 저서에서 여러 번 이 개념을 따른다(『아카데미아학파 반박』 1,7,19).

우에 발생하는 결함 말일세.253 거기서 '인간은 사멸하고 이성적이고 문법가인 동물이다'라고 했는데, 이 정의는 환위에 의한 명제는 참인데 원래의 명제로는 허위가 되는 그런 오류를 초래하네. 왜냐하면 '사멸하고 이성적이고 문법가인 모든 동물은 사람이다'라는 명제는 참임에도, '모든 인간은 사멸하고 이성적이고 문법가인 동물이다'라는 명제는 허위이기 때문이지. 따라서 이 정의는 인간 외에는 아무것도 내포하지 않지만 모든 인간을 내포하지 못한다는 점에서 결함을 가지고 있네. 그러고 보니까 우리가 완벽하다고 치켜세웠지만 결국 그런 결함을 지닌 정의였구먼. 감응 그 자체를 통해서 영혼이 놓치지 않는, 신체의 모든 감응은 감각이지만, 모든 감각이 그런 것은 아니네. 이 말은 이렇게 알아들어야 마땅하지. 짐승들은 감각을 하며, 자연 본성이 각자에게 부여한 한도 내에서 거의 모두가 오관을 갖추었네. 혹시 이 점을 부인할 생각인가?

에: 전혀 아닙니다.

지식이란 어떻게 정의되는가

26.[49]. 아: 그래? 그러면 자네는 지식知識이란 어떤 사물이 확고한 이성으로 파악把握되고 인식認識될 때가 아니면254 존재하지 않음을 인정하나?

에: 인정합니다.

아: 하지만 짐승은 이성을 사용하지 않네.

에: 그 점도 인정합니다.

아: 따라서 지식은 짐승에게는 해당 안 되네. 무엇을 영혼이 놓치지 않

A. Non igitur scientia cadit in bestiam. Cum autem non latet aliquid, utique scitur. Non igitur sentiunt bestiae, si omnis sensus est, cum passio corporis per seipsam non latet animam; sentiunt autem, ut paulo ante concessum est. Quid ergo dubitamus illam definitionem improbare, quae omnem sensum circumplecti minime potuit, siquidem bestiarum sensus exclusus est?

50. E. Fateor me deceptum, cum tibi concessi scientiam tunc esse, cum aliquid firma ratione percipitur. Solos enim homines, cum hoc rogabas, intuebar. Nam neque possum dicere ratione uti bestias nec eis possum scientiam denegare. Sciebat enim, ut opinor, dominum suum canis, quem post viginti annos recognovisse perhibetur, ut taceam de ceteris innumerabilibus.

A. Dic mihi, oro te, si duae quaedam res tibi proponantur, una ad quam perveniendum sit, altera per quam pervenire possis, quam istarum pluris pendis et quam cui praeponis?

---

[255] cum autem non latet aliquid, utique scitur: 감각과 지식을 동일시하는 이 개념은 이하 29,56에서 배척되고 앞에서 내린(각주 250 참조) 정의가 재확인된다.

[256] '지식'(scientia, ἐπιστήμη)을 감각적 대상에 대한 지식(perceptio, κατάλεψις)과 가지적 대상에 대한 지식(intellegentia, νόησις)으로 나누면서, 감응적 대상을 추구하여 파악하는 것도 지식에 포함시킨 사조가 있어서(플로티누스 『엔네아데스』 5,9,7) 이런 토론이 가능했다.

[257] 앞에서(각주 255 참조) 정의한 대로 지식을 규정하면 짐승들에게서 감각적 지각마저 배제되어야 한다.

[258] 울릭시스(오디세우스)의 개가 20년 후에 돌아온 주인을 알아보았다는 설화(호메로스 『오디세이아』 17,291-327)를 예거하여 짐승에게도 scire(알다 → scientia)라는 동사가 적용될 만하다는 주장이다.

으면 알게 되지.²⁵⁵ 그리고 모든 감각이, 신체의 감응을 감응 그 자체로 영혼이 놓치지 않는 것이라고 정의한다면 짐승들은 무엇을 감지하지 못한다는 결론이 되네. 그런데 조금 전에 우리가 인정한 대로 짐승들을 감지하네. 이러니 감각에 관한 저 정의는 짐승들의 감각을 제외하고 있는 이상, 도무지 모든 감각을 내포할 수 없었으므로 저 정의를 배격하는 데 우리가 뭣을 주저하겠나?

지식은 무엇을 파악하여 갖춘 것이다²⁵⁶

[26].50. 에: 무엇을 확고한 이성으로 파악할 때 지식이 존재한다는²⁵⁷ 말을 두고 당신에게 수긍하였는데, 바로 그 점에서 내가 기만당했음을 인정합니다. 당신이 나에게 이것을 질문했을 적에 나는 인간만 염두에 두었습니다. 나로서는 짐승들이 이성을 사용한다는 말을 할 수도 없지만 짐승들에게 지식이 있음을 부인할 수도 없습니다. 헤아릴 수 없이 많은 딴 예들은 말하지 않기로 하고, 어떤 개가 스무 해가 지난 다음에도 주인을 알아보았다는 얘기가 있는데 내가 보기에 그 개는 자기 주인을 알고 있었습니다.²⁵⁸

아: 자네에게 부탁이니 내게 말해 보게. 자네에게 두 가지 사물이 제시되는데 하나는 거기에 도달해야 할 사물이고 다른 하나는 그것을 통해서 거기 도달할 수 있는 사물이라면²⁵⁹ 자네는 둘 중 어느 것을 중시하고 어느 것을 다른 하나에 우선시하겠나?

에: 거기에 도달해야 할 사물이 더 뛰어남을 누가 의심하겠습니까?

---

259 라틴어는 구상언어(具象言語)이므로 '목표'를 res ad quam perveniendum sit, '수단'을 res per quam pervenire possis로 표기할 만하다.

E. Quis dubitat eam praestare, ad quam sit perveniendum?

A. Ergo cum sint duae res quaedam scientia et ratio, per scientiam pervenimus ad rationem an per rationem ad scientiam?

E. Utraque res sibimet, quantum arbitror, ita nexa est, ut per alterutram ad alteram perveniri possit. Namque ad ipsam rationem non perveniremus, nisi ad eam perveniendum esse sciremus. Praecessit ergo scientia, ut ad rationem per eam perveniremus.

A. Quid? ad ipsam scientiam, quam dicis praecedere, sine ratione pervenitur?

E. Numquam hoc dixerim. Nam est ista summa temeritas.

A. Per rationem igitur?

E. Non ita est.

A. Ergo per temeritatem?

E. Quis hoc dixerit?

A. Per quid igitur?

E. Per nihil, quia insita est nobis.

51. A. Oblitus mihi videris, quid inter nos superius convenerit, cum rogassem, utrumnam putares tunc esse scientiam, cum res ali-

---

260 라틴어 ratio는 인식 도구인 '이성'도, 인식 대상인 '이념'도 의미한다. 에보디우스의 답변은 사물에 대한 감응을 통해서 도달하는 후험적 지식과 이념에 대한 선험적 포착을 전제하는 오성적 인식을 구분하는 아카데미아학파를 염두에 두고 있다.

261 insita est nobis: 사본에 따라 scientia(지식)가 주어로 나온다. 생득설(플라톤 『파이드로스』 249b)을 내세우는 대답이다.

아: 그 두 사물이 지식知識과 이성理性일 경우 지식을 통해서 이성에 도달하는가? 그렇지 않고 이성을 통해서 지식에 도달하는가?

에: 내 판단에는 그 둘이 아주 밀접하게 결부되어 있어서 서로 다른 하나를 통해서 다른 하나에 도달할 수가 있습니다. 그 까닭은 이성에 도달해야 한다는 사실을 알고 있지 않는 한 우리가 이성에 도달하지 못하기 때문입니다. 지식을 통해서 이성에 도달하게 된다면 지식이 선행한 셈입니다.[260]

아: 그래? 지식에, 그러니까 자네가 선행한다고 말하는 지식에 이성 없이도 도달하는가?

에: 나 같으면 그런 말은 절대 안 하겠습니다. 지독히 무모한 말이니까요.

아: 그럼 이성을 통해선가?

에: 그렇지는 않습니다.

아: 그럼 무모함을 통해선가?

에: 누가 그런 말을 하겠어요?

아: 그렇다면 무엇을 통해선가?

에: 그 무엇을 통해서도 아닙니다. 우리에게 선천적이니까요.[261]

지식은 확고한 이성으로 파악된다

26.51. 아: 앞서 어떤 사물이 확고한 이성으로 파악될 때 지식이라고 여기는지 여부를 자네에게 물었을 적에, 우리 사이에 어떤 점에 합의를 보았던가를 자네가 잊어버린 듯하네. 내 생각에 자네는 인간 지식이 그런 것으로 보인다고 답변했었네.[262] 그런데 이제 와서는 인간이 이성이 전혀 없이

---

262 바로 앞의 25,49-26,50 참조.

qua firma ratione percipitur. Nam respondisti, ut opinor, hanc tibi videri humanam scientiam. Nunc vero dicis posse hominem habere aliquam scientiam, cum rem nulla ratione perceperit. Quis autem non videat nihil sibi esse adversius quam ista duo sunt, et non esse scientiam, nisi cum res aliqua firma ratione percipitur, et esse cuiusdam rei scientiam nulla ratione perceptae. Itaque nosse cupio, utrum horum deligas; nam utrumque verum esse nullo pacto potest.

E. Hoc eligo, quod paulo ante dixi. Nam illud superius temere me dedisse confiteor. Cum enim ratione inter nos verum quaeramus idque fiat rogando et respondendo, quomodo posset ad summam perveniri, qua concluditur ratio, nisi aliquid prius concederetur? Concedi autem recte qui posset quod nesciretur? Ita ista ratio nisi inveniret in me aliquid cognitum, quo innitens ad incognitum duceret, nihil omnino per illam discerem nec eam prorsus rationem nominarem. Quamobrem frustra mihi non adsentiris ante rationem necessario esse in nobis aliquam scientiam, unde ipsa ratio sumat exordium.

A. Geram tibi morem et te quidem, ut institui, quotiens alicuius dati paenitet, emendare permittam. Sed ne, quaeso, abutaris ista licentia et neglegenter, cum interrogo, adtendas, ne adsidue male

---

263 ad summam pervenire: '결론에 도달할 수 있겠습니까?' 하는 번역도 가능하다.
264 『아카데미아학파 반박』(1,3,8)에는 다음과 같은 토론 규칙이 소개된다. "토론자의 승패 문제를 가볍게 보는 일은 작지 않은 덕목이므로 … 트리게티우스에게는 자기가 함부로 수긍했다고 여기는 전제로 돌아가도록 허락하겠다. 그 허락은 내 권리에 속하는 까닭이다."

도 사물을 파악하여 모종의 지식을 가질 수 있다는 말을 하고 있네. 이 두 명제만큼, 곧 사물이 확고한 이성으로 파악되지 않으면 지식은 존재하지 않는다는 명제와 이성이 전혀 없이도 파악되는, 어떤 사물에 관한 지식이 존재한다는 명제처럼 서로 상충되는 것이 없음을 누가 모르겠는가? 이 두 명제가 다 참일 수는 도저히 없는데 자네는 둘 중 어느 것을 택할 생각인지 알고 싶구먼.

에: 조금 전에 내가 말로 한 바를 택하렵니다. 다른 명제는 내가 섣불리 수긍했다고 자인하겠습니다. 우리끼리는 지금 이성으로 진리를 탐구하고 있으며 질의하고 응답하면서 그 작업이 이루어지고 있습니다. 그런데 먼저 뭔가 전제로 수긍하고 들어가지 않으면 어떻게 종합綜合, 즉 이성이 결말을 이루는 종합에 도달할[263] 수 있겠습니까? 자기가 모르는 바를 수긍하는 일이 도대체 가능하겠습니까? 저 이성이 이미 인식된 무엇을 — 그러니까 이성은 기지旣知의 그것을 토대로 미지未知의 것을 탐구하도록 나를 이끌어 갈 것입니다 — 내게서 발견하지 못한다면, 내가 이성을 통해서도 아무것도 못 배우고 말 것이고, 심지어 그것을 이성이라고 부를 수도 없을 것입니다. 그러므로 이성보다 먼저 우리에게 모종의 지식이 필히 존재하고, 이성은 거기서 출발점을 삼습니다. 당신이 이 점에 찬동하지 않으려고 해도 허사입니다.

아: 나는 자네 말을 들어 주겠고, 자네가 무엇에 동의하고서 성급했다고 후회할 적마다, 자네가 바로잡도록 허용하겠네.[264] 내가 처음부터 미리 작심한 바네. 하지만 부탁하건대 그 같은 여지를 남용하지 말 것이며, 내가 질문을 던질 때 주의를 소홀히 하는 일은 없어야겠고, 잘못 수긍한 것들이 너무 많다 보니까 제대로 수긍한 것마저 의심하지 않으면 안 되는 그런 일이 있어서는 안 되네.

concessa etiam de his, quae bene concedentur, dubitare te cogant.

E. Perge potius ad cetera. Quamvis enim addam vigilantiae meae quicquid possum – nam et me pudet de sententia cadere totiens –, numquam tamen deterrear pudori huic reniti et lapsum meum te praesertim manum dante corrigere. Neque enim est ideo suscipienda pertinacia, quia optanda constantia.

XXVII 52. A. Proveniat tibi plane ista constantia, quam citissime potest; ita mihi placitam sententiam protulisti. Sed nunc fito quam praesentissimus ad ista quae volo. Quaero enim abs te, quid tibi interesse videatur inter rationem et ratiocinationem.

E. Non satis valeo ista discernere.

A. Hoc ergo intuere, utrum existimes homini iam adulescenti vel viro aut – ut omnem ambagem auferam – sapienti sine intermissione inesse rationem, dum mente sanus est, sicut bonam valetudinem corpori, dum peste ac vulneribus caret, an sicut ambulare, sedere, loqui, modo inesse, modo deesse.

E. Sanae menti semper puto inesse rationem.

A. Quid hoc? dum per ea, quae concedentur ac manifesta sunt,

---

265 이성에 선행하는 지식이 있다는 — 짐승에게도 — 에보디우스의 주장(26,50-51)에 대한 기다란 반박이 나온다(27,52-28,54).

266 fito: fieri 동사의 고어체(古語體) 미래 명령어가 불쑥 나와 문헌학자들의 시선을 끈다.

267 inter rationem et ratiocinationem: 아리스토텔레스와 스토아철학 이래 '지성의 시선'(mentis aspectus)이라고 할 이성(ratio, λόγος)과 '이성의 탐구하는 운동'인 추리(ratiocinatio, λογισμός)의 구분을 로마인들도 익히 알고 있었다.

에: 차라리 나머지 얘기로 넘어가시지요. 내 힘이 미치는 대로 뭔가를 경계심에다 보태겠지만, 판단에서 자꾸만 실수하다 보니까 나도 부끄럽습니다. 하지만 겁먹지 않고 그런 부끄럼에 저항하겠고, 더구나 당신이 손을 내밀어 주는 만큼, 주저하지 않고 내 실수를 바로잡겠습니다. 일관성을 동경해야겠지만 그렇다고 옹고집을 부리라는 말은 없습니다.

추론보다도 확고한 이성으로 파악된다[265]

27.52. 아: 그런 일관성이 가능한 대로 한시 바삐 자네에게 갖춰지기를 비네. 하여튼 자네는 내 마음에 드는 견해를 설파했네. 하지만 당장은 내가 하려는 말에 최대한으로 정신 집중을 하시게.[266] 이성理性과 추리推理 사이에[267] 어떤 관계가 있는 것으로 보이는지 자네에게 묻겠네.

에: 나는 그것을 제대로 구분해 낼 능력이 없습니다.

아: 청년이나 장년이나, 애매한 얘기를 일체 덜고자 해서 하는 말이지만, 이미 현자가 된 사람에게는 이성이 부단히 내재하고 있다고 여기는지 곰곰이 생각해 보게. 역병과 상처가 없어 몸에 양호한 건강이 갖추어져 있듯이 지성이 온전한 지경에서는 이성이 중단 없이 내재하는지, 안 그러면 걷고 앉고 말하는 동작처럼 때로는 내재하고 때로는 내재하지 않는다고 여기는지 헤아려 보게.

에: 건전한 지성에는 이성이 항상 내재한다고 생각합니다.

아: 그럼 이건 어떤가? 이미 수긍되거나 자명한 사안을 통해서 다른 사람에게 질문을 던짐으로써, 혹은 기왕에 인식된 여타의 사안들을 종합함으로써, 우리가 어떤 사물에 관한 인식에 도달한다고 하세. 자네는 우리나 어떤 현자가 이런 작업을 항상 하고 있다고 보이는가?

영혼의 위대함 197

vel interrogando alium vel conectendo alia perducimus nos ad alicuius rei cognitionem, videturne tibi aut nos aut quivis sapiens semper facere?

E. Non semper; non enim semper homo quilibet aut sapiens, quantum opinor, vel secum vel cum alio quaerit aliquid disserendo. Nam qui quaerit, nondum invenit; ita si semper quaerit, numquam invenit. Sapiens autem iam invenit, ut nihil aliud dicam, vel ipsam sapientiam, quam, cum esset stultus, disserendo fortasse aut quoquo modo alio poterat, requirebat.

A. Recte dicis. Quare intellegas volo non esse istam rationem, dum per ea, quae conceduntur atque cognita sunt, ad aliquid incognitum ducimur; hoc enim non semper, ut iam consensimus, inest menti sanae, ratio autem semper.

53. **E.** Intellego; sed quorsum ista?

A. Quia paulo ante dixisti propterea me tibi debere adsentiri scientiam nos habere ante rationem, quod cognito aliquo nititur, dum nos ratio ad incognitum ducit. Nunc autem invenimus non rationem vocandam esse, dum hoc agitur; non enim sana mens agit hoc semper, cum semper habeat rationem. Sed recte ista fortasse ratiocinatio nominatur, ut ratio sit quidam mentis aspectus, ratiocinatio autem rationis inquisitio, id est aspectus illius per ea quae as-

---

268 양도논법 형태의 이 반박은 교부의 첫 저서 『아카데미아학파 반박』 제3권에서 수차 활용된다.

에: 항상은 아닙니다. 내 생각에 보통 사람이든 현자든 간에, 스스로나 타인과 토론하면서 탐구를 늘 하고 있는 것은 아닙니다. 그 이유는 탐구하는 사람은 그 대상을 아직 발견하지 못한 셈이고, 따라서 만일 늘 탐구하고 있다면 결코 발견하지 못했다는 말입니다.[268] 다른 말은 안 하더라도, 적어도 현자라면, 지혜 자체를 발견했을 것입니다. 어리석은 사람이었을 적에 탐구해 오던 그 지혜를, 아마 토론을 해서든 혹은 자기에게 가능한 다른 방도로든 이미 발견했을 것입니다.

아: 맞는 말일세. 단지 그게 '이성'은 아님을 자네가 알아챘으면 하네. 이미 수긍하거나 인식하고 있던 것들을 통해서 우리가 미지의 다른 무엇에로 이끌려 가는 과정이 곧 이성은 아니라는 사실 말일세. 우리가 이미 동의한 대로, 이런 추리 과정이 건전한 지성에 항상 내재하지는 않은 데 비해서 이성은 항상 내재하는 까닭일세.

지식이 이성보다 가치 있다

27.53. 에: 알아챘습니다. 하지만 그 얘기를 어디로 끌고 갈 작정입니까?

아: 조금 전 자네는 이성에 앞서 우리가 지식을 갖추고 있다는 사실을 두고 내가 자네에게 동의하지 않으면 안 된다고 했지. 그 근거로는 이성이 우리를 미지未知의 것으로 인도할 때에는 그 기지旣知의 무엇을 바탕으로 삼아 그런 노력을 한다는 요지였네. 그런데 지금 그런 작용이 일어날 때 그것을 '이성'이라고 불러서는 안 된다는 사실을 우리가 발견했네. 건전한 지성은 항상 이성을 갖추고 있지만 항상 그런 작업을 하고 있는 것은 아니기 때문일세. 오히려 그것은 추리推理라고 부를 만하며, 이성이 지성의 시선이라면 추리는 이성의 탐구라고, 달리 말하자면 지성이 바라보아야 할

picienda sunt motio. Quare ista opus est ad quaerendum, illa ad videndum. Itaque cum ille mentis aspectus, quem rationem vocamus, coniectus in rem aliquam videt illam, scientia nominatur; cum autem non videt mens, quamvis intendat aspectum, inscitia vel ignorantia dicitur. Non enim et his corporalibus oculis omnis qui aspicit videt; quod in tenebris facillime animadvertimus. Ex quo liquet, ut opinor, aliud esse aspectum, aliud visionem; quae duo in mente rationem et scientiam nominamus, nisi quid te adversus haec movet aut parum dilucide ista distincta arbitraris.

E. Per mihi haec distinctio placet et libenter adsentior.

A. Vide ergo nunc, utrum aspicere nos putes, ut videamus, an videre, ut aspiciamus.

E. Hinc vero ne caecus quidem quisquam dubitaverit, aspectum esse propter visionem, non visionem propter aspectum.

A. Fatendum igitur visionem pluris quam aspectum esse pendendam.

---

269 추론이란 "기왕 취득한 사물로부터 아직 취득하지 못한 사물로 유도하는 인식 과정"(키케로 『아카데미아학파 회의론』 8,26)이라고 정의된다.

270 참조: "영혼의 시선, 그것이 이성이다"(aspectus animae ratio est: 『독백』 1,6,13). 만약 visio를 우리말 '봄'으로 표기한다면 aspectus는 '눈길'로 표기할 만하다.

271 inscitia vel ignorantia: 어원상으로는 '의식하지 못함'과 얘기해 주지 않아서 '모르고 있음'으로 구분된다.

272 어둠 속에서 눈을 뜨고 눈길을 돌리더라도(aspicit) 뭣을 보는 것(videt)은 아니다.

273 aliud esse aspectum, aliud visionem: 본서 33,75-76에서 이 구분이 다시 거론된다. 다른 데서는 하느님을 관상하는 경지(visio beatifica)를 염두에 두고 이 구분을 하는 듯하다. "쳐다본다고 꼭 보는 것은 아니다. 바르고 완전한 시선, 시력이 따라오는 시선을 덕(德)이라 이른다. 또는 [말을 달리해서] 덕이란 바른 이성 혹은 완전한 이성이다"(『독백』 1,6,13).

대상들을 향하는 지성의 시선의 운동이라고 하겠네.²⁶⁹ 그러니 이 후자는 탐구하는 데 필요하고 전자는 바라보는 데 필요하네. 따라서 우리가 이성이라고 일컫는, 지성의 저 시선이²⁷⁰ 어떤 사물에 투사되어 그 사물을 바라볼 때 지식知識이라고 일컫네. 그 대신 지성이 시선을 움직이면서도 무엇을 보고 있지 않을 때는 미지未知 또는 무지無知라고 말하지.²⁷¹ 우리의 이 육안을 가지고서도 바라보는 사람 모두가 보는 것은 아닐세. 그런 현상은 어둠 속에서 아주 쉽게 드러나지.²⁷² 그러니 '눈길' 다르고 '봄'이 분명히 다르다고²⁷³ 생각하네. 우리는 지성知性에 있는 그 둘을 이성理性과 지식知識이라고 부르네. 자네가 이 논지에 반대할 말이 있거나 이런 구분이 어딘가 석연치 않다고 여긴다면 얘기가 다르지만 말일세.

에: 이 구분은 나한테 아주 흡족할뿐더러²⁷⁴ 기꺼이 동의합니다.

아: 그럼 보게나. 우리가 보려고 눈길을 돌린다고 생각하는가, 눈길을 돌리려고 본다고 생각하는가?

에: 눈먼 사람이 아닌 바에야 누가 그 점에 의심을 품겠습니까? 눈길이 보자고 있지, 봄이 눈길을 위해 있는 것은 아닙니다.

아: 따라서 봄이 눈길보다 중요하다고 해야겠구먼.

에: 그렇게 말해야지요.

아: 따라서 지식이 이성보다 중요하다고 해야겠네.

에: 그런 결론이 나오는군요.

아: 자네는 혹시 짐승들이 사람들보다 더 낫고 더 행복하다는 말이 마음에 드나?

---

²⁷⁴ per-mihi-placet: perplacet의 분어법(分語法, tmesis)으로 '대단히 흡족하다'는 의미. 사본에 따라 pro로 잘못 수정하기도 했다.

E. Fatendum omnino.

A. Ergo et scientiam pluris quam rationem.

E. Consequens video.

A. Placetne tibi meliores aut feliciores esse hominibus bestias?

E. Avertat deus tam immanem amentiam.

A. Recte sane exhorruisti. Sed ad id nos cogit sententia tua; dixisti enim eas habere scientiam et non habere rationem. Rationem autem habet homo, per quam vix ad scientiam pervenitur. Sed ut concedam facile perveniri, quid nos adiuvabit ratio, ut bestiis nos anteponendos putemus, cum illae habeant scientiam et hanc pluris quam rationem pendendam esse compertum sit?

XXVIII 54. E. Cogor omnino aut scientiam bestiis non concedere aut nihil recusare, quin mihi merito anteponantur. Sed, quaeso, explica illud, quod de cane Ulixis conmemoravi, qualenam sit. Nam eius admiratione conmotus tam inaniter latravi.

A. Quid autem hoc putas esse nisi vim quandam sentiendi, non sciendi? Sensu enim nos multae bestiae superant, cuius rei causam non hic locus est ut quaeramus, mente autem, ratione, scientia nos illis deus praeposuit. Sed ille sensus ea, quibus tales animae delec-

---

275 앞의 각주 258 참조.

276 latravi: 개와 사람을 비교했으니 자기의 말은 개 짖는 소리나 진배없이 되었다는, 자조 섞인 말이다.

277 예컨대 앞의 14,24에서 독수리 눈이 우리 눈보다 예리하다고 했다.

에: 하느님이 그따위 어처구니없는 미친 짓에서 벗어나게 해 주시기를 빌 따름입니다.

아: 그런 두려움을 품는 것은 옳은 일일세. 그러나 자네 견해는 우리가 다음과 같은 결론을 내리지 않을 수 없게 만드네. 자네는 짐승들이 지식을 가지고 있다고 하면서 이성은 가지고 있지 않다고 했네. 이성은 인간이 가지고 있고, 그것을 써서 겨우겨우 지식에 도달하곤 하거든. 그러나 짐승도 도달할 만큼 지식에 도달하기가 그렇게 쉽다고 수긍한다면, 이성이 우리한테 무슨 도움이 되겠나? 우리를 짐승보다 낫다고 여기게 만드는 그 이성 말일세. 짐승들이 지식을 가지고 있고, 지식을 이성보다 앞세워야 함이 분명하다면 말일세.

짐승에게는 지식이 없다

28.54. 에: 그럼 저는 짐승들한테 지식이 있음을 인정하지 않거나 짐승들이 나보다 낫다는 말에 아무런 이의를 못 달거나 둘 중 하나로 몰리는 셈이군요. 그렇지만 울릭시스의 개에 관해서 내가 기억하고 있는 저 얘기가 어떤 얘긴지 내게 설명해 주십시오.[275] 그 개를 두고 탄복한 나머지 내가 엉뚱한 소리를 짖어 댄 셈이군요.[276]

아: 그게 인식하는 능력이 아니고 단지 감각하는 어떤 능력이라는 점 말고 뭘 생각하나? 감각으로 말하자면 많은 짐승들이 우리보다 낫다고 하겠는데,[277] 여기서 그 원인을 두고 따질 자리는 아니라고 보네. 그 대신 하느님은 지성, 이성 그리고 지식으로 우리가 그것들보다 낫게 앞세우셨네.[278]

---

[278] mens, ratio, scientia: 교부는 여러 후속 저서(『질서론』 2,19,49; 『자유의지론』 1,7,16-8,18; 『참된 종교』 19,53)에서 감각적 지각을 인식하고 판단한다는 점에서 인간이 동물보다 뛰어남을 역설한다.

tantur, accedente consuetudine, cuius magna vis est, potest discernere atque eo facilius, quod anima beluarum magis corpori adfixa est, cuius sunt illi sensus, quibus utitur ad victum voluptatemque, quam ex eodem illo corpore capit. Humana vero anima propter rationem atque scientiam, de quibus agimus, quod sunt ista longe praestantiora sensibus, suspendit se a corpore, quantum potest, et ea quae intus est, libentius fruitur voluptate; quantoque in sensus declinat magis, tanto similiorem hominem pecori facit. Inde est, quod etiam pueri vagientes, quanto alieniores a ratione sunt, tanto facilius discernunt sensu etiam contactum coniunctionemque nutricum nec odorem aliarum possunt sustinere, cum quibus consuetudo non fuit.

55. Quamobrem, quamvis aliud ex alio inciderit, libenter tamen in eo sermone demoror, quo admonetur anima, ne se ultra quam necessitas cogit, refundat in sensus, sed ab his potius ad seipsam con-

---

279 신플라톤 철학에 경도되어 있던 아우구스티누스는 감관으로부터 멀리 이탈할수록 영혼이 명민해진다고 생각하였다.
280 "영혼의 전진(前進)이 사멸할 것들에게까지 타락해 나갔으므로 그에 상응하여 이성을 향한 후진(後進)이 이루어져야 한다"(『질서론』 2,11,31)는 이유로 아우구스티누스는 reversio a deo('하느님을 등지는 배향'), conversio ad deum('하느님을 향한 전향')을 강조한다(『자유의지론』 4,55).
281 마태 18,3("너희가 회개하여 어린이처럼 되지 않으면 결코 하늘나라에 들어가지 못한다")을 연상시킨다.

저 감각으로 말하자면, 짐승들의 소위 영혼들이 좋아하는 대상을 구분을 할 능력이 있는데, 더구나 감각에 습성이라는 것이 덧붙여지고 습성의 위력이 매우 큰 까닭에 그 능력이 대단하네. 거기에다 짐승들의 영혼 — 저 감각들은 다름 아닌 영혼의 것일세 — 은 신체에 더 철저히 매이는 만큼, 먹이라든가 바로 그 신체에서 끌어당기는 쾌락을 찾는 데에다 저 감각들을 능숙하게 구사하지. 그러나 인간 영혼은, 우리가 지금 논하고 있는 이성과 지식 — 이것들은 감각보다 까마득하게 월등하고 — 이라는 것 덕분에, 일정한 범위 내에서는 자체를 신체로부터 단절시키기도 하며, 그렇게 함으로써 내면에 있는 것을 자유자재로 향유하기도 하네. 그래서 사람은 감각에 기울면 기울수록 그만큼 자신을 짐승과 비슷하게 만드는 법일세.[279] 그런 이유로 보채는 어린애들도 아직 이성으로부터 거리를 두고 있는 만큼 유모들의 손길과 접촉을 쉽사리 직감으로 구분하고, 익숙하지 않은 딴 여자들의 체취를 견디지 못하네.

우리 자신과 하느님께 무엇을 빚졌는가

28.55. [아:] 딴 얘기가 나온 김에 하는 말이지만, 잠시 걸음을 멈추고 인간 영혼에 충고가 될 한마디를 기꺼이 하겠네. 즉, 영혼은 어쩔 수 없는 필요 그 이상으로 감각에 집착해서는 안 된다는 말이네. 감각들로부터 돌아서 자기한테 정신을 가다듬고,[280] 하느님 앞에서 다시 어린애다워져야[281] 하네. 이것은 옛 인간을 벗어 버리고 새 인간을 입는 일일세.[282] 인간이 하느

---

[282] 콜로 3,9-10 참조: "여러분은 옛 인간을 그 행실과 함께 벗어 버리고 새 인간을 입은 사람입니다. 새 인간은 자기를 창조하신 분의 모상에 따라 끊임없이 새로워지면서 참지식에 이르게 됩니다."

ligat et repuerescat deo; quod est novum hominem fieri vetere exuto; a quo incipere propter neglectam dei legem certa est necessitas, quo neque verius neque secretius quicquam Scripturis divinis continetur. Vellem hinc plura dicere ac meipsum constringere, dum quasi tibi praecipio, ut nihil aliud agerem quam redderer mihi, cui me maxime debeo, atque ita deo fieri, quod ait Horatius: 'amicum mancipium domino'. Quod omnino fieri non potest, nisi ad eius reformemur imaginem, quam nobis ut pretiosissimum quiddam et carissimum custodiendam dedit, dum nos ipsos nobis tales dedit, qualibus nihil possit praeter ipsum anteponi. Hac autem actione nihil mihi videtur operosius et nihil est cessationi similius neque tamen eam suscipere aut implere animus potest nisi eo ipso adiuvante cui redditur. Unde fit, ut homo eius clementia reformandus sit, cuius bonitate ac potestate formatus est.

---

283 원죄에 관한 설화와 언명(창세 3,1-24; 로마 5,12-21; 1코린 15,21-22.44-50)을 가리키며『참된 종교』(26,49-27,50),『신국론』(15,1,2)에서 개진하는 내용이다.

284『재론고』1,7,3: "내 보기에는 아마도 '하느님께 큰 빚을 지고 있는 만큼 하느님께 그 빚을 갚는 일 말고는'이라고 말했어야 좋을 것 같다. 내가 이런 말을 한 것은 무릇 사람은 우선 자기 자신에게 빚을 갚아야 하고, 그것을 흡사 층계처럼 삼아 몸을 일으켜 하느님께까지 오를 수 있기 때문이었다. 곧이어 나는 '주인의 벗이 되어 주는 노예가 되겠다'는 말을 덧붙였다. 따라서 '내가 나 자신에게 가장 크게 빚을 지고 있다'는 문구는 사람들과 연관시켜서 한 말이었다. 내가 다른 사람들보다도 나 자신에게 빚을 지고 있는 까닭이다. 물론 나 자신에게 보다 하느님께 빚을 더 지고 있지만 말이다."

285 amicum mancipium domino: 호라티우스『풍자시』2,7,2-3. 교부는 "나는 너희를 더 이상 종이라고 부르지 않는다. 종은 주인이 하는 일을 모르기 때문이다. 나는 너희를 친구라고 불렀다"(요한 15,15)라는 성경 구절을 염두에 두고 있는 듯하다.

님의 율법을 소홀히 한 탓으로 보아, 바로 거기서 시작하는 것이 필수적이지. 성경에 이보다 진실하고 이보다 심오한 무엇이 간직되어 있지 않네.[283] 여기서 난 더 많은 얘기를 하고 싶네. 또 (내가 그러니까 스승으로서 자네에게 가르친다는 점에서) 나로서는 나 자신에게 나를 되돌려 주는 일 말고는 아무것도 해서는 안 된다고 나 자신을 몰아치고 싶네. 나로서는 나 자신에게 가장 크게 빚을 지고 있거든.[284] 그렇게 함으로써 하느님께서는 호라티우스가 한 말처럼, "주인의 벗이 되어 주는 해방 노예"[285]가 되는 셈일세. 이 일은 우리가 그분의 모습으로 쇄신되지 않는 한 이루어질 수 없네. 그 모습은 우리에게 더할 나위 없이 보배로운 무엇, 더없이 소중한 무엇으로 간직하라고 주신 것이네.[286] 또 하느님이 우리에게 우리 자신을 주신 이상, 당신을 빼놓고서는 우리 자신보다 앞에 놓을 것은 아무것도 없게 하셨네.[287] 그런데 내 보기에는 이 과업보다 더 수고스러운 일이 아무것도 없는 것처럼 보이는 동시에 이보다 안식安息에 흡사한 것이 아무것도 없네. 또 한 가지는 영혼이 이 과업을 받아들이고 이룩하는 데는, 내가 돌려드려야 할 그분으로부터 보우保佑를 입지 않는 한 불가능하네. 그러니까 인간은 그분의 선하심과 권능에 의해서 형성形成된 만큼 그분의 어지심을 힘입어 재형성再形成되어야 하네.[288]

---

[286] 1코린 15,47-49 참조: "첫 인간은 땅에서 나와 흙으로 된 사람입니다. 둘째 인간은 하늘에서 왔습니다. … 우리가 흙으로 된 그 사람의 모습을 지녔듯이, 하늘에 속한 그분의 모습도 지니게 될 것입니다."

[287] 이 점은 본서 말미(34,77-78)에서 다시 거론된다.

[288] eius clementia reformadus sit, cuius bonitate ac potestate formatus est: 아우구스티누스의 많은 저서에서 창조와 구원을 formatio와 reformatio라는 인간학 용어로 형언한다.

56. Sed ad propositum redire cogimur. Quare vide, utrum tibi iam probatum sit feras non habere scientiam totamque illam velut imaginem scientiae, quam miramur, vim esse sentiendi.

E. Probatum sane; et si quid de hoc diligentius quaerendum est, aliud tempus aucupabor. Nunc nosse cupio, quid hinc conficias.

XXIX 56. A. Quid aliud putas nisi definitionem illam sensus, ut antea, quod nescio quid plus quam sensum includebat, ita nunc contrario vitio vacillare, quod non omnem sensum potuit includere? Habent enim ferae sensum nec habent scientiam. Quicquid autem non latet, scitur et omne quod scitur ad scientiam profecto pertinet. De quibus omnibus iam mihi tecum convenit. Aut igitur non est verum sensum esse passionem corporis non latentem animam aut eo carent bestiae, quia scientia carent. Sensum autem concedimus bestiis: definitio ergo illa vitiosa est.

E. Fateor nihil me invenire quo resistam.

57. A. Accipe aliud, quo magis nos huius definitionis pudeat.

---

289 본서 26,49-50에서 논의되었다.

감각이 무엇인지 다시 한번 궁구하다

28.56. [아:] 그러나 우리는 어쩔 수 없이 본래의 주제로 돌아가야 하네. 짐승들이 지식을 가지고 있지 않으며, 지식의 모양을 띠고 있어서 우리가 감탄하는 그 모두가 실은 감각하는 능력이라는 점이 모름지기 자네에게 입증되었는지 보게나.

에: 네, 입증되었습니다. 그리고 이에 관해서 더 철저히 따질 것이 있으면 다른 기회를 이용하겠습니다. 당장은 당신이 여기서 무슨 결론을 끄집어내려는지 알고 싶습니다.

29.[56]. 아: 감각에 관한 저 정의 말고 내가 뭣을 끄집어낼 것 같은가? 저 정의가 전번에는 뭔지 모르지만 감각보다 더한 것을 내포했었는데, 지금은 정반대의 결함으로 흔들리고 있네. 그야말로 그 정의가 모든 감각을 내포하지 않을 수도 있다는 점일세. 짐승들은 감각은 가지고 있지만 지식은 가지고 있지 않네. 영혼이 놓치지 않는 것은 무엇이든지 알려지며, 알려지는 것은 모두 지식에 해당하네.[289] 이 모든 점에서는 나와 자네가 공감했네. 그렇다면 감각이란 영혼이 놓치지 않는 신체의 감응이라는 말이 참말이 아니거나, 짐승에게 지식이 결여된 것으로 미루어, 짐승에게는 감각이 결여되어 있거나 둘 중 하나일세. 그런데 우리는 짐승들에게 감각이 있다고 동의하네. 따라서 저 정의에는 결함이 있네.

에: 거기에 대꾸할 말을 전혀 찾아낼 수 없다고 자인합니다.

이성을 통해서 놓치지 않는 것이 지식이다

[29].57. 아: 우리가 이 정의를 탐탁스럽지 않게 여길 만한 다른 말도 들

Nam meministi, ut opinor, tertium definitionis vitium tibi demonstratum, quo prorsus nihil est turpius, cum ex neutra parte vera est, qualis est illa hominis 'homo est animal quadrupes'. Nam sive 'omnis homo animal quadrupes est' sive 'omne animal quadrupes homo est' qui dicit atque adfirmat, insanit profecto, si non iocatur.

E. Verum dicis.

A. Quid? si in hoc etiam vitio ista nostra deprehenditur, putasne quicquam magis esse quod sit explodendum atque exterminandum de animo?

E. Quis id recuset? Sed nollem, si fieri potest, etiam hic tamdiu detineri atque interrogatiunculis agitari.

A. Nihil est quod metuas; iam enim confectum est negotium. An tibi nondum persuasum est, cum de differentia ferarum et hominum ageretur, aliud esse sentire, aliud scire?

E. Immo maxime.

A. Aliud ergo sensus, aliud scientia.

E. Ita est.

A. Non autem sentimus ratione, sed aut visu aut auditu aut olfactu aut gustatu aut tactu.

E. Adsentior.

A. Et omne, quod scimus, ratione scimus. Nullus igitur sensus

---

290 앞의 25,47에서 "정의(定義)는 해설하기로 채택한 내용보다 덜 혹은 더 포함해서는 안 된다"(각주 239 참조)는 전제를 달고 환위법으로 그 결함이 발견된다고 했다.

291 aliud sentire, aliud scire: '느끼는 것 다르고 아는 것 다르다'라고 직역할 수 있다.

어 보게. 자네한테 저 정의의 세 번째 결함이 제시된 사실을 기억하리라 보네.²⁹⁰ '사람은 네 발 달린 동물이다'라는 인간 정의에서는 정위定位명제든 환위換位명제든 어느 편으로도 참이 아니라는 점에서 그보다 부끄러운 일이 없네. 왜 그런가 하면 '모든 사람은 네 발 달린 동물이다'라는 명제든 '네 발 달린 모든 동물은 사람이다'라는 명제든 그런 발설과 주장을 하는 사람은 농담으로 하는 말이 아니라면, 아주 정신 나간 사람이기 때문일세.

에: 맞는 말입니다.

아: 그래? 우리의 저 정의도 이런 결함을 지니고 있어 한심하다고 하세. 그러면 정신에서 이런 결함을 간파해 내고 제거하는 일보다 중요한 일이 있다고 생각하나?

에: 누가 아니랍니까? 그렇지만 가능하다면, 여기서 질질 끌면서 이런 저런 질문 따위로 시달리지 않았으면 좋겠습니다.

아: 전혀 걱정할 것 없네. 용무는 벌써 끝났네. 짐승과 사람의 차이를 논할 적에, 감지하는 것 다르고 인지하는 것 다르다는 사실을 두고 자넨 아직도 확신이 서지 않았나?²⁹¹

에: 단단히 섰습니다.

아: 그러니 감각이 다르고 지식이 다르구먼.

에: 그렇습니다.

아: 따라서 우리가 이성으로 감지하는 것이 아니고, 시각이나 청각이나 후각이나 미각이나 촉각으로 감지하는 것일세.

에: 맞습니다.

아: 그리고 우리가 뭘 안다면 모두 이성으로 아는 것일세. 그러므로 어느 감각도 지식이 아니네. 영혼이 놓치지 않는 것은 지식에 해당하네. 또 어떤 사람을 두고도 네 발 가진 동물이라고 하는 말이 옳지 않듯이, 영혼

scientia est. Quicquid autem non latet, ad scientiam pertinet. Ad nullum ergo sensum pertinet non latere, ut nullus homo quadrupes recte dici potest. Quamobrem ista nostra definitio suscepta tua non solum alienos terminos invasisse neque aliquid sui iuris reliquisse, sed nihil omnino habuisse proprium totumque alienum occupasse convicta est.

E. Quid ergo agemus? Patierisne illam de iudicio ita discedere? Quamquam enim ego ei defensionem qualem potui praebuerim, tu tamen ipsam litis formulam, quae nos decepit, composuisti. Et ego quidem tametsi obtinere non potui, bona fide adfui, quod mihi satis est; tu vero si praevaricationis arguaris, quid facias, a quo et producta est, ut iurgaret audenter, et oppugnata, ut turpiter cederet?

A. Numquidnam est hic quisquam iudex, a quo huic vel mihi metuendum sit? Ego te privatim quasi adhibitus iurisconsultus instruendi causa refellere volui, ut cum ad iudicium ventum fuerit, paratus adsistas.

58. E. Est ergo aliquid, quod pro ista proferas, quam mihi invali-

---

292 바로 뒤에 오는 58절에서 이 명제가 옳지 않음을 재론한다. 영혼이 놓치지 않는 '지각' 은 감각에도 해당하고 지식에도 아울러 해당함을 분명히 밝힌다.

293 감각을 정의하면서 외연(外延)을 올바로 잡지 못하고 과불급의 오류에 떨어져 본래의 것(proprium)은 놓치고 이질적인 것(alienum)을 포함시킨 책임이 교사와 학도 모두에게 있다 (*nostra* definitio suscepta *tua*)는 설명이다.

294 convicta ... de iudicio ita discedere: 로마 법률 전문 용어들이다. 감각을 정의하는 토론을 법정 공방으로 간주하여 '유죄판결을 받았다'(convicta est)는 문장에 '그럼 항소를 포기하라는(discedere) 말입니까?'라는 문장으로 되받았다.

이 무엇을 놓치지 않는 일은 어느 감각의 소관도 아니네.²⁹² 이런 이유에서 우리가 내린 정의, 그리고 자네가 수긍한 정의는 다른 경계까지 침범했으면서도 자기 권한이 미치는 범위마저도 유기하였으며, 고유한 내용은 전혀 포함하지 못한 채 그 정의가 점유한 것은 전적으로 이질적인 것이라는 판결을 받았네.²⁹³

에: 그러니 어떻게 하자는 것입니까? 저런 정의가 재판에서 유죄판결을 받았으니 순순히 물러설 생각입니까?²⁹⁴ 나로서는 내가 할 수 있는 범위에서 나름대로 저 정의에 변론을 제공하였는데, 정작 저 쟁의爭議의 문안을 작성한 사람은 당신이었고 그 쟁의가 우리를 기만한 것입니다. 그뿐 아니라 나는 비록 승소를 얻지는 못했지만 선의를 가지고 임했고 그것으로 넉넉합니다. 그러나 당신은 이 쟁의를 두고 결탁結託²⁹⁵이라는 혐의를 받을 경우에 어떡할 작정입니까? 당신은 자진해서 그 정의를 제시해 놓고서는 내가 동의할라치면 거침없이 시비를 걸었고, 그래서 그 정의가 반박당하니까 굴욕적으로 물러서게 버려둔다는 말입니까?

아: 여기 무슨 판사라도 있어서 나나 저 정의가 경외심을 보여야 한단 말인가? 나는 사사로이, 법률 자문으로서²⁹⁶ 자네를 훈육한다는 명분으로 자네의 논지를 분쇄하고 싶었네. 그래야만 자네가 정작 재판정에 나설 때 누군가를 변호할 채비가 될 것이네.

29.58. 에: 당신은 이 정의를 내놓고서 아무 힘도 없는 나더러 결연하게 나서서 변호하고 옹호하라고 맡겼는데, 당신이라면 과연 이 정의를 편들

---

²⁹⁵ praevaricatio: 소송인의 변호사가 상대방과 타협하거나 심지어 야합하는 행위를 가리키던 법률 용어.

²⁹⁶ iurisconsultus: 정확하게는 '변호사'다.

dissimo temere defendendam tuendamque conmendas?

A. Est certe.

XXX 58. E. Quidnam id est, obsecro?

A. Quia, quamquam sit aliud sensus, aliud scientia, illud tamen non latere utrique commune est, ut ipsi homini et bestiae, quamvis plurimum differant, animal tamen esse commune est. Non latet enim, quicquid animae adparet sive per temperationem corporis sive per intellegentiae puritatem; atque illud primum sensus, hoc autem alterum scientia sibi vindicavit.

E. Manet ergo illa definitio tuta et probata?

A. Manet vero.

E. Ubinam ergo deceptus sum?

A. Ubi rogavi, utrum omne quod non latet, sciatur; tu enim huic rogationi temere adsensus es.

E. Nam quid velles dicerem?

A. Non continuo esse scientiam, si quid non latet, sed si per rationem non latet; cum autem per corpus non latet, sensum vocari, si

---

297 temperatio corporis: '신체의 조화'(앞의 각주 198 참조)와는 달리 신체를 구성하는 4원소들의 조절로 이루어지는 물리적 현상을 가리킨다.

298 본서 25,47-26,49 참조. 사실 아우구스티누스는 '[영혼이] 놓치지 않는 것'(non latere)과 '인지되는 것'(sciri)이 같으냐고 묻지는 않았다.

299 26,49에서도 "지식이란 어떤 사물이 확고한 이성으로 파악되고 인식될 때가 아니면 존재하지 않는다"고 단정한 바 있다.

어 발언할 말이 있나요?

아: 있고말고.

감각은 영혼이 놓치고 어쩌고 하는 것이 아니고

30.[58]. 에: 부탁입니다만, 그게 뭡니까?

아: 감각이 다르고 지식이 다르긴 하지만 놓치지 않는다는 점은 양편에 공통되네. 사람이든 짐승이든 많이 다름에도 동물이라는 점에서 공통되듯이 말일세. 또 영혼에 나타나는 것이면, 그것이 신체의 조절調節²⁹⁷을 통해서 나타나든, 지성의 정제精製를 통해서 나타나든 놓치지 않지. 다만 전자는 감각이 자기 것으로 돌리고 후자는 지식이 자기 것으로 돌리네.

에: 그러면 저 정의는 안전하고 확증된 것으로 남습니까?

아: 그렇게 남지.

에: 그럼 내가 어디서부터 속아 넘어간 것입니까?

아: 놓치지 않는 것이면 모두 인지되는 것이냐고 내가 물었던 대목일세. 자네는 이 질문에 대해 생각 없이 동조한다는 답변을 했지.²⁹⁸

에: 내가 무슨 말을 하기 바랐습니까?

아: 무엇을 놓치지 않는다고 즉각 지식이라고 말해서는 안 되고, 이성을 통해서 놓치지 않아야 그렇다고 대답했어야 하네.²⁹⁹ 신체를 통해서 놓치지 않을 때는 감각感覺이라고 불리는데 신체의 감응經驗이 감응 그 자체를 통해서 놓치지 않을 때여야 하네. 더 철두철미한 몇몇 철학자들은³⁰⁰ 지성에 의해서 파악된 것마저도, 지성이 그것을 두고 어떠한 이유로도 동요하

---

300 키케로(『아카데미아학파 회의론』 1,11,41-42)의 말에 의하면 스토아철학자들을 가리키는 듯하다.

영혼의 위대함 **215**

per seipsam non lateat corporis passio. An ignoras quibusdam philosophis et peracutis visum esse ne idipsum quidem, quod mente comprehenditur, ad nomen aspirare scientiae, nisi tam firma comprehensio sit, ut ab ea mens nulla ratione queat demoveri?

59. E. Accipio ista gratissime. Sed quaeso, quoniam quid sit sensus, subtilissime, quantum arbitror, explicatum est, referamus nos ad illam quaestionem, propter quam hoc explicandum susceperamus. Adtuleram enim ego argumentum, quo tantam probarem animam esse, quantum eius est corpus, eo quod tangentem a capite usque ad pedis extremum pollicem sentit, quaquaversum tetigeris; atque inde ad sensus definitionem morarum plenissimam, sed forte necessario delati sumus. Itaque ipsum fructum tanti operis iam ostende, si placet.

A. Est omnino, atque uberrimus. Nam totum, quod quaerebamus, effectum est. Si enim sensus est corporis passio per seipsam non latens animam, quod ut firmissime teneremus, diutius quam velles sermocinati sumus, meministine tandem nos comperisse ibi sentire

---

301 플라톤도 지식의 영역에 들어온 것도 '변증을 거쳐서' 확증되어야 하고(『공화국』*Respublica* 511b-c), 아리스토텔레스도 '삼단논법을 거쳐서' 확증되어야 한다는(『분석론 후서』 *Analytica posterior* 71b) 조건을 설정한 바 있다.

302 "지식은 단지 사물을 포착하는 것으로 성립하는 것이 아니고 사물을 포착하되 누구든지 거기서 오류에 빠지지 않아야 하고 여하한 반대자들에게 몰리더라도 흔들리지 않아야 한다"(아우구스티누스『아카데미아학파 반박』1,7,19).

303 본서 15,26에서 제기하였고 다시 22,40에서 제기하였음에도 진지한 논의가 이어지지 못했다.

지 않을 만큼 확고한 파악이 아닌 한, 지식이라는 명칭을 요구해서는 안 된다는 주장까지 한다는 사실을 모른단 말인가?[301]

신체가 감응하고 영혼이 놓치지 않는 것이다

[30].59. 에: 그 말은 기꺼이 받아들입니다.[302] 내가 보기에는 감각이 무엇인지에 관해서는 아주 세세하게 설명이 나왔습니다. 그러니까 우리가 감각에 관한 그 설명을 일시 보류하게 만든 그 질문으로 돌아가 주었으면 합니다. 나는 영혼은 그 신체의 크기만큼 크다고 하고, 머리끝에서부터 엄지발가락 끝까지 당신의 어디가 만져지든 이를 감지한다는 사실이 그 증거라는 논지를 제시하였습니다. 그러다 감각에 대한 정의로 밀렸는데, 거기서는 온갖 흉계가 가득했지만 아마 어쩔 수 없이 그렇게 지체한 것 같습니다. 그러니, 괜찮다면, 그토록 고생한 성과를 지금쯤 당신이 보여 주었으면 합니다.[303]

아: 실은 성과가 있었고 참으로 풍부했네. 사실 우리가 문제 삼던 것들이 전부 달성되었네. 감각이라는 것이 신체의 감응이라고, 감응 자체를 통해서 영혼이 놓치지 않는 신체의 감응이라고 하세.[304] (우리는 이 정의를 두고 자네가 바라던 것보다 훨씬 오래 토론했는데, 결과적으로는 그만큼 확고하게 이 정의를 확보하기에 이르렀네.) 그런데 기억이 나나? 눈은 눈 자체가 존재하지 않는 곳에서 무엇을 감지한다는, 혹은 표현을 달리 해서 감응을 얻는다는 사실 말일세.[305]

---

304 23,41에서 "감각이란 신체가 감응하는 바를 영혼이 놓치지 않는 것"이라고 정의하였고, 25,49에서 "감각이란 신체의 감응을 [감응] 자체를 통해서(per seipsam) 영혼이 놓치지 않는 것"이라고 보완되었다.

305 본서 23,43-44 참조.

oculos, ubi non sunt, vel potius ibi pati?

E. Memini.

A. Etiam illud dedisti, nisi fallor, nec modo dubitas dandum fuisse, animam multo quam totum corpus est, esse meliorem ac potentiorem.

E. Hinc vero dubitare nefarium puto.

A. Age, si corpus potest ibi pati aliquid, ubi non est, propter quandam cum anima contemperationem, quod oculis in cernendo accidere inventum est, adeone animam crassam et pigram putamus, per quam ipsi oculi tantum possunt, ut eam lateat corporis passio, si non ibi iaceat, ubi passio ipsa contingit?

60. E. Multum me movet ista conclusio et ita multum, ut omnino stupeam et non solum quid respondeam, sed prorsus ubi sim non inveniam. Quid enim dicam? Sensum non esse, cum corporis passio per seipsam non latet animam? Quid erit aliud, si hoc non est? Oculos nihil pati cum videmus? Absurdissimum est. Eos ibi pati u-

---

306 contemperatio: 교부는 시각(視覺)이 신체만의 물리적 작용도 아니고 영혼만의 심리적 작용도 아니고 양자의 공동 작용(corporis contemperatio cum anima)임을 이 용어로 표명하는 듯하다.

307 사본에 따라서는 띄어 읽기가 달라서 '눈이 현존하는 그곳에서 감응을 하되 눈 자체는 못 본다고 하는 것은 말도 안 되는 소리입니다'라는 번역이 가능하지만 문맥에 안 맞는다.

308 아우구스티누스의 감각 이론은 "감각은 신체의 것이 아니라 신체를 통한 영혼의 것이다"(sentire non est corporis, sed animae per corpus: 『창세기 문자적 해설』 3,5,7)라는 명제에 있다.

에: 기억납니다.

아: 내 말이 틀리지 않다면, 거기서 자네는 다음 사실도 수긍하였네. 영혼은 신체 전체가 그런 것보다, 훨씬 훌륭하고 힘 있다는 사실에 동의하였고, 지금도 동의해야 한다는 데 추호도 의심치 않으리라 보네.

에: 그것을 의심하는 일은 불가하다고 여깁니다.

아: 그럼 보게나, 신체가 스스로 존재하지 않는 그곳에서 무엇을 감응할 수 있는 것은 신체가 영혼과 맺고 있는 모종의 조정調整[306] 덕분인지. 눈으로 무엇을 감지하는 데서 그것이 발생한다는 사실이 드러났네. 눈은 영혼을 통해서 저렇게 대단한 일들을 해낼 수 있는데도, 정작 영혼은 하도 굼뜨고 게을러서, 신체의 감응이 발생하는 그 지점에 자리 잡고 누워 있지 않는 한, 영혼이 신체의 감응을 놓치고 만다는 말인가?

영혼은 눈이 현재하지 않는 그곳에서도 감응을 놓치지 않는다

30.60. 에: 그런 결론은 내게 커다란 충격을 줍니다. 무척 놀라서 뭐라고 대답해야 할지 모를뿐더러 내가 과연 어느 지점에 와 있는지조차 모를 정도입니다. 그러니 무슨 말을 할까요? 신체의 감응, 감응 자체를 통해서 영혼이 놓치지 않는 경우, 그것은 감각이 아니라고 할까요? 그게 아니라면 다른 뭘까요? 우리가 무엇을 볼 적에 과연 눈은 아무것도 감응하지 않는 것일까요? 그건 말도 안 되는 소리입니다. 눈은 눈이 현존하는 그곳에서 감응한다고 해야 할까요? 눈은 자체를 못 보고 자체가 현존하는 곳도 못 봅니다.[307] 그러니 눈 말고도 뭔가가 있습니다. 영혼이 바로 눈의 능력임에도[308] 영혼이 눈보다 더 능력 있는 것이 아니라는 말인가요? 그보다 정신

bi sunt? At seipsos non vident nec ubi sunt quicquam est praeter ipsos. Non esse oculis animam potentiorem, cum eadem sit istorum potentia? Nihil est dementius. An hoc dicendum est, potentius esse ibi pati, ubi quidque sit, quam ubi non sit? Sed si hoc verum esset, non esset praestantior visus caeteris sensibus.

A. Quid, quod ictum aliquem vel incidens quippiam vel umoris perturbationem cum ibi patiantur oculi ubi sunt, neque hoc animam latet nec ista passio visus, sed tactus vocatur? Et tamen talia pati oculus posset etiam in exanimo corpore, quamvis deesset anima, quam passio non lateret; illud autem, quod pati non potest oculus, nisi adsit anima, id est, quod videndo patitur, hoc solum ibi patitur, ubi non est? Ex quo cui non videatur nullo loco animam contineri? Siquidem oculus, quod est corpus, id tantum non loco suo patitur, quod numquam sine anima pateretur.

61. E. Quid igitur faciam, quaeso te? Nonne istis rationibus confici potest animas nostras non esse in corporibus? quod si ita est, nonne ubi sim nescio? Quis enim mihi eripit, quod ego ipse anima sum?

---

309 "인간이란 신체를 사용하는 이성적 혼이다"(anima rationalis utens corpore: 『가톨릭교회의 관습』 1,27,52)라거나 "인간이란 무엇인가? 신체를 가진 이성적 혼이다"(anima rationalis habens corpus: 『요한복음 강해』 19,5,15)라고 단정하면 이런 질문이 나올 법하다.

나간 소리가 없습니다. 무엇이든 자체가 현존하는 곳에서 감응을 하는 편이 현존하지 않는 곳에서 감응하는 일보다 더 강력하다고 말해야 합니까? 만약 이 말이 참말이라면 시각이 다른 감각들보다 월등하다고 못할 것입니다.

아: 눈이 현존하는 그 자리에서 무엇에 찔리거나 눈에 무엇이 들어오거나 물기가 흘러나오는 기분을 감응하게 되어 영혼이 그것을 놓치지 않을 경우에 그 감응은 '시각'視覺이라 하지 않고 '촉각'觸覺이라고 하는데 이것은 어찌 된 일인가? 물론 찔리거나 하는 일은 혼이 없는 신체 속에 있으면서도 눈이 겪을 수 있네. 이런 감응들을 놓치지 않는다는 영혼이 없어진 경우의 얘기네. 그런데 눈은 자체가 현존하지 않는 곳에서만 저런 감응을 한단 말일세. 영혼이 현존하지 않아야만 감응할 수 있는 것, 다시 말해 봄으로써 감응하는 것은 자체가 현재하지 않는 곳에서만 일어난다는 말일세. 이 사실로 미루어, 영혼은 어느 공간에도 내포되지 않는다는 사실을 누가 모르겠나? 그러니 눈, 곧 신체인 눈이 자기의 공간이 아닌 곳에서 감응하는 것은 오직 이것, 즉 영혼 없이는 결코 감응하지 못하는 이것뿐일세.

영혼은 공간에 위치하지 않는다

30.61. 에: 그렇다면, 부탁입니다, 나로서는 도대체 뭘 어떻게 해야 합니까? 저 논거들만 가지고서도 우리 영혼이 신체 속에 있는 것이 아니라는 결론을 끄집어낼 만하지 않습니까? 하지만 만일 그렇다면 나는 내가 어디 존재하는지 모르는 셈 아닙니까? 나 자신이 내 영혼이라는 사실을[309] 누가 나한테서 앗아 가겠습니까?

A. Ne perturbere ac magis bono animo facito sis. Ista enim cogitatio et consideratio ad nosmetipsos nos invitat et, quantum licet, avellit a corpore. Quod autem tibi visum est non esse animam in corpore viventis animantis, quamquam videatur absurdum, non tamen doctissimi homines, quibus id placuerit, defuerunt neque nunc arbitror deesse. Sed, ut ipse intellegis, res est subtilissima et ad quam cernendam mentis acies satis purganda est. Nunc adtende potius, quid aliud adferas, quo convincas animam vel longam vel latam esse vel quid eiusmodi. Nam illud argumentum tuum de tangendi sensu sentis non adtingere veritatem nec valere aliquid, ut eam per totum corpus tamquam sanguinem diffusam esse convincat; aut si iam quod adferas nihil habes, videamus quae restant.

XXXI 62. E. Nihil haberem fortasse, nisi recordarer, quantum pueri mirari soleremus palpitantes lacertarum caudas amputatas a cetero corpore; quem motum sine anima fieri nullo modo mihi per-

---

310 세계혼(Psyche)과 신적 이성(Nous)을 가리키는 어휘들이었지만 로마인들이 언뜻 듣기에 마치 '신체가 영혼 안에 깃든다'고 이해할 만한 문장들이 없지 않았다. "영혼의 조성이 조물주가 만족할 만큼 다 이루어졌을 적에 조물주는 그 속에다 물체를 조성하였고, 그것들을 결합시켰다"(플라톤 『티마이오스』 36e). "영혼이 우주 속에 있는 것이 아니고 우주가 영혼 속에 있다. 왜냐하면 신체가 영혼의 공간이 아니고, 영혼은 이성(nous) 속에 자리 잡고 신체는 영혼 속에 자리 잡고 있는 까닭이다"(플로티누스 『엔네아데스』 5,5,9).

311 철학적 이념 등은 "아주 깨끗한 사람이 아니면 볼 수 없는 것이고 지금까지 저 모든 훈련은 그대로 하여금 바로 저것을 관조하기에 적합한 인물이 되게 하려는 것이었다"(『독백』 2,20,34).

아: 너무 당황하지 말고 좀 진정해서 토론에 임해 보도록 하게. 저런 사색이나 고찰은 우리를 초대하여 우리 자신에게 돌이키도록 하고, 허용되는 범위 내에서 우리를 신체로부터 거리를 가지게 하네. 영혼이 살아 있는 생물의 몸속에 있지 않는 것처럼 보인다는 관점이 자네한테는 부조리하게 여겨지겠지만, 아주 박학하면서도 그런 견해를 좋아한 인물들이 없지 않았고 지금도 없지 않다고 보네.[310] 그러나 자네도 잘 알겠지만 이것은 아주 민감한 문제이고 그 일에 집중하자면 지성의 정곡正鵠이 제대로 정화되어야 하네.[311] 그보다 지금 당장은 영혼이 길거나 넓거나 기타 그런 무엇이라고 설득시킬 만한 다른 무슨 논거가 자네에게 있는지 생각해 내게.[312] 왜 그러냐 하면 만지는 감각으로부터 끌어내는[313] 자네 논지가 진리에 근접하지 못할뿐더러, 피가 온몸에 퍼져 있듯이 영혼이 온몸에 존재한다고 설득시킬 만한 힘도 없음을 자네도 감지할 테니까 하는 말이네. 혹시 자네가 내세울 논지가 더 이상 아무것도 없다면, 무슨 문제가 아직 남아 있는지 살펴보기로 하세.

어떤 곤충에 관한 여담[314]

31.62. 에: 우리가 어렸을 적에 도마뱀의 꼬리가 몸통에서 잘린 채 꿈틀거리는 모습을 보고서 얼마나 신기하게 여겼는지 기억나는데 나로서는 그것 말고는 딴 얘기를 보탤 것이 전혀 없습니다.[315] ▶ 도마뱀의 저런 움직임

---

312 플로티누스도 '영혼이 육신 안에 있다'는 문장을 어떻게 이해할 것인지 소상하게 설명해야 했다(『엔네아데스』 4,3,20).

313 조금 앞(30,59)에서 에보디우스는, 신체의 어느 부분을 만져도 촉각이 발생하는 것으로 미루어 감각의 주체인 영혼이 신체 전체에, 신체의 부피만큼 공간적으로 퍼져 있으리라는 주장을 다시 폈다.

314 이하(31,62-32,69)에서는 도마뱀의 예에서 계기가 되어 영혼의 불가분성(不可分性)을 토론한다.

suadere possum neque quo pacto fiat, ut nullum sit animae spatium, quando praecidi etiam cum corpore potest, intellego.

A. Possem respondere aerem et ignem, quae duo per animae praesentiam tenentur in corpore terreno et umido, ut omnium quattuor fiat contemperatio, dum post eiusdem animae abscessum ad superna evadunt ac sese expediunt, movere illa corpuscula tanto concitatius, quanto plaga recentiore subito erumpunt, dein porro motum languescere, postremo desinere, dum minus minusque fit quod effugit, ac deinde totum evolat. Sed ab hoc me revocat, quod his hausi oculis paene serius quam credi potest, sed certe non serius quam deberem. Cum enim nuper in agro essemus Liguriae, nostri illi adulescentes, qui tunc mecum erant studiorum suorum gratia, animadverterunt humi iacentes in opaco loco reptantem bestiolam multipedem, longum dico quendam vermiculum; vulgo notus est, hoc tamen, quod dicam, numquam in eo expertus eram. Verso namque stilo, quem forte habebat unus illorum, animal medium percussit. Tum ambae partes corporis ab illo vulnere in contraria disces-

◂315 몸이 토막 나서도 움직이는 도마뱀이나 곤충의 예를 들어 영혼이 신체의 어디에 있느냐는 토론은 오래된 것으로, 아리스토텔레스(『영혼론』 1,4,409a), 플로티누스(『엔네아데스』 4,4,29), 루크레티우스(『사물의 본성에 관하여』 3,652-669)도 언급하였다.

316 nullum sit animae spatium: 조금 앞(30,60)에서 "영혼은 어느 공간에도 내포되지 않는다"는 단언이 나왔다.

317 omnium quattuor contemperatio: 키케로(『투스쿨룸 대화』 1,17,40)는 영혼이 4원소의 배합이냐, 혹은 어떤 수(數)나 제5원소(quinta essentia)냐는 토론을 소개하면서, 영혼은 인체에 불과 공기, 물과 흙이 조화로운 조정(contemperatio)을 이루는 데 모종의 역할을 하는 것처럼 설명한다. '조정'이라는 용어는 앞의 각주 306 참조.

이 영혼 없이 일어나리라고는 무슨 말로도, 나부터도 설득이 안 됩니다. 또 도마뱀의 꼬리에서처럼 영혼이 신체의 한 부분과 더불어 절단될 수 있는 마당에 영혼에는 공간이 전혀 없다고[316] 하는 말이 어떻게 가능한지 나로서는 이해를 못하겠습니다.

아: 내가 할 수 있는 대답은 공기와 불이라는 것이, 영혼의 현전現前 덕분에, 흙과 습기로 된 신체 속에 잡혀 있다는 사실이네. 그렇게 해서 네 원소元素 전부의 조정調整이 이루어지네.[317] 그런데 바로 그 영혼의 이탈離脫 후에는 공기와 불이 원래의 상위 세계로 탈주하면서 자체를 해방시키는 동안, 상처가 방금 생긴 것일수록 잘려 나온 몸 조각이 요란하게 버둥거리다가 다음에는 차츰 움직임이 둔해지며 마지막에는 움직임을 그만두네. 영혼이 빠져나갈수록 움직임은 차차 줄어서 전부 날아가 버리면 움직임도 완전히 멈추네. 이런 설명을 하다 보니까 이 눈으로 자세히 지켜본 사실 하나가 생각나네. 이 얘기가 이제야 생각났다는 것은 믿기지 않지만, 내가 자네 얘기를 믿지 않으면 안 된다는 점에서는 너무 늦은 것 같지도 않네. 얼마 전에 우리가 리구리아[318] 땅에 가 있었지. 학습 때문에 나와 함께 거기에 가 있던 우리 젊은이들이[319] 땅바닥 그늘진 데 누워 있다가 발이 많이 달린 동물 하나가 기어가는 모습을 발견하였네. 기다란 벌레였어. 사람들에게 잘 알려진 벌레였지만 내가 얘기하려는 일은 한 번도 겪은 적이 없었네. 젊은이들 가운데 하나가 가지고 있던 펜촉 등으로 벌레 한가운데를 찔렀어. 그러자 벌레는 그 상처로 두 동강 나더니 각기 반대편으로 달려갔

---

318 Liguria: 당시 포강 북부 지방(Transpadana)을 가리키니까 밀라노, 초기 대화가 이루어진 카시키아쿰을 포함한다.
319 초기 대화편(『아카데미아학파 반박』, 『행복한 삶』, 『질서론』)에 등장하는 리켄티우스, 트리게티우스 등을 가리킨다.

serunt tanta pedum celeritate ac nihilo imbecilliore nisu, quasi duo huiuscemodi animantia forent. Quo miraculo exterriti causaeque curiosi ad nos, ubi simul ego et Alypius considebamus, alacriter viventia frusta illa detulerunt. Neque nos parum conmoti ea currere in tabula, quaquaversum poterant, cernebamus; atque unum ipsorum stilo tactum contorquebat se ad doloris locum nihil sentiente alio ac suos alibi motus peragente. Quid plura? Temptavimus, quatenus id valeret, atque vermiculum, immo iam vermiculos in multas partes concidimus. Ita omnes movebantur, ut nisi a nobis illud factum esset et comparerent vulnera recentia, totidem illos separatim natos ac sibi quemque vixisse crederemus.

63. Sed tunc ego, quod illis adulescentibus dixi, cum intenti me intuerentur, tibi nunc dicere vereor. Iam enim tantum processimus, ut, nisi tibi aliter respondero, quod secundum meam causam probabiliter valet, tota nostra intentio per tam longum munita sermonem ab uno vermiculo penetrata succubuisse videatur. Illis autem praeceperam, ut in studiis, sicuti coeperant, suum cursum tenerent; ita eos opportunius aliquando ad quaerenda et discenda ista, si res moneret, esse venturos. Sed quae illis discedentibus cum Alypio ser-

네. 아주 빠른 걸음으로, 조금도 비칠거리는 기색 없이, 마치 두 마리 생물이라도 된 듯이 달려갔네. 그 광경에 놀란 젊은이들은 그 까닭을 알고 싶어서 나와 알리피우스[320]가 함께 앉아 있던 곳으로 얼른 그 산 토막들을 가져왔다네. 우리마저도 적잖게 감탄하면서 그 토막들이 상 위에서 아무 데로나 달려갈 수 있음을 알아챘네. 그 중 하나를 펜촉으로 건드리자 통증이 느껴지는 쪽으로 몸을 비틀었고, 다른 반 토막은 아무런 통증도 못 느끼는지 다른 곳에서 제가 하던 움직임을 계속하고 있었네. 그래서 어떻게 했냐고? 어디까지 그럴 수 있는지 보고 싶어서 우리는 그 벌레 아니 두 벌레를 여러 동강으로 쪼갰다네. 그러자 조각들이 모조리 움직이는 것이었네. 우리가 손수 동강 내지 않았고 동강 낸 상처가 생생하지 않았더라면, 그 조각들이 제각기 따로 태어났고 나름대로 살아가는 것들이려니 하고 믿을 뻔했네.

합리적 사유가 엿보이면 무조건 배척할 것은 아니다

31.63. [아:] 그때 설명을 듣자고 나를 쳐다보던 젊은이들에게 내가 한 말을 지금 자네에게 하기가 꺼림칙하네. 우리는 토론을 하면서 상당히 앞서간 터이므로, 그때와 달리 답변하지 않는다면, 내 사안에 근거한 만큼 개연성 있는 대답이 못 되네. 그렇지 않았다가는 그동안 기나긴 언사言事를 통해서 구축해 온 우리의 의도 전체가 하찮은 벌레 한 마리가 침범하는 바람에 무너져 내리는 꼴이 되고 마네. 그때 나는 그 젊은이들더러 이제 공부를 갓 시작했으니까 그 과정을 마저 끝내라고 하명했거든. 그렇게 하다가 언젠가 그 현상을 환기시키는 계기가 생기면 사안에 따라서 그 현상

---

320 Alypius: 아우구스티누스의 고향 친구로 일평생 가장 가까운 우정을 나누었고 함께 세례 받고 귀향한 후 타가스테의 주교가 되었다.

mocinatus sum, cum uterque nostrum pro suo quisque modulo recordaretur et coniectaret et quaereret, si exponere velim, longe plura nobis dicenda sunt quam ab ipso principio tantis ambagibus atque anfractibus dicta sunt. Non apud te tamen tacebo quod sentio. Nisi mihi tunc multa iam nota essent de corpore, de specie quae inest corpori, de loco, de tempore, de motu, quae subtilissime atque abstrusissime propter hanc ipsam quaestionem disseruntur, ad dandam palmam his, qui corpus esse animam dicunt, declinarem. Quapropter te, ut possum, etiam atque etiam moneo, ne temere aut in libros aut in disputationes loquacissimorum hominum nimiumque sensibus his corporeis credentium te praecipites, donec corrigas firmesque vestigia, quae usque ad ipsum deum animam ducunt, ne ab illo secretissimo et tranquillissimo mentis habitaculo, a quo nunc, dum haec incolit, peregrina est, studiis facilius et laboribus quam inertia desidiaque avertaris.

---

321 얼마 전(『질서론』 2,16,44)에는 방금 열거한 것들을 "모르는 채 자기의 영혼에 관해서 탐구하고 토론하고 싶어 한다면, 그는 정말 사람이 저지를 최대한의 오류를 저지르고도 남을 것이다"라고 언급한 바 있다.

322 마니교는 영혼이 '희박한' 물체라고 하였다. "무식한 제게는 그 악이라는 것이 어떤 실체일 뿐만 아니라 물체적 실체로 보였으니, 지성이라는 것도 모종의 섬세한 물체라고 생각했고, 장소의 공간에서 연장(延長)을 갖는 물체가 아니라고는 생각도 못하던 저였기 때문입니다"(『고백록』 5,10,20).

에 관해서 묻고 배울 적절한 때가 오리라고 말해 줬네. 하지만 그들이 물러가자 나는 알리피우스와 그 문제로 대화를 나누었네. 우리 둘 다 자기 나름대로 기억하고 추정하고 의문을 제기했지. 그 얘기를 다 하자면 오랫동안 많은 말을 해야 할 것이고, 처음부터 여태까지 갖가지 우여곡절을 거치면서 우리가 해 온 얘기보다 훨씬 많은 얘기를 해야 할 걸세. 그렇다고 내가 느끼는 바를 자네 앞에서 입을 꼭 다물고 넘어가진 않겠네. 그 시점에도 물체에 관해서, 신체 속에 있는 형상形象에 관해서, 공간에 관해서, 시간에 관해서, 운동에 관해서 상당히 많은 개념들이 내게 알려져 있었다고 하겠고, 바로 그 문제를 두고서 지금도 아주 치밀하고 또 극히 난해한 토론이 이루어지는 중일세.[321] 그렇지 못할 바에야 영혼은 곧 물체라고 주장하는 사람들에게 머리를 숙이고 승리의 팔마 가지를 건네줘야 할 것이네.[322] 그러므로 나는 내 힘이 미치는 한도 내에서 자네에게 거듭거듭 충고하는 바이네. 말이 너무 많고 이 신체적 감각에 지나친 신뢰를 두는 사람들의[323] 책자나 토론에 함부로 자기를 내맡기지 말라는 것일세. 영혼을 하느님에게까지 인도하는 저 발걸음을 자네 스스로 바로잡고 확정하기까지는, 지성의 저 지극히 내밀하고 지극히 평온한 처소로부터 등을 돌려서는 안 되네. 지금 여기 머무는 동안 이 영혼은 그 처소로부터 떠나온 나그네이며,[324] 그러다 보니까 그 처소를 등지는 일이 생기기 쉬운데 나태와 무위로 그런다기보다는 공부와 수고를 쏟다가 그러기가 더 쉽다네.

---

[323] 『고백록』(3,6,10)에서는 마니교도들을 "오만하게 날뛰는 사람들, 너무나 육적이고 수다스러운 사람들"(carnales nimis et loquaces)이라고 지탄한다.

[324] 히브 11,13-14 참조: 신앙인들은 "자기들이 이 세상에서 이방인이며 나그네일 따름이라고 고백하였습니다. 그들은 이렇게 말함으로써 자기들이 본향을 찾고 있음을 분명히 드러냈습니다."

64. Nunc autem accipe contra illud, quo, ut sentio, multum moveris, non quod robustius de multis, sed quod brevius, neque quod mihi probabilius quam caetera, sed quod tibi aptius eligere potui.

E. Dic, oro te, quam citissime potes.

A. Primum illud dico, si maxime causa lateat, cur in concisione quorundam corporum illa contingant, non continuo nos hoc uno ita perturbari oportere, ut tam multa, quae superius luce clariora tibi visa sunt, falsa esse arbitremur. Fieri enim potest, ut huius rei causa nos lateat, quae vel humanae naturae occultata est vel sit alicui homini cognita nec iste a nobis interrogari possit; aut etiam hoc ingenio simus, ut satisfacere nobis interrogatus non possit. Numquidnam ex eo, quicquid ex contraria parte firmissime didicimus ac verissimum esse confitemur, labi nobis atque extorqueri decet? Atqui si illa maneant integra, quae interrogatus certa et indubia esse respondisti, nihil est quod istum vermiculum pueriliter metuamus, quamquam vivacitatis et numerositatis eius causam non valeamus adferre. Si enim apud te de aliquo fixum inmotumque constaret, quod esset vir bonus, eumque in latronum convivio, quos persequerere, deprehenderes atque aliquo casu, antequam abs te posset interrogari, moreretur, quamlibet causam putares potius illius cum

---

325 원문은 "우리에게 있는 재능이 뛰어나서 설령 그가 질문을 받더라도 우리를 만족시킬 수 없으리라"면서 자부심을 띄워 주는 수사적 농담을 담고 있다.

그럴듯한 이치가 감추어져 있을 수 있기 때문이다

31.64. [아:] 그럼 내가 저 난제難題를 상대로 하는 이 말을 받아들이게. 내 보기에 자네가 그 일로 무척이나 당황하는 듯한데, 그에 맞서 이 말을 들어 보게. 많은 논지 가운데서 이 논지를 내가 택할 수 있었던 것은 더 힘 있는 논지여서가 아니라 더 짧기 때문이고, 여타의 것들보다 나한테 개연성이 높아서가 아니라 자네한테 더 적절해서였네.

에: 부탁합니다. 되도록 빨리 말씀해 주시지요.

아: 먼저 이 말부터 하겠네. 어떤 신체들이 절단되는 경우에 왜 저런 현상이 일어나느냐 하는 원인이 아주 철저하게 가려져 있을 경우에도, 그 일로 우리가 당장 혼란에 빠져서는 안 되네. 앞서 자네가 보기에도 명약관화한 것처럼 보인 그 많은 논지들을, 저따위 한 가지 사례 때문에, 모조리 거짓이라고 간주할 정도가 되어서는 안 되지. 이런 현상의 원인이 우리에게 감추어지는 일이 생기는 까닭은, 그것이 인간 본성에 아예 가려져 있거나, 혹자에게는 알려져 있지만 그가 우리한테 질문을 받을 수 없는 처지거나 할 것일세. 그렇지 않으면 설령 우리한테서 질문을 받고서도 우리를 만족시킬 수 없을 그런 재능을 우리가 갖추었거나 말일세.[325] 우리가 정반대 입장에서 더할 나위 없이 확실하게 배웠고 더없이 참되다고 공언하는 바를 저런 사례 때문에 우리 손으로 훼손하고 왜곡하는 것이 과연 정당하겠는가? 자네가 질문을 받고서 확실하고 의심의 여지가 없다고 답변한 바가 온전한 채 남아 있다면, 우리가 어린애같이 저따위 벌레 한 마리를 무서워할 필요가 전혀 없네. 비록 저 벌레의 생명력과 불어나는 숫자를 두고 그 이유를 제시할 능력이 우리한테 없다고 할지라도 말일세. 어떤 사람을 두고 그가 선량한 사람이라는 확고하고 흔들림 없는 신념이 자네한테 있다고 하세. 그런데 그 사람이 자네가 추적하는 중이던 강도들과 한 상에 앉아서

sceleratis coniunctionis atque convivii, etiamsi te semper lateret, quam scelus et societatem. Cur ergo non, cum tam multis argumentis superius editis atque abs te firmissime comprobatis, planum tibi factum sit non loco animam contineri atque ob hoc nullius esse talis quantitatis, qualem in corporibus cernimus, aliquam suspicaris esse causam, cur nonnullum animal concisum in omnibus partibus vivat, non eam tamen quod cum corpore anima concidi potuerit? Quam si reperire non possumus, quaerenda non‹ne› est potius vera quam falsa credenda?

XXXII 65. Deinde quaero abs te, utrum putes in verbis nostris aliud esse ipsum sonum, aliud quod sono significatur.

E. Ego utrumque idem puto.

A. Dic mihi ergo, sonus ipse unde procedat, cum loqueris.

E. Quis dubitet a me procedere?

---

326 사본에 따라서는 sceleris esse societatem(범죄에 연루되었다고)이라고 나온다.

327 aliud esse ipsum sonum, aliud quod sono significatur: 후에 집필된 『교사론』(389년), 『그리스도교 교양』*De doctrina Christiana*(396년) 제2권에서 언어의 표지 기능과 기호론, 의미론이 상세하게 토론된다.

음식을 먹고 있는 자리를 자네가 덮쳤다고 하세. 더구나 자네가 그 사람을 직접 문초하기 전에 우발적인 일로 그가 죽어 버렸다고 하세. 그럴 경우에 자네는, 그 범죄나 악당들과의 연루 자체를³²⁶ 생각하기보다는, 그가 악당들과 조우遭遇하여 밥상을 함께하게 된 데는 사연이 있으리라 생각하게 될 것이네. 비록 그가 죽어 버려서 그 사연이 영구히 자네에게 감추어져 버렸다고 할지라도 말일세. 그렇다면 영혼이 공간에 내포되지 않는다고, 또 그런 점에서 일반 물체에서 우리가 감지하는 크기를 일체 가지지 않는다고 자네에게 분명해진 이상, 이에 관해서 앞에서 참으로 많은 논거를 제시하였고 자네가 그 논거를 확고부동하게 수긍한 이상, 모모한 동물은 토막을 내더라도 모든 부분이 살아남는 이유가 따로 있으리라는 추측을 왜 안 하는가? 그렇더라도 그 이유가 신체와 더불어 영혼이 분할될 수는 있으리라는 말은 아니라는 추측을 왜 하지 않는가? 비록 그 이유를 우리가 발견 못 한다고 할지라도, 우리로서는 거짓 이유를 그냥 믿기보다는 참된 이유를 여전히 찾아야 하지 않겠는가?

소리라는 기호에서 유추하는 설명

32.65. [아:] 그래서 자네에게 묻겠네. 우리 언어에서 소리가 다르고 소리로 의미하는 바가 다르다고 생각하나?³²⁷

에: 나는 둘 다 같다고 생각합니다.

아: 우리가 말을 할 적에 소리가 어디서 나오는지 말해 보게.

에: 나한테서 나온다는 것을 누가 의심하겠습니까?

아: 그럼 자네가 '해'라는 이름을 발설할 때 해가 자네한테서 나오나?

에: 당신은 소리에 관해서 내게 물었지, 사물 자체에 관해서 묻지 않았습니다.

A. Abs te ergo sol procedit, dum nominas solem?

E. De sono me, non de re ipsa interrogasti.

A. Aliud ergo sonus est, aliud res quam significat sonus. Tu autem utrumque idem esse dixeras.

E. Age, iam concedo aliud esse significantem sonum, aliud rem quae significatur.

A. Dic ergo, utrum posses gnarus latinae linguae nominare in loquendo solem, si non intellectus solis praecederet sonum.

E. Nullo modo possem.

A. Quid? antequam ipsum nomen de ore procedat, si volens id enuntiare aliquandiu te in silentio teneas, nonne in tua cogitatione manet, quod expressa voce alius auditurus est?

E. Manifestum est.

A. Quid? cum ipse sol tantae sit magnitudinis, num illa notio eius, quam cogitatione ante vocem tenes, aut longa aut lata aut quid eiusmodi videri potest?

E. Nullo modo.

32. 66. A. Age, iam dic mihi: cum ore ipsum nomen erumpit tuo

---

328 aliud sonus(significans), aliud res quam significat sonus: 기호(記號)로서의 언어와 기의(記義)되는 사물의 구분이다.

329 라틴어 sol이 하늘에 뜨는 '해'를 가리킴을 알지 못하면 sol이라는 발음은 무용하다. 의미하는 소리(sonus significans), 의미되는 사물(res quae significatur), 사물의 의미[notio, significatio: 여기서는 intellectus solis('해에 관한 이해')]를 구분하면서, 단어의 '의미'가 전제되지 않으면 그 단어의 발설이 무용함을 지적한다.

아: 바로 그래서 소리가 다르고 그 소리가 의미하는 사물이 다르다네.[328] 방금 자네는 둘 다 같다고 했지.

에: 말씀을 계속하십시오. 의미하는 소리가 다르고 의미되는 사물이 다름을 인정하겠습니다.

아: 라틴어를 아는 사람으로서 자네는 '해'라는 소리보다도 해에 관한 이해가 선행하지 않으면 말로 해를 명명할 수 있는가 대답해 보게.[329]

에: 결코 못할 것입니다.

아: 그래? 그 단어가 입에서 나오기 전에, 그것을 발설하려는 참에 자네는 자기를 잠깐 동안 침묵 중에 붙들어 둘 것이고, 그 순간에는 음성으로 발성되어 다른 사람이 듣게 될 그것이 자네의 사유 속에 머물러 있지 않겠나?

에: 확실히 그렇습니다.

아: 그래? 해 그 자체는 엄청나게 큰 것인데 발성에 앞서 자네가 사유로 그 개념을[330] 붙들고 있는 순간에는 그 개념이 길거나 넓거나 그와 비슷한 것으로 보일 수 있지 않나?

에: 절대 안 그렇습니다.

분할된 기호는 의미를 지시하지 못한다[331]

32.66. 아: 그렇다면 이제는 나한테 말해 보게. 자네가 자네 입으로 그

---

[330] notio: 사유에 의해서 파악된 대상으로서는 '개념'(conceptus), 표지에 의해서 지시되는 대상으로서는 '의미'(significatio)로 번역할 만하다.

[331] 이 장(32,65-69)에서는 '의미'(significatio)와 '사물'(res)의 관계를 '영혼'과 '육체'의 관계처럼 설정하고서 signum scissum non significat(분할된 기호는 의미를 지시하지 못한다)라는 명제를 내세워 영혼의 불가분성을 논증함과 동시에 몸을 토막 내도 살아 움직이는 도마뱀과 벌레의 사례를 해설한다.

영혼의 위대함 235

atque id ego audiens solem cogito, quem tu ante vocem et cum ipsa voce cogitasti et nunc fortasse ambo cogitamus, nonne tibi videtur nomen ipsum veluti accepisse abs te significationem, quam ad me per aures deportaret?

E. Videtur.

A. Cum ergo nomen ipsum sono et significatione constet, sonus autem ad aures, significatio ad mentem pertineat, nonne arbitraris in nomine, velut in aliquo animante sonum esse corpus, significationem autem quasi animam soni?

E. Nihil mihi videtur similius.

A. Adtende nunc, utrum nominis sonus per litteras dividi possit, cum anima eius, id est significatio, non possit, siquidem ipsa est, quam paulo ante in nostra cogitatione nec latam nec longam respondisti tibi videri.

E. Prorsus adsentior.

A. Quid? cum per litteras singulas sonus ille dividitur, videtur tibi significationem illam retinere?

E. Quomodo possunt singulae litterae significare, quod nomen, quod ex his confit, significat?

A. At cum perdita significatione discerptus in litteris sonus est, num aliud putas esse factum quam dilaniato corpore discessisse animam et quasi mortem quandam nominis contigisse?

---

332 단어는 '기호'(signum)와 '의미'(significatio)로 합성되어 있다.

단어를 내뱉는 순간, 그리고 내가 그 단어를 들으면서 해를 생각하는 순간, 해를 자네는 발설 이전에 생각했고 발설과 동시에도 자네가 생각했으며, 지금은 아마 우리 둘 다 해를 생각하고 있네. 그런데 그 단어 자체는 바로 자네한테서 의미를 부여받았다고 생각되지 않는가? 또 귀를 거쳐서 바로 그 의미를 그 단어가 나에게 실어 왔다고 생각되지 않는가?

에: 그렇다고 보입니다.

아: 그 단어가 소리와 의미로 구성되어 있는데[332] 소리는 귀에 해당하고 의미는 지성에 해당할 것이네. 그러다 보면 어떤 생명체에서 보듯이, 단어에서도 소리는 신체가 되고 의미는 소리의 영혼이라는 생각이 들지 않는가?

에: 그보다 근사한 얘기가 없겠습니다.

아: 이제는 단어의 소리는 문자를 통해서 분할될 수 있는 데 비해서 소리의 영혼, 곧 의미는 분할될 수 없지 않나 조심해서 살펴보게. 자네가 조금 전에 한 대답처럼, '해'가 우리 사유 속에서 넓이도 없고 길이도 없는 것처럼 보인다면 말일세.

에: 전적으로 공감합니다.

아: 그래? 그 소리가 각각의 문자로 분할되면 자네에게는 저 의미가 보전된다고 보이나?

에: 각개 문자가, 그 문자들로 구성된 단어가 의미하는 바를 어떻게 의미할 수 있겠습니까?

아: 의미를 잃고 나서 소리가 문자들로 분해되면 그것은 마치 신체가 조각나고서 영혼이 떠나가 버리는 것 말고, 그야말로 단어에 일종의 죽음이 발생하는 것 말고 무슨 일이 생긴다고 생각하나?

E. Non solum adsentior, sed ita libenter, ut nihil me magis in hoc sermone delectaverit.

67. A. Si ergo satis perspexisti in hac similitudine, quomodo possit dissecto corpore anima non secari, accipe nunc, quomodo frusta ipsa corporis, cum anima non secta sit, vivere possint. Iam enim concessisti et recte, ut opinor, significationem, quae quasi anima soni est, dum nomen editur, per seipsam nullo pacto dividi posse, cum ipse sonus, quod velut corpus eius est, possit. Sed in solis nomine ita soni est facta divisio, ut nulla pars eius significationem aliquam retineret. Itaque illas litteras dilacerato corpore nominis tamquam exanima membra, id est significatione carentia, considerabamus. Quamobrem, si aliquod nomen invenerimus, quod divisum queat etiam singulis partibus quippiam significare, concedas oportet non omnimodam veluti mortem tali praecisione factam esse, cum tibi membra separatim considerata quodlibet significantia et quasi spirantia videbuntur.

E. Concedam omnino et ut iam idipsum sones, flagito.

A. Accipe. Nam dum viciniam solis adtendo, de cuius nomine superius egimus, Lucifer mihi occurrit. Qui profecto inter secundam et tertiam syllabam scissus nonnihil priore parte significat,

---

333 in hac similitudine: '소리와 의미의 관계는 육체와 영혼과 같다'라고 하면 직유(直喩)에 해당한다.

에: 그 말에 공감할 뿐만 아니고, 내 보기에 우리 대화에서 이보다 재미있는 말이 없었습니다.

합성된 단어의 경우는 다르다

32.67. 아: 이 직유에서³³³ 몸이 동강 나더라도 영혼이 조각나지 않는 일이 어떻게 가능한가를 깨달았다면, 이제는 신체의 저 동강 난 조각들이, 영혼이 조각나지 않고도, 어떻게 살아 있을 수 있는지 알아듣도록 해 보게. 의미는 소리의 영혼과 같은 것으로, 단어가 발설되는 순간은 어느 모양으로도 분해될 수 없음을 자네가 수긍하였는데, 내가 보기에는 잘한 것일세. 그 대신 소리 자체는 단어의 신체와 같은 것으로, 분해가 가능하네. 다만 '해'라는 단어에서 소리가 분해된다면 그 소리의 어느 부분도 어떤 의미를 띠지 못하네. 따라서 우리는 그렇게 분해된 문자들은 마치 단어의 동강 난 신체처럼 영혼이 빠져나간 지체와 같아서 의미가 결여되어 있다고 간주했었네. 따라서 분해가 되면서도 각각의 부분들이 의미를 띠는 어떤 단어를 만일 우리가 찾아낼 때는 그런 절단에 의해서 모두가 죽임을 당하는 것은 아니라는 점을 인정하지 않으면 안 되네. 동강 난 지체들을 따로따로 고찰하더라도 의미를 띠는 경우에는 그것들이 마치 숨을 쉬고 있는 것처럼 보일 것이네.

에: 전적으로 동의합니다. 그럼 서둘러 그런 단어를 발음해 보시지요.

아: 들어 보게. 우리가 앞서 'sol'을 다루었는데, 내가 해 뜨기를 기다린다고 하면 'Lucifer'³³⁴가 떠오르네. 두 번째 음절과 세 번째 음절 사이를 단절하더라도, 앞부분 '루치'라고 하면 뭔가를 의미하고, 따라서 단어의 절

---

334 '새벽별'[새벽 + 별]은 라틴어로도 Lucifer, 곧 Luci[빛] + fer[가져오는 자]라는 합성어다.

영혼의 위대함 239

cum dicimus 'luci', et ideo in hoc plusquam dimidio corpore nominis vivit. Extrema etiam pars habet animam. Nam cum ferre aliquid iuberis, hanc audis. Qui enim posses obtemperare, si quis tibi diceret 'fer codicem', si nihil significaret 'fer'? Quod cum additur 'luci', 'lucifer' sonat et significat stellam; cum autem demitur, nonnihil significat et ob hoc quasi retinet vitam.

68. Cum autem locus et tempus sit, quibus omnia, quae sentiuntur, occupantur vel potius quae occupant, quod oculis sentimus, per locum, quod auribus, per tempus dividitur. Ut enim vermiculus ille plus loci totus quam pars eius occupabat, ita maiorem temporis moram tenet, cum 'lucifer' dicitur, quam si 'luci' tantummodo diceretur. Quare si hoc significatione vivit in ea diminutione temporis, quae diviso illo sono facta est, cum eadem significatio divisa non sit – non enim ipsa per tempus distendebatur, sed sonus –, ita existimandum est secto vermiculi corpore, quamquam in minore loco pars eo ipso, quo pars erat, viveret, non omnino animam sectam nec loco minore minorem esse factam, licet integri animantis

---

335 라틴어 fer!는 동사 ferre(가져오다)의 명령형이다.

336 '책을 가져오라!' 낱장 양피지들을 묶은 책은 codex, 길게 이어 말아 놓으면 volumen이라고 함.

337 locus et tempus, quibus omnia occupantur vel potius quae occupant: 사물이 "시공간에 의해서 연장(延長)을 이루거나, 차라리 시공간이 사물을 연장(延長)시킨다고 하겠는데"라는 번역이 가능하다.

반이 더 되는 이 토막에서도 의미가 살아 있네. 끝부분도 영혼을 지니고 있지. 무엇을 '가져오라!'[335]는 명령을 받으면 이 단어를 귀로 듣게 되네. 누군가 자네에게 'fer codicem!'[336]이라는 말을 할 경우, 'fer!'가 아무 뜻도 없다면 무슨 수로 복종하겠나? 거기에 'luci'를 보태서 'lucifer'라는 소리가 나오고 별 하나를 가리키게 되네. 거기서 'luci'를 잘라 내더라도 여전히 뭔가를 의미하여 아직 생명을 부지하는 셈이지.

그 경우는 분리되어도 의미를 띤다

32.68. [아:] 공간空間과 시간時間으로 말하자면, 감각으로 지각되는 모든 것이 이 둘에 의해서 점유되네. 아니 차라리 감각으로 지각되는 모든 것을 이 둘이 점유한다는 말이 더 정확하네.[337] 공간과 시간이 있는 이상 우리가 눈으로 지각하는 것은 공간을 통해서, 귀로 지각하는 것은 시간을 통해서 분할되네. 저 벌레로 말하자면 여럿으로 분할된 동강 하나보다도 온몸으로는 더 많은 공간을 점유하고 있었듯이, lucifer라고 발음하면 luci만 발음하는 경우보다도 더 많은 시간 간격을 점유하게 되네. 그리고 쪼개진 단어가 발음되는 시간이 줄어들더라도 저 소리가 분할됨으로써 생긴 시간 단축 속에서도 여전히 의미에 의해서 생명을 얻네. 의미라는 것은 그 자체로 분할되지 않으므로 — 시간상으로 연장延長되던 것은 의미가 아니고 소리이니까 — 벌레의 조각난 몸도 다음과 같이 생각해야 할 걸세. 벌레의 몸통이 잘리면 잘려 나간 부분은, 원래 몸통의 한 부분으로서 차지하던 공간, 곧 잘려 나간 공간만큼에서 살아 있지만, 그 일로 영혼이 쪼개지지는 않았다고, 영혼의 공간이 줄어서 더 작아지지는 않았다고 생각해야 하네. 쪼개지기 전에는 영혼이 생물체 전체의 모든 지체들을 소유하고, 더 큰 공간을 통해서 연장되어 있던 모든 지체들을 동시에 소유하고 있었지만 말

membra omnia per maiorem locum porrecta simul possederit. Non enim locum ipsa, sed corpus, quod ab eadem agebatur, tenebat, sicut illa significatio non distenta per tempus, omnes tamen nominis litteras suas moras ac tempora possidentes velut animaverat atque compleverat. Hac similitudine interim contentus sis peto, qua te sentio delectatum. Quae autem subtilissime de hoc disputari possunt, ita ut non similitudinibus, quae plerumque fallunt, sed rebus ipsis satis fiat, ne in praesentia exspectes. Nam et concludendus est tam longus sermo et multis aliis, quae tibi desunt, animus ad haec intuenda et dispicienda praecolendus est, ut possis intellegere liquidissime, utrum quod a quibusdam doctissimis viris dicitur, ita sese habeat, animam per seipsam nullo modo, sed tamen per corpus posse partiri.

69. Nunc accipe a me, si voles, vel potius recognosce per me, quanta sit anima non spatio loci ac temporis, sed vi ac potentia. Nam ita, si meministi, propositum ac distributum iamdiu nobis est.

---

338 suas moras ac tempora: mora는 원래 일정한 소리가 모음의 장단에 따라서 발음되는 길이를 가리켰다.

339 아우구스티누스는 후대에 영혼과 신체의 관계를 '생명의 긴장(緊張) 내지 지향(指向)' (vitalis intentio)이라는 용어로 정립한다. "영혼은, 자체가 생명을 부여하는 신체 전체에 퍼져 있는데, 공간적 확산에 의해서가 아니라 생명의 긴장에 의해서(vitali intentione) 퍼져 있다. 영혼은 신체의 모든 부분들에 동시에 전체로서 현전하기 때문이다"(『서간집』 166,4).

일세. 공간을 점유하던 것은 영혼이 아니고 영혼에 의해서 작용하던 신체였네. 이것은 마치 lucifer라는 저 단어의 의미가 시간을 통해 연장된 것이 아니면서도, 그 단어의 모든 문자들에게 생명을 주고 의미를 채워 주던 것과 마찬가지네. 단어의 발설에 시간과 그 간격을[338] 소유하는 것은 그 문자들이지. 자네도 당분간은 이 직유로 만족했으면 하네. 이 직유가 자네 마음에 든 것으로 느껴지는구먼. 이 문제에 관한 아주 치밀한 토론은 당분간 기대하지 말게. 그렇게 토론할 것들이 있지만 그것은 직유로 할 것이 아니고 (유비는 자칫하면 사람을 기만하니까) 사안 자체를 가지고서 해야 할 것이네.[339] 우선 우리의 이 기나긴 토론도 결말을 지어야 하고, 자네에게는 아직 갖추어져 있지 않은 다른 많은 수단을 구사하여 이 사안을 통찰하고 검토하려는 정신 자세를 갖추어야 하네. 그래야만 아주 박학한 일부 인사들이 하는 주장, 말하자면 영혼은 그 자체로는 결코 분할되지 않고 신체로 인해서 분할된다는 주장이 과연 맞는지 극명하게 이해할 수 있을 것이네.[340]

영혼은 하나인가, 다수인가

32.69. [아:] 그러니 이제는 내 말을 듣고, 괜찮다면, 나를 통해서 이렇게 파악해 두게. 즉, 영혼이 얼마나 큰지는, 공간과 시간의 간격으로가 아니라 그 힘과 능력으로 인식하도록 하게. 자네가 기억할지 모르지만, 이것은

---

[340] 플로티누스는 영혼이 신적 지성(*Noūs*)으로부터 분리되어 신체에 나뉘어 들어간다는 점에서 모종의 가분성을 인정하되, 신체에 주어지면서 영혼 전체가 신체 전체에 주어졌다는 점에서 신체 안에서 지체에 따라 분할되는 것은 아니라는 논변을 편다(『엔네아데스』 4,2,1).

De numero vero animarum nescio, quid tibi respondeam, cum hoc ad istam quaestionem pertinere putaveris; citius enim dixerim non esse omnino quaerendum aut certe tibi nunc differendum quam vel numerum ac multitudinem non pertinere ad quantitatem vel tam involutam quaestionem modo a me tibi posse expediri. Si enim dixero unam esse animam, conturbaberis, quod in altero beata est, in altero misera nec una res simul et beata et misera potest esse. Si unam simul et multas dicam esse, ridebis; nec mihi facile, unde tuum risum comprimam, suppetit. Sin multas tantummodo esse dixero, ipse me ridebo minusque me mihi displicentem quam tibi perferam. Audi ergo, quod ex me bene te audire posse polliceor; quod vero aut ambobus aut alteri nostrum ita onerosum est, ut fortasse opprimat, ne subire aut imponere velis.

E. Cedo prorsus et quod tibi congruenter mecum videtur agi posse, quantum valeat anima, exspecto ut exponas.

---

341 본서 3,4와 17,30에서 공간적 크기가 아닌 능력적 크기라는 관점에서 살펴보겠노라고 언명하였다.

342 에보디우스는 "영혼들의 수량(數量)을 따지는 일은 크기에 해당한다고 여겨지므로 이 자리에서 흘려 넘길 일은 아니라는 생각이 듭니다"(본서 5,7 각주 35 참조)라고 했다.

343 numerus ac multitudo, quantitas: 모든 영혼들이 '세계혼'의 분신들이어서 단일하다거나, 개개인의 영혼이 별개라는 이론은 본서의 주제 '영혼의 크기[위대함]'와는 무관하다는 말이다.

344 '세계혼'(anima mundi)과 인간 개별혼은 신플라톤학파에게 커다란 난제가 되었고(플로티누스 『엔네아데스』 4,9) 포르피리우스(Sententiae 37)는 양자를 혼동하지 말자는 제안을 내놓았다.

345 후대에 많은 토론을 초래한 문장이며, 아우구스티누스가 영혼들이 종(種)으로 하나라고 했지 수(數)로 하나라고 말한 것이 아니리라는 해석이 우세하다(토마스 아퀴나스 『신학대전』 Summa theologiae I, q.76, a.2 ad 6).

우리가 미리 작정하고 계획했던 바이네.³⁴¹ 영혼들의 숫자에 대해서는 자네한테 뭐라고 대답해야 할지 나도 모르네. 자네는 그게 영혼의 크기에 관한 문제에 해당한다고 주장했지만 말일세.³⁴² 나 같으면 영혼들의 숫자에 관해서는 도대체 의문을 제기할 필요가 없다고 하거나, 지금으로써는 자네가 이 문제를 뒤로 미뤄야겠다고 말하겠네. 그래야만 자네로서는 영혼에 관한 한, 수나 많기는 크기에³⁴³ 해당하지 않는다고 하거나, 나로서는 이 곤란한 문제를 두고 당장 자네한테 설명을 내놓지 못해도 된단 말일세. 내가 만약 영혼은 하나라고 말할라치면,³⁴⁴ 어떤 사람에게서는 영혼이 행복하고 어떤 사람에게서는 불행한데 한 사물이 행복함과 동시에 불행함은 있을 수 없으므로 자네가 당황할 것이네. 만일 하나이면서 동시에 여럿이라고 내가 말한다면, 자넨 웃고 말겠지. 나로서는 자네의 웃음을 막기가 쉽지 않네. 그 대신 여럿이라는 대답만 내놓는다면 나 자신부터 웃고 말테고, 그것은 자네를 돕기에 앞서 우선 나부터 나 자신에게 불만스러운 존재가 되는 셈이네.³⁴⁵ 그러니 자네가 내 말을 그냥 들어 줄 만한 얘기를 하기로 약속할 테니까 잠자코 내 말을 듣게.³⁴⁶ 그 문제는 우리 둘 다에게든 우리 둘 중 하나에게든 그냥 넘기기에는 너무 부담이 되는 것이어서 그냥 참고 있기도 그렇고 그냥 떠넘기기에도 그럴 걸세.

에: 잠자코 있겠습니다. 영혼이 얼마나 힘 있는 것인지 당신이 설명을 내놓도록 기대하겠습니다. 나하고 문제를 논하는 데 적절하다고 보이는 대로 다루십시오.

---

346 이하는 '영혼의 위대함'(magnitudo animae: 34,78)이라는 본서의 제목에 상응하는, 아우구스티누스의 '영혼 찬가'에 해당한다. 아우구스티누스가 대화를 멈추고 단독 연설(oratio perpetua)을 시작하겠다는 서두다.

XXXIII 70. A. O utinam doctissimum aliquem neque id tantum, sed etiam eloquentissimum et omnino sapientissimum perfectumque hominem de hoc ambo interrogare possemus, quonam ille modo, quid anima in corpore valeret, quid in seipsa, quid apud deum, cui mundissima proxima est et in quo habet summum atque omne suum bonum, dicendo ac disputando explicaret. Nunc autem, cum mihi ad hanc rem desit alius, audeo tamen tibi non deesse. Sed hoc mercedis est, quod dum, quid valeat anima, indoctus expedio, quid ipse valeam, securus experior. In primis tamen tibi amputem latissimam quandam et infinitam exspectationem, ne me de omni anima dicturum putes, sed tantum de humana, quam solam curare debemus, si nobismetipsis curae sumus. Haec igitur primo, quod cuivis animadvertere facile est, corpus hoc terrenum atque mortale praesentia sua vivificat, conligit in unum atque in uno tenet, diffluere atque contabescere non sinit, alimenta per membra aequaliter suis cuique redditis distribui facit, congruentiam eius modumque con-

---

347 이하(33,70-35,79)에서 영혼의 '크기'(위대한 능력)를 일곱 단계로 해설한다. 비슷한 내용이 『그리스도교 교양』(2,7,9-11)에 나오고 다른 문전(『마니교도 반박 창세기 해설』*De Genesi contra Manichaeos* 1,25,43)에서는 창조의 일곱 날에 비유하여 해석되기도 한다.

348 누구를 염두에 두었을지 짐작하기 어렵다.

349 dicendo ac disputando: "토론(disputatio)은 광범위한 언사로 진리를 허위로부터 분별하는 작업이며, 연설(dictio)은 단어와 언어로 긴축된 강연을 발표하는 작업이다"(*Contra Cresconium* 1,20).

350 『독백』(2,7)의 유명한 대화를 연상시킨다. "무엇을 알고 싶은가? 내가 기도한 모든 것을 알고 싶다. 그것을 간략히 간추린다면? 하느님과 영혼을 알고 싶다. 더 이상 아무것도 없는가? 전혀, 아무것도 없다."

영혼이 생명과 활력을 제공한다[347]

33.70. 아: 우리 두 사람이 다음과 같은 인물을 만나서 이 문제에 관해서 질문할 수 있었으면 좋겠네. 아주 박식할 뿐 아니라 또한 언변이 아주 좋고 무엇보다도 극히 지혜롭고 완전한 사람 말일세.[348] 그런 사람이라면 영혼이 신체에서 어떤 힘을 발휘하는지, 영혼 자체에는 무슨 능력을 가지고 있는지, 하느님 앞에서는 — 영혼이 더없이 순수한 지경에서는 하느님께 가장 가깝고 자체의 최고선과 모든 선을 하느님 안에 두고 있네 — 어떤 힘이 있는지 연설하고 토론하고 하면서[349] 설명할 걸세. 그런데 지금은 이 사안을 두고 나한테 그런 얘기를 해 줄 딴 사람이 없지만, 자네한테마저 그럴 사람이 없어서는 안 되니까 내가 한번 나서 보겠네. 하지만 내가 자네한테 받을 대가가 있다면 이것일세. 내가 무식은 하지만 영혼이 무슨 능력을 가졌는지 설명하다 보면 내 능력이 과연 얼마나 되는지를 확실하게 감응하리라는 점이네. 우선 나는 자네한테서 지나친 기대, 범위가 너무 넓고 한도가 없는 기대를 없애야겠네. 그래야만 내가 영혼에 관해서 모든 얘기를 다 해 주리라는 생각을 하지 않을 테니까. 우리가 우리 자신을 두고 관심을 가지는 처지라면 우리로서는 단지 인간 영혼, 그것 하나에만 관심을 둬야 하네.[350] 이 영혼은[351] 첫째로, 자체의 현존으로 지상적이고 사멸할 신체를 살리고, 신체를 하나로 묶고 하나로 보전하고, 사방으로 흩어지거나 썩어 없어지게 놓아두지 않으며, 영양분이 각자에게 자기 몫이 돌아가게끔 모든 지체를 통해서 균등하게 배분되도록 만들고, 아름다움에서만

---

351 이 33장에서 아우구스티누스는 영혼의 기능을 animatio(71), sensus(71), ars(72), virtus(73), tranquillitas(74), ingressio(75), contemplatio(76)라고 명명되는 일곱 단계로 나누어 해설한다. 이하 35,79에서 간추려진다.

servat non tantum in pulchritudine, sed etiam in crescendo atque gignendo. Sed haec homini etiam cum arbustis communia videri queunt; haec enim etiam dicimus vivere, in suo vero quidque illorum genere custodiri, ali, crescere, gignere videmus ac fatemur.

71. Ascende itaque alterum gradum et vide, quid possit anima in sensibus, ubi evidentior manifestiorque vita intellegitur. Non enim audienda est nescio quae impietas rusticana plane magisque lignea quam sunt ipsae arbores, quibus patrocinium praebet, quae dolere vitem, quando uva decerpitur, et non solum sentire ista, cum caeduntur, sed etiam videre atque audire credit. De quo errore sacrilego alius est disserendi locus. Nunc quod institueram, intende, quae sit vis animae in sensibus atque in ipso motu manifestioris animantis, quorum nobis cum his, quae radicibus fixa sunt, nulla potest esse communio. Intendit se anima in tactum et eo calida, frigida, aspera, lenia, dura, mollia, levia, gravia sentit atque discernit. Deinde

---

352 "최고 존재자(最高存在者)로부터 영혼을 통해서 신체에 형상이 부여되는 것으로 이해된다. 그리고 신체가 존재하는 한 그 형상에 의해서 존재한다. 그러므로 영혼을 통해서 신체가 존립하고(subsistit) 영혼을 갖추는 바로 그것에 의해서 존재한다"(『영혼 불멸』 15,24).

353 교부의 설명에 의하면 마니교도들은 이런 미신으로 농사마저 생명을 괴롭히는 일이라고 단죄하였다고 한다(『이단론』 De haeresibus 46,4,2-4).

354 impietas magisque lignea: "네 아버지하고나 아버지네 목석같은 여편네하고나"(cum coniuge lignea: Catullus, Carmina 23,6)라는 lignea 용례로 미루어 '무미건조한', '조악한' 미신이나 (나무토막으로 새긴) '우상'을 암시하는 뜻으로 번역되기도 한다.

아니고 성장하고 출산하는 데서도 신체의 균형과 절도를 유지하네.³⁵² 이 점을 알아보는 일은 누구에게나 쉽네. 그런데 이런 작용들은 사람에게나 초목에게나 공통된 것처럼 보일 수도 있지. 우리는 초목을 두고도 살아 있다고 말하고, 초목들의 각개 종자가 나름대로 보존되고 생육하고 성장하고 생식하는 것을 우리 눈으로 볼뿐더러 또 그렇다고 말하는 까닭일세.

감각과 욕구

33.71. [아:] 이제 한 계단 올라서서 영혼이 감관感官에 무엇을 할 수 있는지 보게. 거기서는 생명이라는 것이 더 분명하고 더 확실하게 이해되니까. 어떻게 하다 그런 말이 나오는지 모르겠지만, 촌스러운 미신은 귀담아 듣지 말게나. 포도를 따면 포도 가지가 아파한다거나 나무를 베면 나무가 그것을 느낄뿐더러 그런 사실을 나무가 듣고 본다는 미신 따위에는 귀를 기울이지 말게.³⁵³ 산 나무를 보호한다면서도 저 유치한 미신은 저 산 나무보다도 못한 나무토막에 불과하다는 말일세.³⁵⁴ 신성을 모독하는 이런 오류에 관해서는 따로 토론할 자리가 있을 걸세.³⁵⁵ 지금으로서는 내가 토론하기로 작정했던 사안, 곧 감각에서 그리고 좀 더 분명한 생명체의 운동에서 영혼의 능력이 어떤가에 주의를 기울이게! 땅에 뿌리를 박고 있는 것들은 도무지 우리와 공통점이 있을 수 없네. 영혼은 촉감에 지향을 두고서 따뜻한 것과 찬 것, 거친 것과 매끄러운 것, 단단한 것과 부드러운 것, 무거운 것과 가벼운 것을 감지하고 구분하네. 그뿐 아니라 맛보고 냄새 맡고 듣고 보고 하면서 맛과 냄새와 소리와 형태의 헤아릴 수 없이 많은 차이들을 판별하지. 그리고 이 모든 것들을 두고 자기 신체의 자연 본성에 맞는

---

355 『고백록』 3,10,18; 『이단론』 46,12; 『시편 상해』 140,12 등에서 상론한다.

innumerabiles differentias saporum, odorum, sonorum, formarum gustando, olfaciendo, audiendo videndoque diiudicat. Atque in his omnibus ea, quae secundum naturam sui corporis sunt, adsciscit atque adpetit, reicit fugitque contraria. Removet se ab his sensibus certo intervallo temporum et eorum motus quasi per quasdam ferias reparans imagines rerum, quas per eos hausit, secum catervatim et multipliciter versat; et hoc totum est somnus et somnia. Saepe etiam gestiendo ac vagando facilitate motus delectatur et sine labore ordinat membrorum concordiam; pro copulatione sexus agit, quod potest, atque in duplici natura societate atque amore molitur unum. Fetibus non iam gignendis tantummodo, sed etiam fovendis, tuendis alendisque conspirat. Rebus, inter quas corpus agit et quibus corpus sustenat, consuetudine sese innectit et ab eis quasi membris aegre separatur; quae consuetudinis vis etiam seiunctione rerum ipsarum atque intervallo temporis non discissa memoria vocatur. Sed haec rursus omnia posse animam etiam in bestiis nemo negat.

72. Ergo adtollere in tertium gradum, qui iam est homini proprius, et cogita memoriam non consuetudine inolitarum, sed animadversione atque signis conmendatarum ac retentarum rerum innume-

---

356 스토아 사상은 영혼이 주변에 '동화'(appropriatio, οἰκείωσις)하는 작용으로 설명한다 (키케로 『최고선과 최고악』 3,6,20-21).

것들은 수용하고 욕구하며 그 반대되는 것은 거부하고 피하네.³⁵⁶ 그런가 하면 영혼은 일정한 시간 간격을 두고 이 감관으로부터 물러서고 감관의 움직임으로부터 거리를 두는 품이 마치 휴가를 내서 기운을 보충하는 것처럼 보이는데, 그동안 감각을 통해서 습득한 사물의 영상들을 집단별로 다채롭게 조합하곤 하네. 그 모든 일이 잠과 꿈일세.³⁵⁷ 훈련으로 동작을 익히고 유연성을 키움으로써 간편하게 운동을 즐기고, 힘들이지 않고 사지의 균형을 잡기도 하네. 성性의 결합을 위해서는 발휘할 수 있는 바를 다하며, 암수라는 이중의 자연 본성에서 교제와 애정을 다하여 결합을 추구하네. 이렇게 해서 후손을 출산하는 데서 그치지 않고 품어 주고 보호하고 먹이는 일에 협동하네. 영혼은 신체를 작동시키고 신체를 보전하는 어떤 사물들에 관습적으로 각별하게 애착하는데, 그런 사물들에서 격리될 때는 마치 자기 지체를 떼 놓듯이 힘들어하지. 저런 사물들과 격리되어서도, 시간 간격으로도 그 관습의 힘이 완전히 사라지지 않았다면 기억記憶이라고 불린다네. 그런데 영혼이 이런 모든 것을 짐승에게서도 해낼 수 있다는 점은 아무도 부인하지 않네.³⁵⁸

기술과 문화

33.72. [아:] 그럼 세 번째 단계로, 이미 인간에게 고유한 단계로 올라가 보게. 무수한 사물들에 관한 기억을 생각해 보게. 그것도 습성에 의해서 누적된 것이 아니고 관찰觀察과 상징象徵에 의해서 선정되고 보존된 무수한

---

357 앞에서(『영혼 불멸』14,23) 수면과 꿈을 거론하고 "신체의 저런 변화에 의해서 영혼이 신체를 구사하는 방식은 위축될 수 있겠지만 그 고유한 생명은 감소될 수 없다"는 결론을 내리기도 하였다.
358 짐승의 감각에도 기억이 포함됨은 대개 인정한다(『고백록』10,17,26; 『창세기 문자적 해설』7,21,29).

rabilium, tot artes opificum, agrorum cultus, exstructiones urbium, variorum aedificiorum ac moliminum multimoda miracula, inventiones tot signorum in litteris, in verbis, in gestu, in cuiuscemodi sono, in picturis atque figmentis, tot gentium linguas, tot instituta, tot nova, tot instaurata, tantum librorum numerum et cuiuscemodi monumentorum ad custodiendam memoriam tantamque curam posteritatis, officiorum, potestatum, honorum dignitatumque ordines, sive in familiis sive domi militiaeque in republica sive in profanis sive in sacris adparatibus, vim ratiocinandi et excogitandi, fluvios eloquentiae, carminum varietates, ludendi ac iocandi causa milleformes simulationes, modulandi peritiam, dimetiendi subtilitatem, numerandi disciplinam, praeteritorum ac futurorum ex praesentibus coniecturam. Magna haec et omnino humana. Sed est adhuc ista partim doctis atque indoctis, partim bonis ac malis animis copia communis.

73. Suspice igitur atque insili quarto gradui, ex quo bonitas incipit atque omnis vera laudatio. Hinc enim anima se non solum suo,

---

359 '의도적 관찰과 기호에 의해서'(animadversione atque signis) 수집되고 축적되는, 인간 고유의 기억.
360 수학을 동원한 점성술을 포함하는 당대의 '천문학'을 가리킨다.
361 문화와 문명을 이루는 인간 기술(artes)의 목록은 『신국론』(22,24,3)에도 열거된다.

사물들에 대한 기억을 생각해 보게.³⁵⁹ 장인匠人들의 저 모든 기술이며 전답의 농사며 도회지의 축조築造며 각종 건물과 거창한 기념물의 각양각색의 경이로움을 생각해 보게. 문자와 단어와 동작으로 표현되고, 갖가지 소리와 그림과 조상彫像으로 표현되는 저 많은 상징과 기호들의 발견을 생각하게. 그 많은 민족들의 그 많은 언어며 그 많은 제도, 그 하고많은 새로운 문물과 복원된 문물을 생각하게. 기억을 보존하고 후손에게 물려주려는 노심초사에서 만들어진 저 무수한 서적과 기념물을 생각해 보게. 관직과 권력과 직위와 권위의 저 많은 등급이 가족에서든 전시와 평상시를 막론하고 공화국에서든, 속사에서든 성스러운 의식에서든 엄수되는 사실을 생각해 보게. 추리하고 사유하는 능력이며 저 강물 같은 언변이며 시가詩歌의 저 다채로움을 생각해 보게. 흥미와 열락悅樂의 이유에서 나오지만 오만 가지 모방, 가락을 매기는 숙련된 지식, 행行과 절節을 나누는 치밀함, 운율을 매기는 규칙, 현재에서 과거와 미래를 보는 예측을³⁶⁰ 생각해 보게. 이 모든 것이 참으로 위대하고 전적으로 인간의 것일세. 하지만 여기까지는 유식한 사람들에게나 무식한 사람들에게나 공히 갖추어지는 것이고 선량한 정신에나 사악한 정신에나 공히 풍족하게 갖추어지는 것일세.³⁶¹

정화와 덕성

33.73. [아:] 이제는 네 번째 단계로 눈을 들고 그곳으로 올라가 보게.³⁶² 거기에는 선善이 시작하고 온갖 참된 영예가 비롯하네. 여기서부터 영혼은 자체를 자기 신체 — 신체가 세계의 어떤 부분을 이룬다고 할 경우 — 더

---

362 영혼이 덕성(virtus)을 닮게 해 주는 단계이자 덕성에 힘입어 정화(purificatio)를 가져다주는 단계다.

si quam universi partem agit, sed ipsi etiam universo corpori audet praeponere bonaque eius bona sua non putare atque potentiae pulchritudinique suae comparata discernere atque contemnere et inde, quo magis se delectat, eo magis sese abstrahere a sordibus totamque emaculare ac mundissimam et comptissimam reddere, roborare se adversus omnia, quae de proposito ac sententia demovere moliuntur, societatem humanam magni pendere nihilque velle alteri, quod sibi nolit accidere, sequi auctoritatem ac praecepta sapientium et per haec loqui sibi deum credere. In hoc tam praeclaro actu animae inest adhuc labor et contra huius mundi molestias atque blanditias magnus acerrimusque conflictus. In ipso enim purgationis negotio subest metus mortis saepe non magnus, saepe vero vehementissimus; non magnus tum, cum robustissime creditur – nam videre hoc utrum sit verum, non nisi perpurgatae animae licet – tanta dei providentia iustitiaeque gubernari omnia, ut nulli mors inique accidere possit, etiamsi eam forte iniquus intulerit. Vehementer autem formidatur mors in hoc iam gradu, cum et illud eo creditur

---

363 영혼도 물체도 '전체'(πᾶν) 혹은 '세계'(κόσμος)의 부분을 이루고 그 생명에 이바지하지만, 영혼은 그 일부가 상위의 '이성'(Νοῦς)에도 속한다는 점에서 신체와 물질세계보다 자체를 앞세운다(플로티누스 『엔네아데스』 2,3,13).

364 nihilque velle alteri, quod sibi nolit accidere: 고대부터 윤리 도덕의 '황금률'로 통하는 명제를 교부는 그리스도교에서 이미 익혔다("남이 너에게 해 주기를 바라는 그대로 너희도 남에게 해 주어라. 이것이 율법과 예언서의 정신이다": 마태 7,12).

365 플라톤학파도 죽음의 문제를 진지하게 성찰하였다. "영혼이 사후에 세계혼의 일부로 돌아간다면, 죽음이 영혼에게 왜 악이 되겠는가? 순수함을 지킨 영혼에게 죽음은 악이 아니다. 생명이 영혼과 육신의 결합이고 죽음이 그 분리라면 … 육신과 합성된 삶이 아니라 거기서 분리되는 것이 영혼의 선익이다"(플로티누스 『엔네아데스』 1,7,3).

상위에 놓을뿐더러 물체 세계 전체보다도 자체를 감히 상위에 놓으려고 하며,³⁶³ 물체 세계의 선들을 자기의 선으로 간주하려고 하지 않고, 자기의 능력과 아름다움에 비교하여 그것들을 차별하고 경시하기에 이르네. 영혼 스스로를 두고 즐기는 지경에 이르면 그만큼 저속한 것들로부터 자체를 떼어 내려고 노력할뿐더러, 영혼 전체를 오욕에서 순화하고 더할 나위 없이 순결하고 더할 나위 없이 품위 있게 만들고, 자신의 결의와 사상으로부터 동요하게 만들 만한 모든 것에 맞서서 자기 힘을 강화하며, 인간 사회를 크게 중시하고, 자기에게 일어나기를 바라지 않는 바는 아무것도 남에게도 바라지 않으며,³⁶⁴ 현자들의 권위와 가르침을 따르고 그 가르침을 통해서 하느님이 자기에게 말씀하시는 것이라고 믿는다네. 영혼의 이 고귀한 행위에는 이 세상의 성가신 번민과 아첨에 맞서는 수고와 크고도 매우 쓰라린 쟁투가 깃들어 있다네. 또 이러한 정화淨化의 노력 속에는 죽음에 대한 두려움이 깔려 있으니 그 두려움이 대개 때로는 크지는 않지만 때로는 아주 격렬한 두려움이기도 하지. 만사가 하느님의 위대한 섭리와 정의에 의해서 통치된다고, 그래서 누구에게도 불공평한 죽음이라는 것은 닥치지 않는다고, 심지어 어느 사악한 인간이 가져다주는 죽음이라 할지라도 그렇다고 아주 단단히 믿을 적에, 죽음의 두려움이 크지 않네. 물론 그것이 참말인지 볼 수 있는 것은 완전하게 정화된 영혼에게만 허락되네.³⁶⁵ 그 대신 이 단계에서도 다음과 같은 경우에는 죽음이 격심한 두려움을 주네. 곧 만사가 하느님의 위대한 섭리와 정의에 의해서 통치되기를 간절히 갈구하면서도 그에 대한 믿음이 유난히 심약하거나, 죽음처럼 극히 암울한 사물을 탐구하는 데는 평정심平靜心이 아주 절실한 법인데, 두려움으로 인해서 그 평정심이 위축되어 저런 신념이 갈수록 눈에 보이지 않는다면 죽음은 격심한 두려움을 주네. 그리하여 영혼이 진보하면 할수록 순수한

infirmius, quo sollicitius quaeritur, et eo ipso minus videtur, quo tranquillitas propter metum minor est investigandis obscurissimis rebus pernecessaria. Deinde quo magis sentit anima eo ipso, quo proficit, quantum intersit inter puram et contaminatam, eo magis timet, ne deposito isto corpore minus eam deus possit quam se ipsam ferre pollutam. Nihil autem difficilius quam et metuere mortem et ab inlecebris huius mundi, sicut pericula ipsa postulant, temperare. Tanta est tamen anima, ut etiam hoc possit adiuvante sane iustitia summi et veri dei, qua haec universitas sustentatur et regitur; qua etiam factum est, ut non modo sint omnia, sed ita sint, ut omnino melius esse non possint. Cui sese in opere tam difficili mundationis suae adiuvandam et perficiendam piissime tutissimeque conmittit.

74. Quod cum effectum erit, id est, cum fuerit anima ab omni tabe libera maculisque diluta, tum se denique in seipsa laetissime tenet nec omnino aliquid metuit sibi aut ulla sua causa quicquam an-

---

366 죽음이 두려우면 세상 쾌락과 절연할 것처럼 보이지만, 실제로는 그 둘을 조화시키기가 무척 어렵고 정반대로 행동하게 된다는 체험적 역설을 토로하는 것 같다. 그는 회심을 앞두고도 "예, 금방, … 조금만 놔두십시오"라는 심리적 모순을 체험한 터였다(『고백록』 8, 5,12).

367 교부는 플로티누스의 다음 구절도 읽었을 것이다. "영혼은 악으로부터 도피하고 싶어 한다. 그 도피란 어떤 것인가? 플라톤이 말한 대로 '신처럼 되는 것'이다. 우리가 지혜의 도움을 얻어 의롭고 성스러운 자가 되면 우리는 신처럼 된다. 전적으로 덕에 몰입하는 것이다"(『엔네아데스』 1,2,1).

영혼과 오염된 영혼 사이에 얼마나 거리가 있는지 감지하네. 또 그럴수록 이 육체가 제거된 다음이라면 오염된 영혼을 영혼 스스로도 참아 주지 못하지만 하느님은 오염된 영혼을 더욱더 참아 주지 못하신다는 사실을 날카롭게 절감하기에 이르네. 죽음을 두려워하는 동시에 이 세상의 유혹들을 단절하는 일처럼 어려운 일이 아무것도 없다네. 그 위험들은 응당 이것들을 단절하라고 요구할 텐데 말일세.[366] 영혼은 지고하시고 참된 하느님의 정의正義 ― 이 우주가 보전되고 통솔되는 것은 이 정의에 의해서네 ― 의 보우保佑를 힘입은 덕택에 이토록 대단한 존재라네. 또한 이 정의에 의해서 모든 것이 존재할뿐더러, 그보다는 더 훌륭하게 존재할 수 없을 정도로 그렇게 존재한다는 현실이 이루어진 것일세. 영혼은 자기 정화의 지난한 작업에서 도움을 받고 완성을 얻고자 지극히 경건하고 지극히 든든한 마음으로 바로 하느님의 이 정의에 의탁하는 법이네.[367]

항구恒久와 평정平靜

33.74. [아:] 그런 경지가 이루어질 때, 다시 말해서 영혼이 모든 허물에서 자유로워지고 모든 오점에서 씻길 때 마침내 영혼이 자체 안에서 자기 자체를 더없이 기쁜 마음으로 받아들이기에 이르며, 자신을 두고 무엇을 두려워하는 일이 결코 없고, 자기의 어떤 사정 때문에 번민하는 일도 절대 없어지네. 그것이 다섯째 단계일세.[368] 순수함을 만들어 내는 것과 순수함

---

[368] 35,79에서 tranquilitas(평정)라고 명명한 단계다. 내용은 영혼을 순수하게 보전하는 일이다.

gitur. Est ergo iste quintus gradus; aliud est enim efficere, aliud tenere puritatem, et alia prorsus actio, qua se inquinatam redintegrat, alia, qua non patitur se rursus inquinari. In hoc gradu omnifariam concipit, quanta sit; quod cum conceperit, tunc vero ingenti quadam et incredibili fiducia pergit in deum, id est in ipsam contemplationem veritatis, et illud, propter quod tantum laboratum est, altissimum et secretissimum praemium.

75. Sed haec actio, id est adpetitio intellegendi ea, quae vere summeque sunt, summus aspectus est animae, quo perfectiorem, meliorem rectioremque non habet. Sextus ergo erit iste actionis gradus; aliud est enim mundari oculum ipsum animae, ne frustra et temere aspiciat et prave videat, aliud ipsam custodire atque firmare sanitatem, aliud iam serenum atque rectum aspectum in id, quod videndum est, dirigere. Quod qui prius volunt facere quam mundati et sanati fuerint, ita illa luce reverberantur veritatis, ut non solum

---

369 세례와 은총으로 정화된 영혼이 저절로 보전되는 것이 아님을 교부는 신입교우로서 절감하고 있었다.

370 "정화는 덕성과 똑같은 것이다. 정화가 먼저 오고 덕성이 뒤따르는지, 정화되는 과정에서 덕성이 이루어지거나 정화 상태가 곧 덕성인지는 모르겠다. … 정화가 충분하지만 선[덕성]은 정화 뒤에 있는 것이지 정화 자체가 그 선은 아니다"(플로티누스 『엔네아데스』 1,2,4).

371 quae vere summeque sunt: 교부의 초기 문헌에서는 '이념'을 가리킨다. 후대에는 하느님에게만 이 형용을 국한시킨다: "신은 최고 존재자다(deus summa essentia sit). 다시 말해서 최고로 존재하는 분이다(hoc est summe sit)"(『신국론』 12,2).

을 보전하는 것은 별개일세.³⁶⁹ 그러니까 오염된 자기를 재생시키는 행위가 다르고 자기가 다시 오염됨을 용납하지 않는 행위가 다르다는 말일세.³⁷⁰ 이 단계에서 영혼은 자체가 얼마나 위대한 존재인가를 모든 방면으로 파악하지. 그 점을 파악할 적에 영혼은 믿기지 않을 정도로 크나큰 신뢰심을 가지고 하느님께로, 말하자면 진리의 관조觀照로 향하네. 저 진리의 관조야말로 영혼에게 오는 지고하고 가장 신비로운 상급이며 그것 때문에 영혼은 그토록 많은 수고를 기울였던 것일세.

그리고 관상觀想을 향한다

33.75. [아:] 그런데 이런 행위, 다시 말해서 참되게 최고로 존재하는 것들을³⁷¹ 인식하려는 열망은 영혼의 지고한 시선이기도 하네. 그보다 더 완전하고 더 좋고 더 바른 시선을 가지고 있지 못하지. 이것이 저 작용의 여섯째 단계일 것이네.³⁷² 여기서도 영혼의 눈이 허망하고 경솔하게 바라보거나 삿되게 바라보지 않도록 그 눈을 정화하는 일과 그 눈의 건강을 보전하고 강화하는 일, 그리고 마땅히 바라보아야 할 대상을 향해서 평정을 얻고 곧바르게 만들어진 시선을 그리로 돌리는 일은 제각기 별개일세.³⁷³ 정화되고 치유되기도 전에 저런 것들을 하고 싶어 하는 사람들은 진리의 저 광체로부터 배척받게 되며, 진리 속에 선이라고는 아무것도 없을뿐더러 흔히는 커다란 악이 존재한다는 생각마저 하기에 이르네. 심지어는 진리로부터 진리의 이름까지 박탈해 버리고, 일종의 욕정과 가련한 탐욕을 품

---

372 끝(35,79)에서 ingressio[관상으로의 '진입'(進入)]라고 일컫는 단계다.
373 "저 빛을 감당할 수 있을는지 모르겠다. 내가 버리고 떠난 어둠으로 눈길을 돌리기는 차마 부끄럽다. 그 어둠이 여직도 내게 알랑거리면서 내 눈멀었던 처지가 차라리 좋았다는 말을 감히 하려는 마당에, 아직까지도 그 어둠을 내가 과연 버리고 떠났다고 할 수 있다면 하는 말이다"(『독백』1,14,26).

nihil boni, sed etiam mali plurimum in ea putent esse atque ab ea nomen veritatis abiudicent et cum quadam libidine et voluptate miserabili in suas tenebras, quas eorum morbus pati potest, medicinae maledicentes refugiant. Unde divino adflatu et prorsus ordinatissime illud a propheta dicitur: 'Cor mundum crea in me, Deus, et spiritum rectum innova in visceribus meis'. Spiritus enim rectus est, credo, quo fit, ut anima in veritate quaerenda deviare atque errare non possit. Qui profecto in ea non instauratur, nisi prius cor mundum fuerit, hoc est, nisi prius ipsa cogitatio ab omni cupiditate ac faece rerum mortalium sese cohibuerit et eliquaverit.

76. Iamvero in ipsa visione atque contemplatione veritatis, qui septimus atque ultimus animae gradus est neque iam gradus, sed quaedam mansio, quo illis gradibus pervenitur, quae sint gaudia, quae perfructio summi et veri boni, cuius serenitatis atque aeternitatis adflatus, quid ego dicam? Dixerunt haec, quantum dicenda esse iudicaverunt, magnae quaedam et incomparabiles animae, quas etiam vidisse ac videre ista credimus. Illud plane nunc ego audeo tibi dicere, nos si cursum, quem nobis deus imperat et quem tenen-

---

374 "이미 자기 어둠에 익숙해져서 그 어둠이 되레 유쾌하기까지 하여 자기로서는 더없이 흡족하다고 여긴다고 하자. 그러면 그는 여전히 저 의사를 마다할 것이 아닌가? … 따라서 자기 하느님을 뵐 수 있을 만큼, 곧 하느님을 인식할 수 있을 만큼 치유되지 못한다"(『독백』 1,6,12).

375 교부는 당시의 믿음대로, 다윗이 시편 전부의 작가라고 생각하였다.

376 시편 51,12[(가톨릭) 성경: "하느님, 깨끗한 마음을 제게 만들어 주시고 굳건한 영을 제 안에 새롭게 하소서"].

고 자기네 어둠 속으로 도피해 버리지. 그들의 질병은 정작 치료 약을 저주하면서 저런 어둠을 견뎌 낼 수 있지.[374] 바로 여기에 신적인 영감에서 우러난 저 유명한 성경 구절이 예언자에 의해서[375] 참으로 적절하게 발설되었네. "하느님, 깨끗한 마음을 제 안에 만들어 주시고 올바른 영을 제 내심에 새롭게 하소서."[376] 내가 믿기로 '올바른 영'이란, 영혼이 진리를 추구함에서 길을 벗어나거나 방황하지 못하게 막는 그런 영일세. 그런데 먼저 '깨끗한 마음'이 되지 않는다면, 다시 말해서 사유 자체가 사멸할 사물들에 관한 온갖 탐욕과 더러움을 자제하고 거기서 깨끗하게 걸러지지 않는 한 그런 영이 갖추어지지 않을 걸세.

드디어 관상에 정착한다

33.76. [아:] 드디어 진리의 현시顯示와 관상觀想 그 자체에 영혼의 일곱째 그리고 마지막 단계가 있네. 거기서도 어디로 또다시 오르는 계단階段이라기보다는 차라리 저런 단계들을 거쳐서 도달하는 일종의 정착지定着地일세.[377] 거기에 어떠한 기쁨이 있는지, 최고의 참된 선을 어떻게 향유하는지, 어떠한 평정과 영원의 숨결이 있는지는 내가 무슨 수로 이야기하겠는가?[378] 저런 얘기를 한 사람들은 견줄 데 없이 위대한 영혼들일세. 그들은 그런 얘기를 하지 않으면 안 된다고 판단한 범위 내에서 내용을 얘기하였고 그런 영혼들은 그것을 보았으며 지금도 보고 있으리라고 우리는 믿

---

377 "영원한 사물들에 관한 오성적 인식이 다르고 시간적 사물들에 관한 이성적 인식이 다르다면, 후자보다는 전자에 우선을 두어야 함은 아무도 의심을 안 한다. 그렇기는 하지만 외적 인간의 것들을 버려두고서 내면적으로 향상하려는 열망을 가지게 되는 경우를 보자. 그럴 경우 가지적이고 지고한 사물들에 관한 인식에 도달하기 전에 우리로서는 일단 현세적 사물들에 관한 이성적 인식을 만나게 된다"(『삼위일체론』 12,15,25).

378 아우구스티누스는 오스티아에서 선편을 기다리면서 어머니와 함께 신비체험을 한 바 있다(『고백록』 9,10,23-25).

dum suscepimus, constantissime tenuerimus, perventuros per virtutem dei atque sapientiam ad summam illam causam vel summum auctorem vel summum principium rerum omnium vel si quo alio modo res tanta congruentius adpellari potest; quo intellecto vere videbimus, quam sint omnia sub sole vanitas vanitantium. Vanitas enim est fallacia, vanitantes autem vel falsi vel fallentes vel utrique intelleguntur. Licet tamen dinoscere, quantum inter haec et ea, quae vere sunt, distet et quemadmodum tamen etiam ista omnia deo auctore creata sint et in illorum comparatione nulla sint, per se autem considerata mira atque pulchra. Tunc agnoscemus, quam vera nobis credenda imperata sint quamque optime ac saluberrime apud matrem ecclesiam nutriti fuerimus quaeve sit utilitas lactis illius, quod apostolus Paulus parvulis se potum dedisse praedicavit; quod alimentum accipere, cum quis matre nutritur, saluberrimum, cum iam grandis est, pudendum, respuere, cum opus est, miserandum, repre-

---

[379] 성경에도 언명되는 사건이며 — "나는 그리스도를 믿는 어떤 사람을 알고 있는데 그 사람은 열네 해 전에 셋째 하늘까지 들어 올려진 일이 있습니다"(2코린 12,2-4) — 철학자들도 그런 체험을 감응하고 자세히 다루기도 한다(플로티누스 『엔네아데스』 4,8,1-11; 5,5,7; 6,7,34-36; 6,9,9-11).

[380] summa causa, summus auctor, summum principium rerum omnium: 교부가 신의 칭호로 자주 구사하는 용어들이다.

[381] vanitas vanitantium: 교부는 "허무로다, 허무! 모든 것이 허무로다!"(코헬 1,2)라는 성경 구절을 여러 저서에서 vanitas vanitatum("허무의 허무": 불가타본) 대신 vanitas vanitantium("헛되게 만드는 자들의 허무": 이탈리아본)으로 읽고 해설하는데 426년에 쓴 『재론고』 (1,7,3)에 가서야 이를 수정한다.

[382] vanitas est fallacia: 고전에서 vanitas는 '허위' 내지 '기만'을 의미하였다. 키케로 『투스쿨룸 대화』 3,1,2: "우리가 오류에 젖다 보면 진리가 허위에 자리를 내주게 된다"(ut vanitati veritas cedat).

지.³⁷⁹ 내가 감히 자네에게 일러 줄 것은 이것이네. 하느님이 우리에게 명하시고 우리가 응당 견지해야 한다고 받아들인 그 길을 우리가 걸으면, 곧 하느님의 능력과 지혜에 힘입어서 우리가 그 도정을 항구하게 걸으면, 만유의 저 '지고한 원인' 혹은 '지존한 조성자' 혹은 '최고의 원리', 또는 다른 모양으로 참으로 적절하게 이름을 붙일 수 있다면 그런 존재에 우리가 도달할 걸세.³⁸⁰ 그것을 우리가 깨닫는다면 태양 아래 있는 모든 것이 헛되게 만드는 자들의 헛됨을³⁸¹ 알아볼 것이네. 기만欺瞞이 헛됨이요,³⁸² 속은 자들이든 속이는 자들이든 그 양편 다든 헛되게 만드는 자들일세.³⁸³ 이런 것들과 참으로 존재하는 것들 사이에 얼마나 거리가 먼지를 판별해 내야 하고, 그럼에도 이런 모든 것들도 창조주 하느님께 창조되었음을 알아내야 하며, 참으로 존재하는 것들에 비한다면 비록 아무것도 아니지만 그 자체로 보면 이런 것들도 놀랍고 아름다운 것들임을 식별할 필요가 있네.³⁸⁴ 그렇게 되면 우리더러 믿으라고 명령하신 바가 얼마나 진실한 것인지 깨닫고, 우리가 어머니인 교회로부터 얼마나 훌륭하게 또 건강하게 키워졌는지 깨달으며, 사도 바오로가 아직 어린 아이들에게 마실 것으로 주었노라고 설교한 젖이 얼마나 유익한 것인지 깨달을 것이네.³⁸⁵ 그런 음식은 어머니에게 양육받을 적에는 순순히 받는 것이 건강에 아주 유익한 일이고, 이미 크고 나면 젖을 먹는 것이 부끄럽다 하겠지만, 그것이 필요한데도 거절함은 측은한 짓이며, 때로는 욕하거나 심지어 증오하는 일은 죄스럽고

---

383 "지상 사물은 인간이 지배해야 하는데 오히려 지배당하면 인간은 기만을 당하는 셈이고 그런 사물도 기만하는 사물이 되는 셈이다"(『가톨릭교회의 관습』 1,21,39).

384 자칫하면 선악 이원론으로 쏠리는 사조에 대항하여 교부는 선한 하느님의 선한 창조에 입각해서 만물의 선성을 일평생 옹호한다(『선의 본성』 *De natura boni*).

385 "나는 여러분을 영적이 아니라 육적인 사람, 곧 그리스도 안에서는 어린아이와 같은 사람으로 대할 수밖에 없었습니다. 나는 여러분에게 젖만 먹였을 뿐 단단한 음식은 먹이지 않았습니다. 여러분이 그것을 받아들일 수 없었기 때문입니다"(1코린 3,1-2).

hendere aliquando aut odisse sceleris et impietatis, tractare autem ac dispensare commode laudis et caritatis plenissimum est. Videbimus etiam naturae huius corporeae tantas conmutationes et vicissitudines, dum divinis legibus servit, ut ipsam etiam resurrectionem carnis, quae partim tardius, partim omnino non creditur, ita certam teneamus, ut certius nobis non sit solem, cum occiderit, oriturum. Iamvero eos, qui ad exemplum salutis nostrae ac primitias a filio dei potentissimo, aeterno, inconmutabili susceptum hominem eundemque natum esse de virgine ceteraque huius historiae miracula inrident, sic contemnemus tamquam eos pueros, qui, cum pictorem propositis tabulis, quas intueatur, pingentem viderint, non putent posse hominem pingi, nisi aliam picturam, qui pingit, aspexerit. Tanta autem in contemplanda veritate voluptas est, quantacumque ex parte eam quisque contemplari potest, tanta puritas, tanta sinceritas, tam indubitanda rerum fides, ut neque quicquam praeterea scisse se aliquando aliquis putet, cum sibi scire videbatur, et quo minus impediatur anima toti tota inhaerere veritati, mors, quae antea metuebatur, id est ab hoc corpore omnimoda fuga et elapsio, pro summo munere desideretur.

---

386 tractare(← trahere)는 '젖을 빨다, 젖을 짜다'라는 의미를 담고 있었다.

387 성경에서도 육신 부활을 믿지 않는 사람들이 등장하지만(마태 22,23-33) 교부 당대에도 (켈수스, 포르피리우스, 마르키온 등) 플라톤 철학을 내세워 부활의 믿음을 조롱하거나 비판하는 지성인들이 많았다(『신국론』 22,4,11.12.25 참조).

388 신플라톤학파에서는 예를 들어, "사물이 만들어지면서 어느 모로나 신에 참여하지 않고서 만들어지는 일도 불가능하지만 신이 피조물에게로 내려오는 일도 불가능하다"(플로티누스 『엔네아데스』 4,3,11)는 주장을 폈을 만하다.

불효한 짓이고, 젖을 짜고[386] 배급하는 일은 칭송을 받을 일이고 사랑에 충만한 행위라네. 또한 이 물리적 대자연이 신적 법칙에 순종하면서 일으키는 엄청난 변화와 순환을 우리는 볼 것이네. 우리는 거기서 육신의 부활도 보게 되는데 일부는 더디게나마 믿고 일부는 전혀 믿지 않지만,[387] 우리한테는 그것이 태양이 질 때 다시 뜨리라는 사실보다 더 확실하다네. 나아가서는 하느님의 지극히 능하신 아드님, 영원하고 불변하시는 아드님에 의해서 이루어진 우리 구원의 귀감과 첫 열매를 비웃는 사람들, 또 그분이 사람을 취하시고 동정녀에게서 탄생하신 일이나 이런 역사의 나머지 기사奇事들을 비웃는 사람들이 있지.[388] 이것은 마치 화가가 화폭을 앞에 두고서 눈여겨 관찰하면서 그림 그리는 모습을 구경하는 아이들이, 그림을 그리는 사람은 다른 그림을 보지 않고서는 사람을 못 그릴 것이라고 여기는 것과 흡사한 가련한 생각일세.[389] 우리는 저런 사람들을 이런 어린애들처럼 업신여기지. 진리를 관상함에서도 누가 어느 부분까지 관상할 수 있든지 간에, 그만한 쾌감과 그만한 순수함과 그만한 솔직함과 사물에 대한 그만큼 의심 없는 신뢰를 맛보게 되네. 그래서 그런 감응을 하고 나면 자기가 알았던 것이 아무것도 없었다는 생각이 드네. 자기가 언젠가 무엇인가를 알았다고 생각하더라도 말일세. 영혼이 혼신을 다해 진리에 귀의하는 데 훼방을 적게 받게 되면서, 전에는 두려워하던 죽음마저도, 다시 말해서 이 육체로부터의 철저한 도피와 이탈마저도 마치 최고의 상급처럼 여기고 갈망하게 된다네.

---

[389] 화가라면 남의 그림을 보고서 베끼기도 하지만 사람을 직접 그릴 수도 있듯이, 하느님의 아드님이 사람이 된 것은 그분의 모상인 인간이 원형을 직접 보고 본받고 그분과 소통하기 위함이라는 해설 같다. 본서 첫머리(2,3)에서도 그림과 모사 그리고 원형을 빗대어 말한 바 있다.

XXXIV 77. Audisti, quanta sit animae vis ac potentia. Quod ut breviter conligam: quemadmodum fatendum est animam humanam non esse, quod deus est, ita praesumendum nihil inter omnia, quae creavit, deo esse propinquius. Ideoque divine ac singulariter in ecclesia catholica traditur nullam creaturam colendam esse animae − libentius enim loquor his verbis, quibus mihi haec insinuata sunt −, sed ipsum tantummodo rerum quae sunt omnium Creatorem, ex quo omnia, per quem omnia, in quo omnia, id est inconmutabile principium, inconmutabilem sapientiam, inconmutabilem caritatem, unum deum verum atque perfectum, qui numquam non fuerit, numquam non erit, numquam aliter fuerit, numquam aliter erit, quo nihil sit secretius, nihil praesentius, qui difficile invenitur, ubi sit, difficilius, ubi non sit, cum quo esse non omnes possunt et sine quo esse nemo potest, et si quid de illo incredibilius, convenientius tamen atque aptius homines dicere valemus. Hic ergo solus deus animae colendus est neque discrete neque confuse. Quicquid enim anima colit ut deum, necesse est, ut melius esse quam seipsam pu-

---

390 33,76-34,77에는 아우구스티누스가 예비신자로서 들었음 직한 교리가 열거되고 있다.
391 로마 11,36 참조: "과연 만물이 그분에게서 나와, 그분을 통하여 그분을 향하여 나갑니다."
392 cum quo esse non omnes possunt et sine quo esse nemo potest: 다른 데서는 "하느님을 모시고 있다는 말 다르고 하느님 없이 존재하지 않는다는 말 다르다"는 명제를 얘기하기도 한다(『행복한 삶』 3,21).

유일무이하신 하느님께 영예를 드려야 한다

34.77. [아:] 자네는 영혼의 힘과 능력이 얼마나 큰지 들었네. 짤막하게 간추리겠네. 인간 영혼이 하느님인 그런 존재는 아니라고 공언해야겠지만 그분이 창조하신 모든 것 가운데 영혼만큼 하느님께 더 가까운 것이 아무것도 없다고 간주되어야 하네. 그래서 가톨릭교회에서 영혼이 그 어느 피조물도 섬겨서는 안 된다는 신성하고도 독특한 가르침이 전해지네. 나는 지금 이 말로써 나에게 전수된 바를 기꺼이 얘기하는 중이네.[390] 그리고 존재하는 모든 사물의 창조주이신 분만을 섬기라고 하네. 그분에게서 만유가, 그분을 통해서 만유가, 그분 안에 만유가 존재하며, 그분은 불변하는 원리이시고 불변하는 지혜이시며 불변하는 사랑이시고, 한 분이시고 참되시고 완전한 하느님이시네.[391] 그분은 안 계신 적이 결코 없었고 앞으로도 안 계시는 적이 결코 없을 것이며, 지금 계시는 것과 달리 계신 적도 결코 없었으며 지금 계시는 것과 달리 계실 적도 결코 없을 것이며, 그분보다 내밀하게 존재하는 자가 아무것도 없고 그분보다 현전하는 자가 아무것도 없으며, 어디에 계시는지 찾아내기 어려운 분이시지만 어디에 계시지 않은지 찾아내기는 더욱 어려운 분이시고, 모든 이가 그분과 함께 존재할 수는 없지만 그분 없이 존재하는 일은 그 어느 누구에게도 불가능하다네.[392] 도무지 믿기지 않더라도 그래도 가급적 적절하고 합당하게 이야기를 해야겠지만, 하여튼 우리 인간들은 그분에 관해서 이런저런 이야기를 할 능력이 있단 말일세.[393] 바로 이 하느님만 영혼에게 숭배를 받으셔야 하지만 따

---

[393] 하느님의 신비에 관해서는 침묵해야 한다는 신비주의와 하느님에 관한 개념들은 우리에게 타고난 것이라는 합리주의 사이에서, "하느님과 영혼을 알고 싶다. 더 이상 아무것도 없다"(『독백』 2,7)고 단언한 아우구스티누스라면, 하느님에 관해서도 무슨 언사(言事)를 하는 것이 인간다운 일이라는 해명으로 들린다.

tet. Animae autem natura nec terra nec maria nec sidera nec luna nec sol nec quicquam omnino, quod tangi aut his oculis videri potest, non denique ipsum, quod videri a nobis non potest, caelum melius esse credendum est. Immo haec omnia longe deteriora esse quam est quaelibet anima, ratio certa convincit, si modo eam veri amatores ducentem per insolita quaedam et ob hoc ardua constantissime atque observantissime sequi audeant.

78. Si quid vero aliud est in rerum natura praeter ista, quae sensibus nota sunt, et prorsus quae aliquod spatium loci obtinent, quibus omnibus praestantiorem animam humanam esse diximus; si quid ergo aliud est eorum, quae deus creavit, quiddam est deterius, quiddam par: deterius, ut anima pecoris, par, ut angeli, melius autem nihil. Et si quando est aliquid horum melius, hoc peccato eius fit, non natura. Quo tamen non usque adeo fit deterior, ut ei pecoris anima praeferenda aut conferenda sit. deus igitur solus ei colendus est, qui

---

394 neque discrete neque confuse: 인간이 하느님의 모상이므로 하느님에게서 완전히 떨어진 존재도 아니고, 엄연히 피조물이므로 하느님의 신성과 혼동하는 일도 없어야 한다는 말로 해석된다. 그러나 다른 데서 삼위일체를 두고 "몇몇 사람이 하는 식으로 혼란스러운 것도 아니고, 또 많은 사람이 하는 식으로 경멸할 만한 것이지도 않다"(『질서론』 2,5,16)라는 말도 나오므로 삼위일체를 언명하는 글귀가 이 대목에서 빠지지 않았나 추측하기도 한다.

395 "인류 가운데 이성의 지도를 받아 하느님을 인식하고 우리 안에 있는 영혼을 인식하는 경지에 이르는 무리는 아주 드물다. 그렇더라도 우리가 할 수 있는 범위에서라도 이성을 탐구하기로 하자"(『질서론』 2,11,30).

로 떼어서도 안 되고 혼동해서도 안 되네.³⁹⁴ 영혼이 무엇을 하느님처럼 숭배할 때는 그것이 무엇이든지 간에 자기보다 훌륭하다고 생각할 것임에 틀림없네. 하지만 땅도 바다도 성좌도 달도 해도, 손으로 만져지고 이 눈으로 볼 수 있는 그 무엇도, 우리 눈에 보일 수 없는 것까지도, 심지어 하늘까지도 영혼의 본성보다 더 훌륭하다고 믿어서는 안 되네. 도리어 이 모든 것이 어느 영혼보다도 까마득하게 열등하다는 것은 이성이 분명하게 깨우쳐 주는 바이네. 비록 이성이 때로는 익숙하지 못하고 그래서 힘겨운 과정을 거쳐서 인도하더라도, 진리를 사랑하는 사람들은 참으로 꾸준하게, 참으로 철두철미하게 이성을 따르기로 감행한다네.³⁹⁵

그리고 사람들에게 이바지해야 한다

34.78. [아:] 우리가 한 말은 만일 대자연에서 감관에 알려진 것 말고도, 따라서 공간을 점유하는 것 말고도 다른 것이 있다손 치더라도, 인간 영혼이 그 모든 것들보다 탁월하다는 것이네. 하느님이 창조하신 것들 가운데 다른 무엇이 존재한다고 하더라도, 어떤 것은 인간 영혼보다 열등하고 어떤 것은 동등할 것이네. 짐승의 영혼 같은 것은 열등하고 천사의 영혼 같은 것은 동등하며, 인간 영혼보다 더 나은 것은 아무것도 없네.³⁹⁶ 천사들 가운데 누가 인간보다 나을 경우는³⁹⁷ 인간 영혼의 죄로 말미암아 그런 일이 생기지, 그의 자연 본성으로 그런 것이 아니라네. 그런 경우에도 짐승의 영혼을 앞세워야 한다거나 짐승의 영혼과 비교할 정도로 열등해지는

---

396 천사들과 비교하여 "역할로는 동등하지 못하지만 자연 본성으로는 동등하다"(『자유의 지론』 3,11,32)는 교부의 주장도 있다.

397 시편 8,5-6 참조: "사람이 무엇이기에 이토록 돌보아 주십니까? 신들보다 조금만 못하게 만드시고 영광과 존귀의 관을 씌워 주셨습니다."

solus eius est auctor. Homo autem quilibet alius, quamquam sapientissimus et perfectissimus, vel prorsus quaelibet anima rationis compos atque beatissima amanda tantummodo et imitanda est eique pro merito atque ordine, quod ei congruit, deferendum. Nam 'Dominum deum tuum adorabis et illi soli servies'. Errantibus vero cognatis animis et laborantibus, quantum licet atque praeceptum est, opem ferendam esse sciamus ita, ut hoc ipsum, cum bene agitur, deum per nos agere intellegamus. Neque quicquam nobis proprium vindicemus inanis gloriae cupiditate decepti, quo uno malo a summo in ima demergitur. Neque vitiis oppressos, sed ipsa vitia, neque peccantes, sed ipsa peccata oderimus. Omnibus enim subventum velle debemus, etiam qui nos laeserunt aut laedere aut omnino laedi volunt. Haec est vera, haec perfecta, haec sola religio, per quam deo reconciliari pertinet ad animae, de qua quaerimus, magnitudinem, qua se libertate dignam facit. Nam ille ab omnibus liberat, cui servire omnibus utilissimum est et in cuius servitio placere perfecta et sola libertas est. Sed video me paene excessisse metas propositi mei ac sine ulla interrogatione tamdiu tibi multa di-

---

398 『자유의지론』(3,12-16)에서 문제를 자세히 토론하고 때 묻은 금이 깨끗한 은보다 값어치 있다는 비유를 든다.

399 마태 4,10(신명 6,13).

400 신앙인들이 '죄인'을 대하는 자세를 가리키는 명언으로 꼽힌다.

401 『참된 종교』(46,86-89)에서도 사랑만이 참된 종교심의 척도임을 역설한다.

402 본서의 제목 De animae quantitate(영혼의 크기)가 여기서 De animae magnitudine(영혼의 위대함)로 정립된다. 앞의 각주 346 참조.

일은 없지.³⁹⁸ 그러므로 하느님 홀로 인간 영혼으로부터 숭배받으셔야 하느니 그분 홀로 인간 영혼의 조물주이신 까닭일세. 그 밖의 인간은 누구라 하더라도, 제아무리 현명하고 완전무결하더라도 또는 이성을 갖춘 더할 나위 없이 행복한 영혼이라고 하더라도, 인간이 사랑하고 본받고 당사자의 공적과 그에게 상응한 품위에 맞추어 존중받는 데서 그쳐야 할 따름이네. "주 너의 하느님께 경배하고 그분만을 섬겨야"³⁹⁹ 하기 때문일세. 가까운 영혼들이 길을 잃고 방황하거나 수고를 겪고 있으면 그들을 돕는 것은 당연하고 또한 계명이기도 함을 알아야 하네. 또 그런 선업이 이루어질 때에는 우리를 통해서 하느님이 하시는 것으로 이해해야 할 걸세. 그것을 자기 것인 양 돌리는 일이 우리에게 일어나서는 안 되네. 그랬다가는 허영의 탐욕에 기만당하여 그 한 가지 악만으로도 저 꼭대기에서 저 바닥으로 추락하곤 하지. 또 우리는 악덕에 시달리는 사람을 미워할 것이 아니라 악덕 자체를 미워해야 하고 죄짓는 사람들을 미워할 것이 아니라 죄 자체를 미워해야 하네.⁴⁰⁰ 누구든지 도와줄 의사를 갖춰야 하고 우리를 해친 사람이든 해치고 싶어 하는 사람이든 심지어 우리가 해 입기 바라는 사람까지도 돕기로 해야 하네. 이것이 참된 종교심이요 이것이 완전한 종교심이고, 이것이 유일무이한 종교심이네.⁴⁰¹ 이런 종교심을 통해서만 하느님과 화해함이 영혼의 위대함⁴⁰²에 해당되네. 우리가 지금 연구하고 있는 영혼의 위대함 말일세. 그 위대함이야말로 영혼으로 하여금 자유를 누리기에 합당한 존재로 만들어 주네. 하느님이 모든 것에서 영혼을 해방하시고, 그분을 섬기는 일이 모두에게 극히 이로우며, 그분을 섬김으로 만족하는 데서 완전하고 유일한 자유가 존재하는 까닭일세. 이러다 보니까 내가 작정한 목표를 약간 넘어선 듯하고 아무런 질문도 안 받고 자네에게 무척 많은 말을 하고 말았네. 하지만 그 일을 후회하지는 않네. 그런 얘기들은 교회의 여

xisse; neque id me paenitet. Nam cum sint ista per tam multas ecclesiae scripturas dispersa, quamquam ea non incommode conlegisse videamur, plene tamen intellegi nequeunt, nisi quisque in illorum septem quarto gradu fortiter agens pietatemque custodiens et ad ea percipienda sanitatem ac robur comparans inquirat omnia singillatim diligentissime ac sagacissime. Namque illis omnibus gradibus inest distincta et propria pulchritudo, quos actus melius adpellamus.

XXXV 79. Quaerimus quippe de animae potentia et fieri potest, ut haec omnia simul agat, sed id solum agere videatur, quod agit cum difficultate aut certe cum timore. Agit enim hoc multo quam cetera adtentior. Ascendentibus igitur sursum versus primus actus docendi causa dicatur animatio, secundus sensus, tertius ars, quartus virtus, quintus tranquillitas, sextus ingressio, septimus contemplatio. Possunt et hoc modo adpellari: de corpore, per corpus, circa corpus, ad seipsam, in seipsa, ad deum, apud deum. Possunt et sic: pulchre de alio, pulchre per aliud, pulchre circa aliud, pulchre ad pulchrum, pulchre in pulchro, pulchre ad pulchritudinem, pulchre apud pulchritudinem. De quibus omnibus post requires, si quid vi-

---

403 de corpore, per corpus, circa corpus, ad seipsam, in seipsa, ad deum, apud deum: 영혼의 활동을 세 집합으로 나누어 전치사로 명기한 점은 아우구스티누스 특유한 수사학적 종합으로 보인다.

404 '타자'(aliud)와 '아름다운 것'(pulchrum), '아름다움'(pulchritudo)으로 삼분함도 교부의 임의적 발상으로 보인다.

러 성경에 산재해 있고 그것들을 우리가 한데 간추린 일이 부적절하다고 보이지는 않지만, 그렇다고 온전히 다 알아들을 수는 없겠지. 앞서 말한 일곱 단계 가운데 네 번째 단계에서 강력한 활동을 벌이고, 경건심을 간직한 채 그것을 파악할 만한 건강과 기력을 갖추고서 아주 근면하게 또 현명하게 하나씩 따지면서 전부를 탐구하는 사람이라면 또 모를까. 저 모든 단계 — 차라리 일곱 '활동'이라고 부르기로 하세 — 에는 뚜렷이 부각되는 고유한 아름다움이 깃들어 있네.

그 일곱 단계는 다른 용어로 설명되기도 한다

35.79. [아:] 지금 우리는 영혼의 능력에 관해서 연구하고 있으며, 영혼은 이 모든 일을 한꺼번에 수행하고 있음에도, 영혼이 힘들여, 또 일종의 두려움을 품고서 수행하는 그것만 자기가 실제로 수행하고 있는 것처럼 보일지 모르네. 영혼은 특히 이런 행위를 여타의 활동보다 진지하게 수행하지. 위를 향해서 상승하는 순서대로 말하자면, 가르치는 명분에서 나온 첫째 활동은 '생명 제공', 둘째는 '감각', 셋째는 '기술', 넷째는 '덕성', 다섯째는 '평정', 여섯째는 '관상의 입문', 일곱째는 '관상'이라고 일컬을 만하네. 이것들을 다음과 같이 부를 수도 있겠네. '신체에 관하여', '신체를 통해서', '신체를 중심으로', '영혼 자체에로', '영혼 자체 안에서', '하느님께로', '하느님 앞에서'.[403] 또 다음과 같이 명명해도 되겠네. '타자에 대해 아름답게', '타자를 통해서 아름답게', '타자를 중심으로 아름답게', '아름다운 것을 향해서 아름답게', '아름다운 것 안에서 아름답게', '아름다움을 향해서 아름답게', '아름다움 면전에서 아름답게'.[404] 이 모든 명칭에 관해서 뭔가 더 밝혀야겠다고 보이면 차후에 자네가 질문을 제기하겠지. 다만 지금으로서는 저것들을 갖가지 용어로 표시하고 싶었는데 그 이유는, 같은 내

debitur aperiendum; nunc ideo volui totiens ista signare vocabulis, ne te moveat, cum alii aliis nominibus eadem vocant aut aliter etiam partiuntur, et ob hoc aut ista aut illa improbes. Innumerabilibus enim modis eaedem res et adpellari et dividi possunt rectissime ac subtilissime, sed in tanta copia modorum utitur quisque, quo se congruenter uti existimat.

XXXVI 80. Deus igitur summus et verus lege inviolabili et incorrupta, qua omne quod condidit regit, subicit animae corpus, animam sibi et sic omnia sibi neque in ullo actu eam deserit sive poena sive praemio. Id enim iudicavit esse pulcherrimum, ut esset, quicquid est, quomodo est, et ita naturae gradibus ordinaretur, ut considerantes universitatem nulla offenderet ex ulla parte deformitas omnisque animae poena et omne praemium conferret semper aliquid proportione iustae pulchritudini dispositionique rerum omnium. Datum est enim animae liberum arbitrium quod qui nugatoriis ratiocinationibus labefactare conantur, usque adeo caeci sunt, ut ne ista ipsa quidem vana atque sacrilega propria voluntate se dicere

---

[405] 신플라톤 철학자들이 '영혼의 상승'을 갖가지 용어와 단계로 해설하는 글들이 있음을 전제하는 말이다.

[406] 이 대목은 마치 후속 저작 『자유의지론』과 『참된 종교』의 서문처럼 기술되어 있다.

[407] naturae gradibus ordinari: 존재계의 위계는 아우구스티누스의 형이상학에서 근간이 되는 개념이다. 구체적으로 '질서'(ordo), '형상'(species), '양태'(modus)라는 초월적 특성에 의해서이며, "이 세 가지는 하느님에 의해서 창조된 사물들 속에 있는 보편적인 선들로서 … 이 셋이 큰 곳에서는 자연 본성도 위대하고 작은 곳에서는 자연 본성도 미소하다"(『선의 본성』 3,3).

용을 두고 사람마다 다른 명사를 써서 부르거나 다른 방식으로 분류할 적에, 그 일로 말미암아 자네가 후자나 전자를 부정해 버리는 일이 없게 하려는 것이네. 같은 사물을 무수히 다른 방식으로 부를 수도 있고 분류할 수도 있는데 그 모두가 아주 옳고 아주 치밀한 경우가 있네. 그 많은 방식 가운데 각자가 자기로서는 적절하게 구사할 수 있다고 여기는 대로 구사하면 되는 것이네.405

참된 자유, 참된 종교심은 어떤 것인가?406

36.80. [아:] 지존하시고 참되신 하느님은 불가침하고 불후한 법칙 — 당신이 만드신 모든 것을 이 법칙으로 다스리시네 — 에 따라서 신체를 영혼에 귀속시키셨고 영혼은 당신에게 귀속시키셨으며 그렇게 해서 만물을 당신에게 귀속시키셨으니, 따라서 영혼의 어떤 행위도 징벌이나 상급 없이 버려두지 않으시네. 하느님은 무엇이 존재하든지, 어떻게 존재하든지 간에, 자연의 위계에 질서 있게 배치되게 하시어,407 어느 면에서라도 기형이 있어서 우주를 관찰하는 자들이 이것을 보고 눈살을 찌푸리는 일이 없도록 함이 매우 아름답다고 판단하셨네. 또 영혼에게 닥치는 모든 징벌과 모든 상급이 비례를 이루어 만물의 정의로운 아름다움과 안배에 이바지하는 것도 아름다운 일이라고 판단하셨네. 영혼에게는 자유의지自由意志가 주어져 있네.408 시시콜콜한 논변을 써서 이 자유의지를 손상시키려 드는 사람들은 여전히 소경이고, 자기가 자신의 의지로 저렇게 황당하고 신성을 모독하는 말을 하고 있다는 사실마저도 깨닫지 못할 정도일세.409 또 자유의

---

408 교부는 얼마 뒤 이 중요 문제를 집중적으로 다룬 『자유의지론』에 착수하여 395년에 완성한다.

intellegant. Nec tamen ita liberum arbitrium animae datum est, ut quodlibet eo moliens ullam partem divini ordinis legisque perturbet. Datum est enim a sapientissimo atque invictissimo totius creaturae domino. Sed ista, ut videnda sunt, videre paucorum est neque ad hoc quisquam nisi vera religione fit idoneus. Est enim religio vera, qua se uni deo anima, unde se peccato velut abruperat, reconciliatione religat. Innectit ergo animam in illo actu tertio atque incipit ducere, purgat in quarto, reformat in quinto, introducit in sexto, pascit in septimo. Atque hoc fit alias citius, alias tardius, ut quaeque amore ac meritis valent; omnia tamen deus iustissime, moderatissime, pulcherrime facit, quoquo modo sese habere voluerint de quibus facit. Iamvero etiam puerorum infantium consecrationes quantum prosint, obscurissima quaestio est, nonnihil tamen prodesse credendum est. Inveniet hoc ratio, cum quaeri oportuerit, quamquam et alia multa iamdiu quaerenda tibi potius aliquando quam cognoscenda protulerim. Quod fiet utilissime, si duce pietate requirantur.

---

409 아우구스티누스의 『자유의지론』은 선악 이원론과 숙명론을 내세우는 마니교도들을 상대로 하는 논전서다.

410 이 주제는 『참된 종교』(390~391년)로 결실을 맺는다.

411 se uni deo religat: 『참된 종교』(55,111) 참조: "우리 영혼이 한 분 하느님께만 매여(uni deo religantes) — 이 말에서 종교라는 단어가 유래한 것으로 믿는다 — 일체 미신을 벗어나 있다면 두려울 것이 무엇인가?"

412 처음 두 단계(animatio, sensus)는 동식물에도 해당하므로 여기서 제외된다.

413 "세례에서 이루어지는 인간의 유일회적인 축성"(unica hominis in baptismate consecratio, *De unico baptismo* 3)이라는 표현 등으로 미루어 '세례성사'를 가리킨다.

지가 영혼에 주어졌지만 그것이 어떻게 작동하든 신성한 질서와 법칙의 어느 부분도 소란케 하는 일이 없게 되어 있다네. 그것이 온 창조계의 주인, 지극히 지혜로우시고 무엇에도 지지 않으시는 분에 의해서 주어졌기 때문일세. 그렇지만 저런 사물들을 마땅히 보아야 할 방향으로 보는 일은 소수의 특전이며 참된 종교심이 아니면 어느 누구도 그 경지에 적합한 인물이 못 된다네. 참된 종교는 존재하네.[410] 영혼이 범죄하여 하느님께로부터 자신을 단절시켰는데 그 종교를 힘입어 화해를 통해서 영혼이 유일하신 하느님께 다시 결속하는 것이지.[411] 참된 종교는 앞서 얘기한 세 번째 활동에서 영혼을 연결시켜 인도해 나가기 시작하고, 네 번째에서 영혼을 정화하며, 다섯 번째에서 쇄신하고, 여섯 번째에서 입문시키고, 일곱 번째에서는 영혼을 먹여 기르네.[412] 이런 과정이 때로는 더 신속하게 이루어지고 때로는 더 서서히 이루어지는데 영혼 각자가 사랑과 공적에 따라 힘을 미치는 대로일세. 그러나 하느님은 모든 일을 더없이 정의롭게, 더없이 절도 있게, 더없이 아름답게 행하시네. 영혼들을 두고 하느님이 행하시는 바에 대해서, 정작 영혼들이 어떻게 처신하고 싶어 하는지는 상관이 없네. 갓난아기들의 성사聖事[413]가 얼마나 유익을 끼치는지는 아주 모호한 문제이지만 어떻든 적지 않은 유익을 끼치리라고 믿어야 할 것일세. 질문을 제기할 적절한 때가 오면 이성이 그 해답을 찾아낼 것이네.[414] 나는 이런 식으로 다른 많은 문제들을 자네한테 제기했을 텐데 그것은 해답을 내놓고서 이해시키기 위함이라기보다도 자네가 문제의 답을 탐색해 보기 위함이었네. 하지만 그것도 경건심에 이끌려 탐구해 나간다면 자네에게 아주 이로운 일이 될 것이네.

---

414 유아들의 세례는 『자유의지론』(3,23,67)에서도 언급하고 411년에 별도의 저서(『유아세례』*De baptismo parvulorum*)를 비롯한 '펠라기우스 논쟁' 전체의 논제가 된다.

81. Quae cum ita sint, quis est, qui iuste stomachetur, quod agendo atque administrando corpori anima data sit, cum tantus et tam divinus rerum ordo connecti melius non possit, aut quaerendum putet, qualis in hoc mortali et fragili corpore efficiatur, cum et in mortem propter peccatum iure contrusa sit et virtute hic etiam possit excellere, aut qualis post hoc corpus futura sit, cum et poena mortis necessario manere debeat manente peccato et virtuti pietatique sit deus ipse, id est ipsa veritas, praemium? Quare iam, si placet, tam longum sermonem terminemus aliquando et implendis dei praeceptis vigilantissime et religiosissime operam demus; non enim est alia fuga de tantis malis. Si quid autem obscurius a me dictum est quam velles, facito, ut memoriae mandatum alias opportunius requiras. Neque enim deerit nobis quaerentibus se, qui desuper magister est omnium.

E. Ego vero et hac oratione tua ita sum adfectus, ut eam interpellare nefas putaverim. Et si tibi modus sermonis hic placet tresque

---

415 본서 첫머리(1,1)에서 제기된 질문들 가운데 "영혼은 어디서 유래하는가?" "영혼은 어떤 성질인가?" "얼마나 큰가?"는 다루어졌다고 간주하고, 나머지 세 가지 질문에는 한마디씩 언급만 하고서 넘어간다.

416 corpori anima data sit: 영혼의 기원을 논하면서 영혼선재설에 관해서는 아우구스티누스의 입장이 유보적이었다. 참조:『자유의지론』3,20,57.59;『서간집』166,3.7;『창세기 문자적 해설』7,25,36.

417 "영혼이 신체에는 왜 부여되었는가?"라는 물음에 대한 반문이다.

418 "신체에 올 때에는 어떤 성질이 되는가?"라는 물음에 대해서, 영혼은 불멸하지만 죄로 멸망한다면 '두 번째 죽음'을 맞는다(『신국론』13,2,12)는 답변을 암시하는 것으로 그친다.

독자들에게

36.81. [아:] 사안이 이러한데[415] 영혼이 신체에 주어진 것은[416] 신체를 움직이고 통솔하기 위함이라는 사실을 두고 함부로 시비할 사람이 누구겠는가? 위대하고 그토록 성스러운 사물의 질서가 이보다 더 훌륭하게 영혼과 신체를 결합시킬 수 없는 터에 말일세.[417] 또 이 사멸하고 나약한 신체 속에서 영혼이 과연 어떻게 되겠느냐고 시비할 사람이 누구겠는가? 한편으로는 죄 때문에 응당 죽음에 떠밀려 있고 한편으로는 덕성으로 그 처지를 초월할 수 있는 터에 말일세.[418] 그리고 이 신체 다음에는 영혼이 어떻게 될 것이냐고 함부로 시비할 사람이 누구겠는가? 한편으로는 죄가 남아 있는 한 죄의 벌도 필히 남아 있지 않으면 안 되는 처지이고, 다른 한편으로는 진리 자체이신 하느님이 몸소 덕성과 경건에 대해 상급이 되어 주시는 터에 말일세.[419] 그러니 괜찮다면 이 기나긴 토론을 이쯤에서 끝내기로 하세. 그리고 하느님의 계명을 수행하는 데 조심을 다하고, 종교심을 다하여 노력을 기울이세. 저 많은 악을 피하는 별다른 피난처가 따로 없다네. 내가 한 말이 자네가 바라던 것보다 애매한 데가 있었거든, 기억에 남겼다가 더 적절한 다른 기회에 질문을 내놓도록 하게. 저 위에서 우리 모두의 스승이 되시는 분께서는 당신에게 의문을 거듭 제기하는 우리들에게[420] 자리를 비키시거나 저버리지는 않으실 것이네.[421]

에: 당신의 이 강연이 나한테 하도 감명이 깊어서 감히 중도에 끊는 짓

---

[419] "영혼이 신체에서 떠날 적에는 어떤 성질이 되는가?"라는 질문에, 영원한 상선벌악의 이치로 영혼의 불멸함이 확실하다는 답변으로 그친다.

[420] nobis quaerentibus se: '자신에 대해서 의문을 거듭 제기하는 우리에게'라는 번역도 가능하다.

[421] 이듬해(389년)에 아우구스티누스는 『교사론』 *De magistro*이라는 저서를 내서 '질문하는 인간'과 '대답하시는 스승'의 인간학적 위상을 논한다.

illae quaestiones, quae remanebant, tam breviter perstringendae in praesentia visae sunt, cedam iudicio tuo ac deinceps tam magnis rebus investigandis non modo tempus propter tuas occupationes, sed etiam meipsum opportuniorem observabo.

이 불손하다고 여겨졌습니다. 당신이 여기서 토론의 종결을 보고 싶고 또 남아 있던 세 문제가 이 자리에서 그렇게 짤막하게 간추려져야겠다고 보였다면, 나로서는 당신의 판단에 양보하겠습니다. 참으로 크나큰 사안을 연구하는 마당이므로 당신의 바쁜 업무 때문에라도 적절한 때를 찾아보겠고 나 자신도 더 적절한 준비를 갖추도록 하겠습니다.

Retractationes 1.8.1-3
De animae quantitate

VIII 1. In eadem urbe scripsi dialogum, in quo de anima multa quaeruntur ac disseruntur, id est *unde sit, qualis sit, quanta sit, cur corpori fuerit data, cum ad corpus uenerit qualis efficiatur, qualis cum abscesserit.* Sed quoniam quanta sit diligentissime ac subtilissime disputatum est, ut eam, si possemus, ostenderemus corporalis quantitatis non esse et tamen magnum aliquid esse, ex hac una inquisitione totus liber nomen accepit, ut appellaretur *De animae quantitate.*

2. In quo libro illud quod dixi *omnes artes animam secum attulisse mihi uideri, nec aliud quicquam esse id quod dicitur discere quam reminisci et recordari,* non sic accipiendum est, quasi ex hoc

---

1 이 책을 집필할 때 아우구스티누스는 로마에 체류하면서 내전으로 차단된 아프리카행 오스티아 뱃길이 열리기를 기다리고 있었다.
2 본서 1,1.
3 6개 항의 의문을 제기했지만, 영혼의 본성과 기원에 대해서는 앞머리(1,2-2,3)에서 간

재론고 1,8,1-3
영혼의 위대함

8.1. 같은 도성에서[1] 영혼에 관하여 많은 것을 질문하고 토론한 대화를 기록하였다. 다시 말해서 **영혼은 어디서 유래하는가, 영혼은 어떤 성질인가, 얼마나 큰가, 신체에는 왜 부여되었는가, 신체에 올 때에는 어떤 성질이 되는가, 또 신체에서 떠날 적에는 어떤 성질이 되는가** 하는 문제들이다.[2] 그렇지만 영혼이 얼마나 큰가에 관해서 아주 열심히 또 아주 치밀하게 토론했고, 영혼은 물체적 크기를 가지는 것이 아님을, 우리가 할 수 있는 데까지 보여 주려고 노력하였으며 다른 크기임을 보여 주려고 하였다. 그래서 책 전체가 이 한 가지 탐구에서 제목을 받았으며 『**영혼의 위대함**』이라고 불리기에 이르렀다.[3]

8.2. 그 책에서 내가 한 말, "내게는 영혼이 모든 학예를 다 갖추고 오므로 '배운다'고 말하는 것은 오직 '기억하고 상기한다'는 것 외에 다른 것이 아니라고 보이네"[4]라고 한 말은, 마치 영혼이 이미 이승에서 다른 육체에 깃들어 살았다거나, 육체 속에서든 육체 밖에서든 다른 곳에서 살았다거

단히 간추리고 뒤의 세 가지 물음은 책의 말미(36,81)에서 언급만 하였으며, 나머지 전 분량은 오직 '영혼의 크기'에 관해서 다룬다.

4 본서 20,34.

adprobetur animam uel hic in alio corpore uel alibi siue in corpore siue extra corpus aliquando uixisse, et ea quae interrogata respondet, cum hic non didicerit, in alia uita ante didicisse. Fieri enim potest, sicut iam in hoc opere supra diximus, ut hoc ideo possit, quia natura intellegibilis est et conectitur non solum intellegibilibus, uerum etiam immutabilibus rebus, eo ordine facta, ut cum se ad eas res mouet quibus conexa est uel ad se ipsam, in quantum eas uidet, in tantum de his uera respondeat. Nec sane omnes artes eo modo secum attulit ac secum habet; nam de artibus quae ad sensus corporis pertinent, sicut multa medicinae, sicut astrologiae omnia, nisi quod hic didicerit, non potest dicere. Ea uero quae sola intellegentia capit propter id quod dixi, cum uel a se ipsa uel ab alio fuerit bene interrogata, et recordata respondet.

3. Alio loco *Vellem,* inquam, *hinc plura dicere ac me ipsum constringere, dum quasi tibi praecipio, ut nihil aliud agerem quam redderer mihi, cui me maxime debeo,* ubi uideor dicere potius debuisse *redderer* deo, *cui me maxime debeo.* Sed quoniam prius sibi ipse homo reddendus est, ut illic quasi gradu facto inde surgat atque attollatur ad deum, sicut filius ille minor prius reuersus est ad se-

---

5 참조: 플라톤『파이돈』72; 아우구스티누스『삼위일체론』12,15,24.
6 『재론고』1,4,4: "무식한 사람들도 질문만 잘 받으면 진실을 대답할 수 있다는 말이 개연성 있다. 영원한 이성의 빛이 있고 그 안에서 그런 사람들이 불변하는 진리를 관조하여 그것을 파악할 수 있기 때문이다. 플라톤이나 그런 사조의 학자들이 생각했듯이 그들이 언젠가 그것을 알았는데 망각했기 때문이 아니다."

나, 그래서 이승에서 배우지 않았을지라도 전생에서 배운 바 있었으므로 질문을 제대로 하면 답변하는 것이라는 뜻으로 받아들여져서는 안 된다.[5] 본서 앞에서 벌써 언급한 것처럼,[6] 영혼에 그런 일이 일어날 수 있는 까닭은, 영혼이 본성적으로 가지적可知的일뿐더러, 가지적 사물들과만이 아니고 불변하는 사물들과도 결속되어 있기 때문이다. 영혼은 그런 차원으로 만들어져 있어서 영혼이 자체를 들어 결속되어 있는 사물들을 향해서 움직이거나, 영혼이 자체를 향해서 움직일 경우에, 그런 사물들을 직관적으로 보는 한도 내에서 그런 사물들에 관해서 참된 답변을 내놓는 것이다. 영혼이 모든 학예를 다 갖추고 오는 것은 물론 아니다. 육체의 감각에 해당하는 학예, 예컨대 의학의 많은 것과 천문학의 모든 것은 이승에서 배우지 않는 한 말을 꺼낼 수 없다. 그 대신 오로지 오성으로 포착하는 것은,[7] 내가 말한 그 내용 때문에도, 영혼 스스로나 타인에 의해서 제대로 질문을 던진다면, 또 제대로 상기된다면, 참된 답변이 나온다.

8.3. 다른 대목에서는 "여기서 난 더 많은 얘기를 하고 싶네. 또 (내가 그러니까 스승으로서 자네에게 가르친다는 점에서) 나로서는 나 자신에게 나를 돌려주는 일 말고는 아무것도 해서는 안 된다고 나 자신을 몰아치고 싶네. 나로서는 나 자신에게 가장 크게 빚을 지고 있거든"[8]이라는 말을 하였다. 내 보기에는 아마도 '하느님께 큰 빚을 지고 있는 만큼 하느님께 그 빚을 갚는 일 말고는'이라고 말했어야 좋을 것 같다. 내가 이런 말을 한 것은 무릇 사람은 우선 자기 자신에게 빚을 갚아야 하고, 그것을 흡사 층계

---

[7] 대개 수학이나 철학의 내용이 되는 개념들을 지칭한다.
[8] 본서 28,55.

met ipsum et tunc ait: Surgam et ibo ad patrem meum, ideo sic sum locutus. Denique mox addidi: *Atque ita fieri amicum mancipium domino*. Quod ergo dixi *cui me maxime debeo*, ad homines retuli; magis enim mihi me debeo quam hominibus ceteris, quamuis deo magis quam mihi.

Hic liber sic incipit: *Quoniam uideo te abundare otio*.

---

9 "되찾은 아들의 비유"(루카 15,11-32) 참조: "그제야 제정신이 든 그는 이렇게 말하였다. '일어나 아버지께 가서 이렇게 말씀드려야지'"(17-18절).

처럼 삼아 몸을 일으켜 하느님께까지 오를 수 있기 때문이었다. 저 작은아들도 제정신이 들어 이런 말을 하였다. "일어나 아버지께 가야지."9 그리고 곧이어 나는 "**주인의 벗이 되어 주는 해방 노예가 되는 셈**"10이라는 말을 덧붙였다. 따라서 "**내가 나 자신에게 가장 크게 빚을 지고 있다**"는 문구는 사람들과 연관시켜서 한 말이었다. 내가 다른 사람들보다도 나 자신에게 빚을 지고 있는 까닭이다. 물론 나 자신에게보다 하느님께 빚을 더 지고 있지만 말이다.

이 책은 "**당신에게 여가가 넉넉한 것으로 보이니**"라는 구절로 시작한다.

---

10 본서 28,55 호라티우스 인용(『풍자시』 2,7,2-3).

인명

데모크리투스 64 158

라에르티우스 114 186
루크레티우스 29 115 122 224
리켄티우스 225

마르키온 264
모니카 18

바로 137-8
베르길리우스 124-5 160

세네카 72
소크라테스 36-7

아리스토텔레스 30-1 67 90 93 105 119-20 146 149 180 196 216 224
아우구스티누스 13-31 36 48 60 62 69-70 72 93 108-9 121 124 137 146 150 166 181 188 204 207 214 216 218 227 242 244-5 247 261 266-7 272 274 276 278-9 282 284
안티파트로스 115
알리피우스 36 227 229
알크메온 150
에보디우스 14 16-21 59-60 160 192 196 223 244
에피쿠로스 29 31
울릭시스 190 203
유클리드 68 73-4 86 92 94

제논 72 114

켈수스 264
퀸틸리아누스 146
크리시푸스 55 181
키케로 37 39 41 62 81 88 118 121 146 181 200 215 224 250 262

테르툴리아누스 46
트리게티우스 225

포르피리우스 56 244 264
플라톤 15 21 29-31 42 58 67 70 77 101-2 192 216 222 254 256 264 284
플로티누스 21 30 42 56-8 62 70 102 105 114 118 158 169 190 222-4 243-4 254 256 258 262 264
피타고라스 29

호라티우스 119-20 159-60 206-7 287
호메로스 190

색인 작품

『가톨릭교회의 관습』 17 104 220 263
『게오르기카』(베르길리우스) 125
『고백록』 17-8 24 26-7 30 36 47-8 60
　62 66 228-9
『공화국』(플라톤) 216
『교사론』 181 232 279
『그리스도교 교양』 71 180 232 246
『그리스철학자 열전』(라에르티우스) 114
　186

『독백』 14-5 66 109 140 200 222 246
　259-60 267

『마니교도 반박 창세기 해설』 246
『마니교도의 관습』 17
『메논』(플라톤) 67
『물리학』(아리스토텔레스) 146 149

『부콜리카』(베르길리우스) 160
『분석론 후서』(아리스토텔레스) 216

『사물의 본성에 관하여』(루크레티우스) 115
　122 224
『삼위일체론』 22-4 38 166 181 261 284
『서간집』 13 18-9 36 72 140 242 278
『서간집』(세네카) 72
『서간집』(호라티우스) 160
『선의 본성』 263 274
『시편 상해』 23 109 249
『신국론』 40 136 181 206 252 258 264
　278

『신의 본성에 대하여』(키케로) 88
『신학대전』(토마스 아퀴나스) 244

『아이네이스』(베르길리우스) 124
『아카데미아학파 반박』 30 36 40 67 70
　72 188 194 198 216
『아카데미아학파 회의론』(키케로) 181 200
　215
『엔네아데스』(플로티누스) 42 56-8 62 102
　105 114 118 158 169-70 190 222-
　4 243-4 254 256 258 262 264
『여든세 가지 다양한 질문』 108
『영혼 불멸』 14-6 21 31 38 102 141
　150 158 248 251
『영혼과 그 기원』 25 150
『영혼론』(아리스토텔레스) 105 224
『오디세이아』(호메로스) 190
『요한복음 강해』 23 104 220
『웅변 교육론』(퀸틸리아누스) 146
『원론』(유클리드) 68 74 92 94
『월계관』(테르툴리아누스) 46
『유아 세례』 277
『음악론』 132 168
『이단론』 248-9

『자유의지론』 15 19 31 36 70 124 150
　203-4 269-70 274-8
『재론고』 14 17 29 31 140 206 262
　284
『질서론』 14 16 38 70 94 181 203-4
　225 228 268

289

『참된 종교』 31 70 77 124 203 206 270 274 276
『창세기 문자적 해설』 25 218 251 278
『천체론』(아리스토텔레스) 67
『초기 스토아학파 단편집』(크리시푸스) 55 115 169 181 188
『최고선과 최고악』(키케로) 81 250

『토피카』(아리스토텔레스) 180
『투스쿨룸 대화』(키케로) 37 39 62 118 146 224 262
『티마이오스』(플라톤) 58 222

『파이돈』(플라톤) 102 184
『파이드로스』(플라톤) 101 192
『풍자시』(호라티우스) 120 206 287
『필레보스』(플라톤) 77

『행복한 삶』 40 70 121 225 266
『헤레니우스를 위한 수사학』(저자 미상) 80-1
『형이상학』(아리스토텔레스) 90 93 119

# 색인 성경

창세
1,27 42
3,1-24 206

신명
6,13 270

시편
8,5-6 269
51,12 260

코헬
1,2 262

마태
4,10 270
7,12 254
18,3 204
22,23-33 264

루카
15,11-32 286

요한
15,15 206

로마
5,12-21 206
11,36 266

1코린
3,1-2 263
15,21-22
　　44-50 206
　　47-49 207

2코린
12,2-4 262

콜로
3,9-10 205

히브
11,13-14 229

아우구스티누스 AUGUSTINUS(354~430)

북아프리카 타가스테에서 태어났다(354년). 어머니 모니카는 독실한 그리스도인이었으나, '지혜에 대한 사랑'(철학)에 매료된(373년) 청년 아우구스티누스는 진리를 찾아 끊임없이 방황하는 삶을 살았다. 한때 마니교와 회의주의에 빠지기도 했던 그는 밀라노의 수사학 교수로 임명되면서 출셋길에 올랐다(384년). 밀라노에서 접한 신플라톤 철학, 암브로시우스 주교의 설교, 수도생활에 관한 증언 등을 통해 그리스도교에 눈을 뜨기 시작했으나, 머리로 이해한 그리스도교 진리를 아직 믿음으로 받아들이지 못한 채 엉거주춤 망설이며 살아가다가, 마침내 바오로 서간을 '집어서 읽으면서'(Tolle! Lege!) 회심하였고(386년), 행복한 눈물 속에 세례를 받았다(387년). 교수직과 재산을 미련 없이 버리고 고향으로 돌아가 소박한 수행의 삶을 엮어 가던 그는 뜻하지 않게 히포 교구의 사제(391년)와 주교(395년)로 서품되었고, 40년 가까이 사목자요 수도승으로 하느님과 교회를 섬기다가 석 달 남짓한 투병 끝에 일흔여섯의 나이로 세상을 떠났다(430년). 『고백록』Confessiones을 비롯한 수많은 저술(책, 서간, 설교)과 극적이고 치열한 삶은 그리스도교 철학과 신학에 엄청난 영향을 끼쳤다. 교부들 가운데 우뚝 솟은 큰 산인 아우구스티누스는, 그리스 철학 체계 속에 그리스도교 진리를 깔끔하게 정리해 냄으로써 '서양의 스승'이라고도 불린다.

성염

1972년 가톨릭대학교 졸업 후, 1976년 광주 가톨릭대학교에서 신학석사, 1986년 교황청 살레시오 대학에서 라틴문학박사 학위를 취득했다. 1988~2005년 한국외국어대학교와 서강대학교 철학과 교수, 2003~2007년 주교황청 한국대사를 역임했다. 그간 우리신학연구소 소장 및 이사장, 서양고전학회 회장 등 다양한 학회 활동과, 서울대교구 평신도사도직협의회, 한국천주교 정의평화위원회, 한국가톨릭교수회 등 각 분야의 사회 활동을 하면서 많은 저서와 주해서, 번역서, 연구 논문을 발표했다. 주요 저서로는 『사랑만이 진리를 깨닫게 한다』 『님의 이름을 불러두고』 『라틴어 첫걸음』 『고급 라틴어』 『하느님을 만난 사람들』 『미사 해설』 등이, 아우구스티누스 주해서로는 『신국론』 『자유의지론』 『그리스도교 교양』 『삼위일체론』 『고백록』 『아카데미아학파 반박』 『행복한 삶』 『질서론』 『독백』 『영혼 불멸』 등이, 기타 고전 주해서로는 키케로의 『법률론』, 단테의 『제정론』, 피코 델라 미란돌라의 『인간 존엄성에 관한 연설』 등이, 역서로는 『신은 존재하는가? I』 『인간의 죽음』 『아시아의 해방신학』 『아시아인의 심성과 신학』 『해방신학』 외 다수가 있다. 이 밖에도 수십 편의 학술 논문과 사전 항목을 집필했다. 더 자세한 사항은 『사랑만이 진리를 깨닫게 한다』(경세원 2007) 8-15쪽을 참조하라.